高职语文课程整合与教学改革研究

张译丹 著

时代文艺出版社

图书在版编目（CIP）数据

高职语文课程整合与教学改革研究 / 张译丹著. ——
长春：时代文艺出版社，2023.11
ISBN 978-7-5387-7402-3

Ⅰ．①高… Ⅱ．①张… Ⅲ．①大学语文课－教学研究
－高等职业教育 Ⅳ．①H193

中国国家版本馆CIP数据核字(2024)第015590号

高职语文课程整合与教学改革研究

GAOZHI YUWEN KECHENG ZHENGHE YU JIAOXUE GAIGE YANJIU

张译丹　著

出 品 人：吴　刚
责任编辑：焦　瑛
技术编辑：杜佳钰
装帧设计：苗　惠

出版发行：时代文艺出版社
地　　址：长春市福祉大路5788号　　龙腾国际大厦A座15层　（130118）
电　　话：0431-81629751（总编办）　　0431-81629758（发行部）
官方微博：weibo.com / tlapress
开　　本：710mm×1000mm　1 / 16
字　　数：240千字
印　　张：11.75
印　　刷：沈阳正邦印刷包装有限公司
版　　次：2023年11月第1版
印　　次：2023年11月第1次印刷
定　　价：76.00元

前 言

　　高职语文课程整合与教学改革研究是对高职院校语文教育领域的一项重要研究。语文作为一门基础课程，对于学生的综合素质提升和职业发展具有重要影响。然而，传统的语文教学模式和内容设置往往无法满足现代职业需求，在这样的背景下，高职语文课程整合与教学改革研究应运而生。本书旨在通过梳理现有语文教学资源和教学理念，结合实际工作场景与职业技能要求，探索一种更加贴近实际、具有针对性的语文课程设置和教学模式。通过整合高职语文教学的内涵、理论、模式以及相关学科知识，旨在培养学生的综合素质和语文表达能力，提高学生的职业竞争力和适应能力。目标是改善高职院校语文教育的质量和效果，促进学生的全面发展和职业能力的提升。

　　本书第一章为高职语文的教学概述，包括高职语文教学的内涵、高职语文教学的观念、语文课程内容观和高职语文教学的定位；第二章探究高职语文的教学理论，包括构建主义理论、系统科学理论、多元智能理论、人本主义学习理论和现代教学结构理论；第三章论述高职语文的教学模式，包括教学模式的创新、优化与方法的转变；第四章是高职语文教学课程的具体教学方法，包括项目教学法和行动导向教学法；第五章是高职语文课堂教学情景创设，包括情景创设的基础、准则及策略；第六章是互联网背景下高职语文的课程教学，介绍了互联网与高职语文课程教学融合的内涵与互联网背景下高职语文课程教学的体系；第七章是深度学习背景下高职语文课程教学，包括深度学习与高职语文课程教学融合的内涵与深度学习背景下高职语文课程教学的作用；第八章是职业核心能力背景下高职语文教学改革策略，包括写作教学改革、职业能力教学改革及就业导向教学改革；第九章是职业发展背景下高职语文师资队伍培养与发展，包括高职语文教师教学能力与特征、高职语文教师教学能力培养途径与高职语文教师师资队伍合作与建设。

  由于笔者自身知识储备有限，某些方面概括得还不够全面，思想内容深度剖析上还有所欠缺，希望广大读者批评指正，使本书趋向成熟和完善。

目 录

第一章 高职语文教学概述

第一节 高职语文教学的内涵

一、语文课程观

（一）语文的概念

"语文"这个概念，可以从两个不同的范畴来理解：一是从人类特有的"社会交际"范畴说，"语文"是语言和文字的合称，传统的学科分类，有所谓文字学（小学）、训诂学、语文学等，这里的"语文学"就是指研究语言和文字（文章）的学问；二是从现代学校教育中学科范畴说，"语文"是一门具体学科的名称。一般来说，讨论语文教育问题多指作为一门特定学科名称的"语文"，当然，涉及这门学科的教学内容，必然与作为人类特有的社会交际工具的"语文"密切相关。下面从这两个范畴展开讨论。

作为人类特有的社会交际工具，"语文"从本质上说是一种"信息符号"；因此，研究"语文"的概念，就不能不研究它的符号特征和功能特征。人类表情达意需要借助符号。语言（音）是"声之符号"，文字是"形之符号"。汉语的语音，作为一种符号，其外显形态是声、韵、调；汉字是从图画演变而来的，其外显形态便是点和线及其多种变形。因此，语文学科教学，就"语言"这一领域而言，其基础工作之一是教会学生准确掌握汉语语音的声、韵、调，从而准确地运用"声之符号"来传情达意。就"文字"这一领域而言，其基础工作之一是准确地掌握汉字符号的点和线及其种种变形，并掌握其基本笔画，做到不写错别字，并逐步提高书写的准确度和流畅度。

语言的产生完全是为了社会交际的需要，因而它的主要功能就在于通过"声之符号"顺利地实现社会成员之间的情意交流。可是，由于上古社会生产力极其落后，部落与部落、区域与区域之间长期处于封闭、割裂状态，因此"声之符号"存在严重差异，甲地通行的语言在乙地却不通行，方言纷呈的局面就此产生。随着社会的进步和时代发展，"声之符号"的差异便成为阻碍人们广泛交流的桎梏。在一个国家内，追求语言的统一，实现语音、词汇、语法的规范化和标准化；在国与国之间，追求语言的相互学习，逐步扩大国际通用语的语种便成为全球语言发展的大趋势。

文字的产生，突破了语言的时空限制，使语言的社会交际功能更加充分的发挥。汉字原来是表意文字，许多汉字可以"望文生义"，因此各地尽管有各地的方言，但看到汉字大多可以在意义上"认同"。语言不同，文字却通，这是汉民族之所以能团结、凝聚的重要条件。在中华民族发展史上，汉字的存在功不可没。

（二）语文学科的概念

语言和文字，从横向上来说，它们必须是全社会共同使用的"公器"，即甲说的话，乙能懂，丙能懂，丁也能懂；丁写出的字，甲能认，乙能认，丙也能认。这样，社会交际才能顺利进行。从纵向上说，它们又必须是前人、今人、后人延续使用的"恒器"，世代相传，绵延不绝。这样，人类文明才能得以保存、发展。于是，语文的教育，包括学校中特设"语文学科"对学生进行专门的教学和训练，变成了与人类文明的传承发展直接相关的重要事业。学校教育中独立设置语文学科，其主要意义就在于：一是使语言的自然习得转化为语言文字自觉的、专门的、有计划的训练，有了指导的力量、互动的伙伴、时间的保证；二是语言的优化和文字的练习，要有一个逐步训练、逐步提高的过程，语文学科的设置有利于按部就班、循序渐进地充实学生的语文知识、发展学生的语文能力；三是语言文字的运用总是同运用者的思想感情直接相关，学校教育中特设语文学科有利于有效地美化、净化学生的心灵。

总之，人们不论生活在何种环境里，都是在求生存、广交往、谋发展。只要不是生理上有特殊的缺陷，人人都应该学习母语，都应该学会用规范的本国的（或本民族）的共同语来传情达意，包括学会读写相应的文字。学校教育中的语文学科，由浅入深、由低到高，持续地、多层次地开设多年，其重要地位由此可见。

（三）语文课程的概念

"课程"的概念，学者持论颇多分歧，但较多的学者认为它是指构成学科教学内容（包括一切教学活动）的动态的体系。按此，语文课程则是指构成语文学科教学内容（包括一切教学活动）的动态的体系。过去，在班级授课制引进我国的100多年中，如何坚持"因材施教"以补救"班级授课"忽视学生个别差异的问题，一直困扰着广大教育工作者。其间，人们对"因材施教"的"教"，往往多从"教学论"的角度去理解，认为是指对程度不齐、智力水平不一的受教育者施以不同的教学方法。这当然不能算错，但从根本上、宏观上做整体考察，这里的"教"更主要的应是以"课程论"的视角对不同的受教育者施以不同的课程策略。

以往我国的语文课程教学弊端主要是在"学科体系"支配下所形成的单一化和统一化。在全国的语文课程教学中，各个学段的语文学科都有统一的课程计划：阅读课读多少篇课文，作文课写多少篇作文，都有明确的规定。而且，凡是课程计划中列出的，一律都是"必修"的，不管一个班级的学生程度、爱好、个性有什么不同，一律按同一课程、同一教材、同一进度、同一教法进行教学。可是，生活是丰富多彩的，语文应用的场合是随机灵活的，学生的程度、爱好、个性又各有差异，这样一种单一的、统一的课程模式是绝不可能在不同的起点上，根据不同的教育对象的不同特点，提高他们的语文素养及全面素质的。因而语文课程必须进行课程改革，以适应国家对培养新型人才的需要，适应人的自身发展的需要。

二、语文课程的基本性质

（一）语文学科的性质

语文是工具，因此以学习语文为主要任务的语文学科当然也是工具性学科。这话原是不错的。语文这个工具，作为信息的载体，在实际运用中总是承载着人们所要表达的情、意、理、趣。因此，在语文学科中学习语文，同时也就学到了作者通过语文工具所成功表现出来的情、意、理、趣，这是语文的重要特点。说"学语文就是学做人"，强调"语文学科的重要使命是对学生进行美的教育、情的熏陶"等，都体现了这一特点。作为以培养学生正确理解和使用祖国语文的能力和习惯，全面提高学生语文素养的语文学科，它的性质应该体现在如下一些方面。

1.基础性

在高职院校设置的众多学科中，语文学科是一门基础性学科。想要各科的教育教学活动正常地开展起来，先决条件就是要让学生能够正确理解和运用祖国的语言文字，掌握读、写、听、说的基本方法（当然，不同的学习阶段有不同程度的要求）。因为各科的学习，都要以祖国的语文作为媒介，都要以读、写、听、说的实践作为开展教学活动的手段。在课堂教学上，各科教育都要从各个不同侧面来培养和提高学生的素质。语文学科为学好其他学科提供了最重要的物质前提，成为整个素质教育的基础。语文学科还以丰富多彩的知识内容来扩展学生的视野，以各种各样美的人、事、景、物、情来陶冶学生的心灵，以人生哲理、自然奥秘、历史规律、处事态度等来发展学生的理论思维，在奠定学生素质基础方面能发挥自身特有的功能。

2.人文性

语文学科又是一门综合性很强的人文学科。所谓"人文"，主要是指人类社会形态、社会观念、社会习俗以及社会体制、法律法规、文化现象等。人文学科就是学习、研究社会和人及其相互关系，学习、研究上述种种形态、观念、习俗、体制、规章、现象的规律的学科。

语文学科不但要指导学生学习作为信息符号的语言和文字，还要指导学生学习作为信息载体的语言和文字所承载的作者的情、意、理、趣；既要组织和指导学生阅读大量古今中外反映各个时代社会思潮和文化现象的诗文名篇，又要组织和指导学生学会观察和分析历史的、现实的社会和人生，从而写出（说出）反映自己真情实感的文章（话语）来。"文章不是无情物"，语文学科要求学生读的、写的都是"有情之物"，因此，它的教学总是包含着强烈的情感教育因素。教育本身就应十分重视学习者的个性特点，语文学科在这方面必须格外重视，因为在"语文"学习过程中，"知"与"不知"的矛盾往往更多地反映出学生的"个性差异"，务必要使个人创造性的发挥有更大的自由度和更广的天地。凡此种种，都说明语文学科中充满着文学教育因素、审美教育因素、道德教育因素、情感教育因素和创造教育因素等。因此，语文学科的人文性就显得特别突出和鲜明。

3.技能性

语文学科又是一门重在应用的技能性学科，按照现代美国课程论专家约瑟夫·泰克西纳知识分类的12个领域划分，语文学科应当是横跨"符号""艺术""传播"等领域的学科。它所要传授的绝不是静止的、孤立的知识，它要求把学到的知识转化为种种技能，即把语文作为信息符号、作为艺术手段、作为传播媒介的种种知识，转化为规范的、有艺术表现力的、使人们易于接受的语文行为和语文技能。因此，把语文学科视为单纯传授知识或仅凭所谓"感悟"就能获得语文技能的学科，实在是严重的误解。

技能是必须通过实际操作方能逐步获得的，通过读、写、听、说实践来培养和提高读写听说的技能和习惯，这是语文学科在教学上的一大特点。在其他学科，读、写、听、说是求得知识、锻炼能力的手段。而在语文学科中，读、写、听、说既是手段，又是目的，还是目标实现程度的检验标尺。读、写、听、说实践，一时一刻也不能离开人的思维，因而，在读、写、听、说实践中又必须使学生的思维品质受到严格的训练。由此可见，语文学科的技能性是始终不能忽视的，否则会导致语文学科教学走入误区、劳而无功。

（二）语文课程的性质

课程是指构成教学内容的动态的体系，因此，语文课程的性质体现在如下一些方面。

1.体系性

包含两层意思，主要内容如下：（1）语文课程是一个完整的体系：语文课程是目标体系、内容体系、教材体系、评价体系等各个组成部分（或说"环节"）的整合形态，而非某个局部的、个别的存在。（2）语文课程的设置必须是组合的、配套的：比如，过去只注重分科课程，只考虑如何把一些学科做"合理"的安排；如今科学发展日益趋向"综合"，于是在分科课程之外，还必须配之以"综合课程"。过去只注重以学习书本知识为主的学科课程；如今为了提高学生的实践能力，又必须配之以"活动课程"。过去只注重国家规定的课程，即国家课程；如今要让教育更直接地为发展地方经济、繁荣地区文化服务，于是就有地方课程的配置，甚至为了更好地发挥学校本身师资等优势，可以开设学校课程（即"校本课程"）。总之，课程设置都要着眼于整体，着眼于实现培养目标的最佳体系。

2.资源性

这是新的理念，就是把语文课程理解为学生联系生活学好语文，又反过来付诸生活实践的资源丰富的动态结构。语文课程的目标，是从社会不断进步、时代不断发展的现实生活资源中提炼出来的；语文课程的教学内容，不但有课内的语文教材作为资源，而且有来自社会生活的丰富资源；语文课程的评价，要把学生在整个学习过程中的各种表现作为评价的资源。语文的课程评价既要重视终结性评价，又要重视形成性评价；既要重视校内教师凭试卷做出的评价，又要重视综合运用竞赛、调研、交流、汇报、展览、表演、采访、讲演等多种方式的评价，把各个方面的力量都视为参与评价的资源。

3.开放性

所谓"开放性"，是针对过去语文课程的封闭性而言的。首先，可以向学生开放。选修课程，由学生按自己的兴趣、爱好自由选择，甚至还可以由学生提出开设何种课程的建议；活动课程，也可以让学生自由选择活动项目或某项活动中的某个环节。其次，也可以向教师开放。按照语文课程文理渗透、人文与科学交融的要求，语文教师可以与历史、地理、生物、化学、音乐、体育、美术等不同学科的教师合作开设一些综合性课程。这种多科教师合作开课，不但可以大大提高学校各科教师合作研究、开发新课程的积极性，而且有利于为各科教师营造浓厚的教育科学研究氛围。最后，还可以向社会开放。一些综合性实践课程，除了要广泛吸纳社会语文资源以外，还可以争取社会各界如文化界、新闻界、企业界以及司法界等的支持和协助，甚至可以聘请其中的精英人士担任某些课程、某些活动的兼职教师。

三、语文课程的基本功能

为了强化教育功能，提高学生的语文素养，有必要把眼光投向"语文与生活的广泛联系"，投向语文课程的改革，使语文课程应有的功能更充分地发挥出来。

（一）培养和提高学生的综合素质

多样化的语文课程，有利于培养学生的综合素质，从而形成完整的语文素养。语文课程设置的科目一律都是"必修"的。现在，我们在必修课、选修课之外，又尝试把"课外活动"移入"课内"，开设各种"活动课"。从已有的实践经验看，新设的"活动课"大多已显示出它与现实生活的广泛结合力。例如开设"阅读活动课"，把学生带到图书馆阅览室，让他们在任课老师或图书馆老师的指导下，根据自己的爱好、志趣自由阅读，并认真做好读书卡片或读书笔记。据部分试点学校反映，学生对这种自由阅读活动有着特别浓厚的兴趣，这种活动有助于养成爱读书的良好习惯。另外，老师还可以布置课外语文学习任务，例如可以让学生上网搜索课文生词疑难点、优秀的文章分析点评，还可以让学生多看看经典的电影视频，从生活的方方面面感受语文的特殊魅力。这样，学生在阅读、作文、口语交际之中都有了取之不尽的材料源泉；同时，个人的知识视野和品德修养也会因此而得到扩大和提高。书报杂志固然是语文课程的资源，电影电视同样也是资源。在这广泛的资源中，组织语文活动课程，能让学生的语文能力、社会交际能力、组织活动能力、自治自理能力等的综合素质得到培养和锻炼。

（二）培养和提高学生的人文素养

我国学者认为，大学教育，不仅要传授知识，还要教授学生懂得人情物理。古希腊哲人亚里士多德讲，"教育最重要的目的是要给市民培养一种有德性的生活"。欧美教育一向也是重视德性和知性两方面，即德育和智育。香港中文大学新亚书院创办人钱穆先生提到中国学问的三个系统：第一是"人统"，第二是"事统"，第三是"学统"。三统中以"人统"最为重要，中心讲做人之道。"事统"就是经事之学，即专业。东西方实践证明：人文教育是促进人全面发展的基本教育力量，健康的现代高等教育应当是科学教育与人文教育全面和谐发展的教育。有人把自然科学和人文社会科学比作"车之两轮""鸟之两翼""人之两手"。可见，我们在教授学生自然科学的同时，也应该教授学生人文科学。自然科学和人文科学是育人的两大羽翼，缺了哪一个都不行。这是教育的目标、任务和内在发展规律决定的。所以人文科学和自然科学应该两者并重，让这两只翅膀承载教育事业腾飞。

人文性很强的语文课程，无疑有利于培养和提高学生的人文素养。这里的关键是语文教科书的编制者要真正树立"精品"意识，把古今中外的名篇佳作，特别是其中足以使学生读后心灵震撼而且回味无穷的典范文本选入课本，让学生诵读、研读、品读，从而在提高自身人文素养方面汲取到丰富的精神营养。

人们常说，在语文教学中，"知"和"不知"的矛盾往往不如数理化课程那么突出，所以选编课文者往往既不能忽视"文质兼美"，又不能忽视"利教便学"，或者对后者更应考虑多些。所谓"要跳起来才能摘到果子"，这个"跳"是需要勇气和毅力的，是需要教科书编者的眼光和胆识的。情况正如当代语文教育家刘国正先生所说，语文课本中的选文，特别是现代文，多数失之浅显。一个重要原因是"我们把学生的接受能力估计得太低了"。因此，有一些语文教育专家呼吁："要让学生在阅读中与古今中外大师级人物对话，以提高其鉴赏水平和文化品位。"所谓"取法乎上"，确有道理。中国和世界的哲学界、文学界、美学界、艺术界乃至自然科学界的顶尖人物，他们的杰作应当是我们所迫切需要的"精品"，应当成为我们广大学生与之心灵沟通的读物。这不单是培养学生语文能力的需要，更是提高他们人文素质的需要。

（三）培养和提高学生的现代素质

现代素质是指具有鲜明的时代特征的、现代文化人必备的素质。例如，新的时代要求读、写、听、说都要讲究速度，这是快节奏的现代生活所决定的。就语文课程而言，如果师资条件容许（若师资缺乏，则可以专门培训），可以开设"快速阅读""快速写作"以及速读、速写、速记的知识和方法等选修课程。根据当前学术界业已达成的共识，现代人的素质必须是人文与科学兼容的，所以在语文课程中，安排富有科学精神又能体现科学创新意识的选修课程或活动课程就具有十分重要的意义。

（四）培养和提高学生的技能素质

语文知识和语文能力中有相当一部分具有技能性质。语文技能，有基础性的，有特殊性的，还有职业性的。基础性的，如"默写与指读""口语表达要领""汉字书写基础"等；特殊性的，如"朗读与吟诵""讲演技巧""书法艺术初步"等。应用文写作，不单是高职院校语文课程中的重点内容，就是城市普通中学甚至农村普通中学也应对此进行强化训练，以使学生适应未来工作和生活的需要。比如，经济生活中应用频率较高的各式合同，在法制观念进一步增强情况下的起诉书、辩护词，市场经济条件下对市场和价格的综述、评述等的写作，都是语文课程中必须重视的实用性技能。

（五）培养和提高学生的创新素质

语文课程要讲究灵活性，这主要是指内容灵活、对象灵活、规模灵活、层次灵活。所设置的课程（除保证基本要求的必修课外）要让所有参与者各得其所，进退自由。关于素质教育的内涵，论者众多，但多数专家认同如下观点：素质教育是指这样一种教育，它利用遗传、环境和教育（这是影响一个人素质的三大要素）的积极影响，在对学生的已有发展水平和可能发展的潜力做出准确估计的基础上，充分发挥学生的主观能动性，使所有学生都在其已有发展水平上再有所发展，都使其可能发展的潜力得到充分发展，从而促进社会意识向学生个性心理品质的内化。语文课程改革的目的是推进并强化素质教育，因此要灵活地设置语文课程，使所有的学生都在其已有发展水平上再有所发展，使其可能发展的潜力得到充分发展。例如，使课程的教学内容深浅程度都能符合水平不同的学生；活动课程在规模和环节上注意学生的实际能力，必要时可以做适当的调整或重组；学科课程可以分层次组织教学，考核以后还可以按实际成绩适当变动层级等。语文教学通过这样的灵活处理，让程度、爱好、个性不同的学生都能产生兴趣，增强学习的信心，从而闪耀出创造性思维的火花，培养起创新素质来。

第二节 高职语文教学的观念

一、语文课程目标的体系

（一）语文课程目标内涵

课程目标是按照国家的教育方针，根据学生的身心发展规律，通过完成规定的教育任务和学科内容，使学生达到的培养目标。它受国家制定的教育目的制约，是总的人才培养目标的具体体现。课程目标是课程编制、课程实施和课程评价的准则和指南，在课程标准中属于主体部分。语文课程目标在语文课程的教学中处于主导地位。由于它隶属于教育目的，因此成为教育目的在语文课程领域的具体呈现。语文课程目标，则是从语文学科的角度规定人才培养的具体规格和质量要求。而从"语文素养"这一核心概念出发，语文课程目标体系可以从不同的角度进行分类。它从语文课程的基本内容出发，形成了知识和能力、过程和方法、情感态度和价值观三维目标体系。笔者认为，从语文课程的核心概念"语文素养"着眼，来构建语文课程目标体系，既符合语文课程改革的新理念，又能对语文课程标准中的目标进行进一步探讨乃至进一步完善，从而避免对课程目标机械的、平面化的复述。

（二）语文课程目标分类

西方现代课程理论研究中将课程区分为"显性课程"和"隐性课程"，前者发挥的是有计划、有预期的教育影响，后者发挥的是非计划性、非预期性的教育影响。语文课程本身也可作显性课程内容和隐性课程内容的区分。显性课程内容是指以课本为媒介的语文知识学习和听、说、读、写实践活动。隐性课程内容，就广义来说，包括校园文化、教师风貌以及物质环境等；而就狭义来说，是指隐含在显性课程内容里面的人文思想的影响和教育。由此推衍，语文课程目标也可分为显性目标和隐性目标两种。

语文课程显性目标包括语文知识目标、语文能力目标、语文智慧目标（语文学习方法与策略目标）等；语文课程隐性目标则包括情感、态度、价值观在内的审美能力、探究能力和各种情意要素。正如语文课程内容的显性部分和隐性部分是互为融合的统一体那样，语文课程中的显性目标和隐性目标也是血肉相依的，就学生全面发展和长远发展而言，它们两者缺一不可。

1.语文课程显性目标

它是指语文课程学习的最直接的目标，而语文智慧目标也渗透其中，以下主要概括语文知识与能力目标。

（1）语文知识目标：是指对学生掌握最基本的语文知识的要求。在语文教学中，尽管我们不宜刻意追求语文知识的系统和完整，以致偏废了对学生语文能力和情意素质的培养；但是"不宜刻意追求"并不等于"不要追求"，放弃过于"系统和完整"的语文知识并不等于"废弃"基本的语文知识。关键在于不要让机械和僵化的语文知识束缚了学生语文能力的发展，而要让语文知识服务于学生语文能力的培养。

（2）语文能力目标：①独立阅读能力：首先培养学生"具有独立阅读的能力"，然后进一步"发展独立阅读的能力"。②自主写作能力：首先培养学生独立写作的意识，然后进一步指导学生力求有个性、有创意的表达，根据个人特长和兴趣自主写作。③口语交际能力：较之于传统的"听""说"能力，当代语文课程更应重视发展学生的即时性和现场性口语能力。

2.语文课程隐性目标

语文课程隐性目标是指包括情感、态度、价值观在内的审美能力、探究能力和各种情意要素，内容概括如下。

（1）审美能力：语文具有重要的审美功能，审美教育有助于促进人的知、情、意全面发展，因为语文课程天然蕴含着丰富的美育功能。我们应该确立并强化美育意识，让学生受到美的熏陶，从而培养自觉的审美意识和高尚的审美情趣，培养审美感知和审美创造的能力。

（2）探究能力：现代社会要求人们思想敏锐，富有探索精神和创新能力，对自然社会和人生具有更深刻的思考和认识。语文学习和实践的过程其实就是一种探究的过程，即学生通过有质量的阅读、写作和口语交际活动去探究人生的价值，逐步形成自己的思想和行为准则，树立积极向上的人生理想，增强为民族振兴而努力的使命感和社会责任感。

（3）情意要素：这里包括人格体系中必不可少的理想精神、道德品质、意志力量等。这些情意要素，是"语文素养"的潜隐部分。培养学生这些健康的情意要素，是语文课程更深层、更内在的价值追求，是其"隐性目标"。

二、语文课程目标的作用

语文课程目标，是以优化学生"语文素养"为出发点和最后归宿的。"语文素养"这一核心概念，体现了语文课程目标的基本精神和基本理念。

1.体现课程的基本性质

语文课程的基本特点是"工具性和人文性的统一"。作为设计语文课程目标的三个维度，知识和能力、过程和方法、情感态度和价值观，完整地照应到了语文课程上述基本性质。三维目标突出学生在语文课程学习中的"过程"而不是学习的结果，也就是突出学习主体对文本的体验与内化，突出语言实践活动中文本对学生精神世界的滋润、对其情感的培养、对其德性的熏陶、对其思维的潜移默化；直接、鲜明地体现了语文课程特殊性质对课程目标的内在规定，在促进学生逐步形成良好的个性和健全的人格方面，在使之德、智、体、美的和谐发展方面，具有突出的功用。

2.突显学生的主体地位

长期以来，指令型课程严重忽视了学生作为学习主体的个性、能动性、创造性。在语文课程学习的目标上，往往视学生为特定义理和知识系列的容器；在语文课程的学习方式上，多以单一的接受性学习为主要方式。从文本解读到作文教学，教师是课程指令的机械执行者，学生则是课程指令的被动接受者。这样就导致学生"失掉了本来应有的主动性，因而也失去了尊严性"，甚至沦为"知识和技术的奴隶"。现在，我们强调发展学生在课程学习中的主体性，使"个性发展"获得应有的地位。学生是学习和发展的主体，这种主体作用应当表现在阅读中的独立自主，从不同的角度和层面对文本进行阐发、评价和质疑；写作中有个性、有创意的表达；口语交际（特别是演讲）中力求有个性和风度，有说服力和感染力等。至于自主、合作、探究这一新学习方式的提倡，更是为达成语文课程目标而在学习方式上所发生的一次重大变革，其影响深远，将有助于造就自信、自强、自主的学习主体。

3.追求学生的持续发展

语文课程应当力求实现促进人的全面发展的价值追求，要求学生掌握方法、学会探究，以适应未来学习、生活和工作的需要。换言之，语文课程不是一个封闭的可终结的学习阶段，而是一种长远、动态的发展过程，应当着眼学生一生的可持续发展。因此，要以正确的学习方式为切入口，力图为每个生命的底座夯实语文素养的根基，使他们获得一生的可持续发展。所谓"学生的可持续发展"，其实是以持续性、全面性和协调性为其基本特征的，从而使生命内部各种要素达到动态的平衡。这个生命周期内拥有经久不衰的自足、自享、自用的发展体系，包括发展指向、发展能力和承载生命可持续发展的身心素养。形成各要素相辅相成、互为渗透的发展体系，才能有效突破学校教育周期的局限而维持富有活力和生气的蓬勃发展。

4.突出课程的实践本质

我们强调在实践中学习、运用语文。语文知识的传授服务于学生语文能力的培养与发展，而这种要求客观上也顺应了现代社会对语文能力的"能本"要求。培养学生运用语文的实践能力，突出了语文课程的实践性本质。就课程的基本目标而言，课程旨在发展和完善学生的听、说、读、写、思各种语用能力，而听、说、读、写、思的各种语用能力，只能在实际应用中获得锻炼和发展。从语用中发展语用能力，这是偏颇的唯知主义语文教学从反面给我们的切实教训，也是语用学基本理论给我们的应有启示。

三、语文课程目标的实现

语文课程目标的达成，取决于诸多相关因素。就语文课程实施的主体——教师而言，主要取决于理念层面上的课程与教学思维的与时俱进，取决于实施层面上的职业角色的根本转换。

（一）语文课程目标实现的前提

语文教师应当确立崭新的语文课程价值取向，尤其要树立新的教学观、学习观和评价观。

1.树立新的教学观

现如今学生的全面发展已经成为课程改革的基本价值追求，"立人"的教育宗旨已经鲜明地融入了课程改革的基本理念。而语文课程则应进一步具化为如何通过学科和课程的标准来发展个性、弘扬多元性。因此，语文教师在教学中不能光顾及自己如何教，更要顾及学生的原有基础和自我发展方向，为每一个学生创设更好的学习条件和更广阔的成长空间，促进学生特长和个性的发展；要根据学生身心发展的特点，关注学生的个体差异和不同的学习需求，爱护学生的好奇心、求知欲，充分激发学生的主动意识和进取精神。

2.树立新的学习观

现在，语文教师在课程目标的落实中，要将其价值重心定位在学习主体"人"之上，即注重学生对语文知识和语文能力有意义地、积极地建构，即"人本位"建构而非"知本位"接受。教师在对课程内容的筛选、组合、确立上，在对教学方法和评价方式的预计、创设、调整上，都要有助于学生形成以自主、合作、探究为主的新学习方式。当教师自身确立了这种发展性的新学习观，并予以有效的落实，就将造就出自信、自强和自立的划时代学习主体。

3.树立新的评价观

语文课程评价不仅是为了考查学生达到学习目标的程度，更是为了有效地促进学生的发展。这一评价新理念引发评价目的、评价维度、评价方法、评价主体等一系列变化。

（1）就评价目的而言：从过度偏重甄别和选拔转向有效促进学生个体的可持续发展，从而使课程评价的关注点集中于学生学习和教师教学的优化，集中于课程设计和教学过程的整体改善。

（2）就评价维度而言：从单纯的知识体系和能力训练点转向知识和能力、过程和方法、情感态度和价值观三方面的综合，最终指向学生整体的语文素养之优化。

（3）就评价方法而言：从单一的终端评价转向形成性评价和终结性评价的兼顾，从烦琐的定量评价转向定性评价和定量评价的结合，评价应基于语文学习的体验和感悟，而不能以量化和客观化作为课程评价的主要手段。

（4）就评价主体而言：从单向的教师评价转向师评、生评和自评三者相结合，逐步强化学生的互评和自评，这就使课程评价的角色重心发生横向位移，突出了学生个体在课程评价过程中所必须尊重和珍惜的主体性地位。

（二）语文课程目标实现的关键

教师在语文课程实施中，为达成前述目标，必须切实创新教学方法、优化教学行为，从而在职业角色上做出现代教育发展史上最为深刻的一次蜕变。可以明确肯定，教师职业角色的转换是语文课程目标达成的关键。语文教师是语文课程目标与语文课程教学实践之间的中介，语文教师只有全方位转变自己的职业角色，才能将课程目标与课程实践有机地融合起来，即变语文课程目标的受动者为全新意义上的施动者，变语文课程计划的共性化复制者为科学性与艺术性兼备的创造者。融合语文课程目标与语文课程教学，开放课堂教学的精神空间，拆除师生之间的无形栅栏，这是21世纪语文教师职业角色的题中要义。

就与课程的关系而言，语文教师应由课程目标的消极实施者转变为新课程的创造者。在既往指令型课程范式中，单一的必修课程、统一的教学材料、刻板的实施机制，导致不少语文教师变成毫无创意的课程目标和课程计划的消极执行者，并且对教科书的自主选择和重组尚且很少可能参与，更别提对校内外多种课程资源的自觉广泛地开发了。而当代语文课程则要求教师能满足学生对语文教育的不同目标期待，能为具有不同需求的学生提供更大的发展空间，这就要求教师既要关注必修课目标的基础性和均衡性，更要适应选修课目标的选择性和个性化，并使课程实施充满生机与活力。由此，语文教师将伴随新课程的成长而充分释放其创造精神，从而在相当程度上将其对新课程的塑造升华为与学生共建课程目标的主体。教师可以做到如下几点。

在必修课程目标实施中：教师要对承载课程基础内容的教科书做出适当的"裁剪"，取舍之间、增删与否，均要根据本地、本校、本班的实际情况而做出相宜的安排，因材施教，尊重学生的兴趣、爱好和个性化选择以拓深、拓宽语文课程的内涵与外延。

在选修课程目标实施中：教师要从自身的特色和潜力出发，致力于开发为学生所欢迎的母语课程资源，精心设计，突出重点，鉴赏研读，教出魅力；同时，着力突破课堂教学的自闭性，主动建构与社会、世界和日常生活的广泛联系，使文字材料与鲜活现实同化为课程统一体。如果说，过去我们把教科书作为学生的精神世界，那么，现在我们要让母语世界变成学生的活的教科书，从而使母语课程的资源优势得到尽可能的发挥。诸如让报刊、影视、广播、网络、演讲、辩论、广告、自然风光、文物古迹、风俗民情、全球事件等素材性课程资源进入教学流程。

在课程教学中：教师要自觉改善和优化教学流程，使每个教学环节都充溢民主、和谐的生机。换言之，教师在教学中应为学生的审美鉴赏留足广阔的想象空间，为其个性化的课程体验铺设多种路向，从而点燃学生创意阅读、创意写作和创意听说的强劲内驱力。

就与教学的关系而言，语文教师应由课程知识的灌输者转变为教育学意义上的对话者。在以语文知识系列为中心的指令型课程范式中，课程实施（教学）往往存在着一种唯知主义倾向，致使原本内涵丰富、品位高雅的母语课程异化为以复制系统知识为目的的流水线作业。

这种机械化和程式化的操作过程，一方面将浑然天成的美文肢解成时代背景、中心思想、段落大意和写作特点等若干大块，强行灌输给学生；另一方面，脱离语境而片面、孤立地串联语文知识线，致使知识难以为学习主体有目的、有意义、有深度地进行内在建构。这种指令型的语文课程必然导致学生认知的缺失。当代语文课程则要求语文课程的实施成为师生共同探讨新知、平等对话的过程，教师要在这种平等对话、合作互动中实现教学相长。这就要求教师自觉放弃指令型课程中作为知识权威的"话语霸权"，以对话人的身份尊重同样作为对话人的学生。因此，作为学生终身学习和发展之激励者，语文教师在评价实践中要把握好三项原则。

情感性原则：语文教师对学生的评价不能如同法官终裁那样超然于对象情感之外，而应与之共同介入，以心灵拥抱心灵，以激情燃烧激情。就情感取向而言，以肯定和表扬为主，对于学生虽不成熟却经过自己大脑思索的独特判断，尤要珍视其中建设性和创新性的价值意蕴；就语言运用而言，多用寄寓真切期待的鼓励语，使学生为满足教师心灵期待而充分释放出潜在的智慧和情意能量。

前瞻性原则：教师要从学生成长过程着眼，既不能忽视其当下在语文能力、人格形成中的缺陷，又要关注其成长的潜能和可能的发展前景。语文学习具有显著的内隐性特征，从鉴赏优质言语作品到积淀语感素质乃至升华语用能力、审美能力和探究能力，需要极为漫长的心理同化和顺应过程，其细微的进步当需教师以博大的情怀去精心发现和呵护，并以对明天的信心去保护其成长所必备的和谐健康的氛围。

差异性原则：如果不顾及学生原有基础差异和个性差异而用统一标准去评估其课程目标的达成度，则会使许多学生对语文课程的学习热情降低。在课程改革背景下，语文教师要从课程基础、过程和终端多方面去关注学生，通过纵向比较去评估学生的多样化发展；承认并尊重课程学习中的个体差异，承认并尊重个体在群体中所处的独特位置。经验丰富的教师往往能体会到：母语课程学习中的差异性常常蕴含着学习主体的特殊性乃至创新性，那些无法为统一标准所"整合"的学生恰恰可能是别具思维活力和言语个性的。从这个意义上说，语文教师接纳个体之间的差异，实在是一种莫大的教育明智。

第三节　语文课程内容观

一、语文课程内容概念

（一）"课程内容"的含义

当代课程理论界对于课程内容的解释和定义，存在着三种不同的取向。

1.课程内容即教材

持这种观点的人认为课程内容就是上课用的教材。这就意味着教材编写者最清楚教师应该教什么，学生应该学什么；教师应该是教材忠实的、被动的执行者；学生的学习完全是由外部力量规定的，而不论教材是否能够引起他们的学习兴趣和需要。

2.课程内容即学习活动

持这种观点的人特别注意课程与社会生活的联系，强调学生在学习活动中外显的主动性。但是这种外显活动是怎样发生的，学科的知识和结构是怎样在学习活动中起作用的，这样一些重要的问题却不能够得到科学的解释。

3.课程内容即学习经验

学习经验指的是学生与外部环境的相互作用。持这种取向的人认为决定学习质量的是学生，学生是学习活动的主动参与者，他们已有的认知结构和对学习的情感特征对课程内容起着支配作用，学科专家、教材编写者是无法控制课程内容的。但是，学习经验只是学生的一种心理体验，教育工作者无法准确地了解和把握这种千变万化的体验，连学生自己也无法说清楚，因而这种观点给课程和教材研制增加了难以克服的困难。

由此看来，这三种课程内容取向，都有其合理的因素，但也都有其明显的缺陷。坚持一个方面而牺牲其他方面，使它们相互对立起来，或用形而上学的方式静止地看待它们的办法都不足取。我们的考虑是：如何辩证地处理好这几方面的关系，更好地兼顾学科体系、学习活动和学习经验这几个方面的因素。所以，课程内容直接指向"应该教什么"的问题，即根据课程目标，有目的地选择各种直接经验和间接经验。

（二）"课程内容"的概念

为了进一步建立课程内容的观念，我们还需要辨析几个与"课程内容"密切相关的概念。这几个概念是：课程目标、教材内容和教学内容。

1.课程目标

课程目标是指导整个课程编制过程的最为关键的准则。确定课程目标，不仅有助于明确课程与教育目的的衔接关系，从而明确课程编制工作的方向，而且有助于课程内容的选择和组织，并可作为课程实施的依据和课程评价的准则。我国当前颁行的课程标准是"按照国家的教育方针及素质教育的要求，从知识与技能、过程与方法、情感态度与价值观三方面阐述本门课程的总体目标与学段目标"。对课程目标的说明基本上采用了行为目标的陈述方式，即陈述结果性目标、体验性或表现性目标。因而，课程目标是直接指向"为了什么而教"的问题。

2.教材内容

从课程论的视角看，教材内容是课程标准规定下的课程内容在教学活动中的转化的产物。它源于实质性的科学、文化、艺术、生活的各个领域，并以计划的形式表现出来；它涵盖了学生在教师指导下通过学习活动，在心理上和实践中主动地掌握普通教育和专业教育的物质对象与观念对象。换言之，教材内容是教材编者为了落实课程目标和传递课程内容而编选的文字的和非文字的资料，是指导或辅助学生学习的指令与启示，是编选的分析性说明、综合性范例或探究性课题等。可见，教材内容指向的是"用什么去教"的问题。

3.教学内容

教学内容指的是在特定的教学情境中，教师在实际的教学过程中教了什么和学生学了什么。同样的教材，不同的教师可以有不同的理解和阐释，可以进行不同方式的加工处理，因此，就会产生不同的教学内容。具体的教学内容的产生一方面依靠教师课前的预设；另一方面依赖于学生已有的动机水平、智能水平以及知识和经验。因此，同样的教材在不同的班级，也可以产生不同的教学内容。还有，在具体的教学过程中，教师可以根据学生在教室情境中临时产生的问题，及时调整自己预设的教学方案。在这种情况下，教学内容又是在教和学的过程中动态生成的。因此，教学内容指向的是"实际上教了什么"的问题。

总之，课程内容不仅与课程目标具有内在的逻辑联系，而且指导和规范着教科书的研制与编写，并且在事实上影响着课程实施过程中教和学的活动方式，不同性质的课程内容要求在教学过程中采用不同的教学形式和教学方法。因此，课程内容的选择和组织往往被视为课程编制的核心要素。

（三）课程内容观念的转化

我们可以进一步讨论从课程研制到实施教学过程中的三重转换。

1.第一重转换是课程目标的内容化

把课程目标转换为课程内容，明确回答一门课程应该"教什么"的问题。因为理想的课程目标必须落实在新鲜、充实的课程内容基础上。也就是说，课程目标必须有相应的知识、技能和能力、情感、态度和价值观念作为支撑，否则，不论多么美好且理想的课程目标，都会成为空中楼阁。课程目标的内容化需要相关学科专家、一线教师共同研究与合作才能完成。

2.第二重转换是课程内容的教材化

把课程内容转换为教材内容，明确回答课程可以"用什么去教"的问题。因为学生不可能原封不动地、直接地从课程标准或教学大纲中去学习课程内容，课程内容只有依靠教材才能具体化。科学的概念、法则、原理、技能，正确的观念、态度等，只有通过具体的现象和事实、活动与操作、感悟与体验，才能被学生理解和掌握。因此，教材的本质是课程内容转化为教学活动的产物。教材的质量关系到课程目标和课程内容的贯彻落实。

3.第三重转换是教材内容的教学化

把静态的教材内容转换为动态的教和学的过程与方法，以明确回答"如何实施教学""在施教过程中实际上让学生学什么"的问题。为此，教学内容还应该包括对学生学习动机的激发，防止学生产生学习厌倦情绪，对学生学习策略和方法的引导与建议，与教材内容相匹配的课程资源和技术手段，与教材内容相关的价值观念的指导或批判，教师的指导作用与学生的规范行为等。在将教材内容教学化的过程中，教师的专业素养和教学能力，教师的情感态度和价值观念，都决定和影响着教学内容的抉择和生成。

根据上述观点，我们可以把有关语文课程的三个概念做出概括。（1）语文课程内容：是语文课程具体形态层面的概念，指为了达到语文学科特定的课程目标而选择的事实、概念、原理、技能、策略、态度、价值观等要素。（2）语文教材内容：是语文教材具体形态层面的概念，指为了有效地反映、传递课程内容诸要素而组织的文字与非文字材料及所传递的信息。（3）语文教学内容：是语文教学具体层面的概念，从教的方面说，指教师在教的实践中呈现的种种材料及所传递的信息，它既包括在教学中对现成教材的沿用，也包括对教材内容的"重构"——处理、加工、改编、增删、更换。

总之，课程内容是落实课程目标的主要手段和渠道，是指导教材和教科书编写的纲领，是生成具体的教学内容的依据。因此，认定与选择课程内容，就成为课程研制的一项基本工作，成为许多课程问题的集结点。

二、语文课程内容的完善

课程内容的认定和选择，是一个很复杂的问题，因为这不仅受国家教育政策、社会需要、学生情况的制约，而且与研究和认定课程内容的人员的学术思想密切相关。在这里，我们提出的关于认定和选择语文课程内容的观点，意在引起人们共同研究和深入探讨的旨趣。

（一）完善语文课程内容的前提

1.建立广义的知识观

"课程内容的基本性质是知识，它具有直接经验和间接经验两种形态""直接经验是指与学生现实生活及其需要直接相关的社会知识、自然知识及其技能的总和""间接经验即理论化、系统化的书本知识，它是人类认识的基本成果"。因此，认定语文课程内容的前提之一就是要树立清醒的广义知识观。

知识是"个体通过与其环境的相互作用后获得的信息及其组织，被贮存于个体内的，即为个体的知识。通过书籍或其他媒体贮存于个体外，即为人类的知识"。这里强调：第一，知识是后天经验的产物，不包括由遗传而来的适应机制；第二，知识获得过程是主客体相互作用的过程；第三，知识的范围广泛，从获得具体信息到机体的认知结构的根本变化，都属于知识范畴。

从知识反映的客观对象看，知识可以分为自然知识、社会知识、人文知识。自然知识主要反映人们对自然世界的认识，它往往通过一定的概念符号和数量关系，去描述不同层次的自然事实和事件的规律。社会知识主要反映人们对社会世界的认识与态度，它受制于一定社会的价值立场和观念，特别是与特定社会的主流价值观念有着不可分割的联系。人文知识旨在追问和回答人生的意义，其主要作用在于促使和帮助个体反思自己的生活与历史，反思自己在历史生活中所信奉和实践的价值观念的合理性，并由此形成新的生活理念和态度。

现代认知心理学的广义的知识观，把知识分为陈述性知识、程序性知识和策略性知识。广义的知识观把知识、技能和策略都统一在"知识"的概念里。这种知识也就是所谓的"真知"，不仅包括了"知"，也包括了用"知"来指导"行"。而知识—技能—能力的一体化，其意义在于改变知识只具有信息意义，而与智慧、技能、能力相脱离的倾向。知识不仅应该使人知道"是什么，为什么"，而且应该使人知道"做什么，怎样做，与谁合作"。以下是对广义的知识观的概括。

（1）陈述性知识：主要反映事物的状态、内容、性质、发展变化的原因，用以回答事物是什么、为什么、怎么样的问题，因此，也叫作描述性知识。这种知识具有相对的静止状态。陈述性知识的表征形式，主要有概念、命题和命题网络。概念表示的是事物的基本属性和特征。命题是意义或观念的最小单位，是知识的最小单元，通常用句子的形式来表达。命题网络是具有相互关系的一组命题。人脑中的知识不是孤立存在的，相关的知识组成一个网络系统，才能被有效地贮存和提取。

（2）程序性知识：主要反映活动的过程和步骤，用来解决做什么、怎么做的问题。程序性知识实质上是一套如何对外办事的操作程序和步骤，主要用于指导实际操作，因而也叫操作性知识、步骤性知识。它是一种动态性知识。语文课程中大量的关于听、说、读、写、言语行为的步骤和方法，就是一种程序性知识。程序性知识可以为实践活动定向。当程序性知识转化为个体熟练的动作经验之后，个体就掌握了技能。技能则是能力养成的不可或缺的因素。程序性知识的表征形式，主要是"产生式"和"产生式系统"。简而言之，"产生式"所表征的就是一个"如果……则……"的行为规则，即"如果满足了某种条件，则可以执行某一动作"。经过练习，简单的"产生式"可以组合成一个较大的操作系列，成为一个复杂的"产生式系统"。这种复杂的"产生式系统"就是形成复杂技能的心理机制。当前语文课程改革的一个大趋势就是强调课程在学科课程与教学中注重程序性知识及其运用。

（3）策略性知识：指的是"在学习情境中，学习者对学习任务的认识，对学习方法的调用和对学习过程的调控"。这样，学习策略就具有了以下两种本质属性：一是以学习方法论为基础；二是学习者对自己学习过程的调控。学生对自己学习过程的调控属于元认知范畴。所谓"元认知"，就是学习者对于自己认知过程的认知，即学习者对于自己的学习认知活动的自我觉醒意识和自我调控能力。元认知知识的主要内容有四：一是学习者对自我状况的了解，二是学习者对学习任务的认识，三是学习者对学习方法的了解和运用程度，四是学习者对自己学习过程与结果的评价和反馈。

2.区别"语言"和"言语"

"言语"是现代语言学中的一个重要范畴。被誉为"现代语言学之父"的瑞士语言学家索绪尔把区分"语言"和"言语"称为"建立言语活动理论的第一条分岔路"。在我国，20世纪五六十年代，也曾经对"语言"和"言语"的区别和关联进行过学术讨论。经过这次学术讨论，我国语言学界普遍接受了这两个概念。几十年来，这种认识在我国语言学界始终一脉相传。言语就是个人讲话（写作）的行为和结果。"语言是人们用以说（写）和存在于所说（所写）中的音义结合的词汇系统和语法系统。"那么，区别"语言"和"言语"，对于语文课程与教学的主要意义有哪些？

（1）语文课程与教学的根本属性是言语教育：语文课程与教学离不开语言的语音、语义、词汇和语法规则系统，但是语文课程的根本目的并不是培养学生去研究语言，而是培养学生具有理解和运用祖国语言文字进行有效交际的言语能力。语文课程与教学实质上是一种教给人们如何运用语言规律去进行言语交际活动的教育，因此，它应当属于言语教育范畴。

（2）言语是语用主体运用语言进行交际的行为：行为是一个动态过程，因而，言语教育的关键应当是学习者学习和运用语言的实践过程。一般地说，把知识转化为能力的环节是"过程"。特殊地说，语文课程与教学的核心，应当是学生运用语言这个工具反复地、不断提升地进行听说读写的实践过程。这正是语文课程与教学之所以倡导对学生进行过程与方法论教育的真正原因。

（3）语言有它自身的法则和规律，言语也同样如此：言语规律和法则有它自身特殊的概念与范畴，不是语言学、文章学、文艺学等相关学科的理论所能替代的。

（二）语文课程内容要素的选择

要想科学地认定和选择课程内容，首先，需要使课程内容概念化。如果课程内容的项目、细节缺乏概念化，那么，选择课程内容的项目与细节，就会变得混乱和模糊，各种不同的意见也难以商讨和统一。其次，还应参照如下一些标准：一是内容必须来自有组织的学科；二是必须选择能够说明学科中有代表性观念的内容；三是必须选择能够说明学科探究方法的内容；四是必须选择能够唤起学生想象的内容。此外，认定与选择课程内容还要考虑到学生的需要和学习的可能。选定课程内容应该教什么，实际就是要求学生应该学什么。因此，学生的已有知识和经验，学生的年龄特征和智能水平，都是选定课程内容的重要依据。

前面提出的认定语文课程内容的两个前提，为语文课程内容提供了固着点、凝聚点。这样，我们就可以本着语文课程目标去构筑语文课程内容，并为进一步选定语文课程的内容项目，搭建起一个共同研讨的平台。为此，我们提出由如下几个方面构筑起来的大框架。

1.言语过程的基本规律

言语规律是指人们为了一定的目的，在一定的语境中使用语言的规律。要想掌握言语规律，必须掌握言语交际的四要素。由于言语活动是言语的双方在一定的语境中进行的活动，所以，人们进行言语时，无论是说话还是写文章，都必须注意自身的因素、对方的因素以及双方所处的语境因素，当然还有语言系统这一工具的因素。综合起来，主要的言语规律可以大致概括如下。

（1）依赖语境用适应律：语境，是语用主体使用语言工具进行交际活动的环境。在说话和写作时如何显示或暗示语境，在阅读中如何揣摩和还原语境，就成为语用主体必须了解的知识和必须掌握的技能了。从本质上说，言语环境是社会环境在使用语言时的反映。因此，引导学生了解语境及其作用，实际上是指导学生在学习语文课程的过程中不断地积累社会文化知识；是指导和影响他们在社会大环境中积极地适应生存、主动地谋求发展的人生态度和策略。

（2）选择语料用选择律：要想清楚地表达思想和情感，就必须遵循语音、词汇、语义和语法规则等基本规律。但是，语言中存在着大量的同义结构形式。在具体的言语过程中，语用主体该使用哪一种形式，这就要看他所处的语言环境，他在和谁说话，他要达到什么交际目的了。因此，选择语料就成为一条重要的言语规律。

为了能恰当地选择语料，语用主体就必须了解汉语音韵及其表情作用，汉语流水句及音步限制等语音知识；必须了解词的意义、词义与语义的联系和区别、词的形象色彩和感情色彩、词语的超常搭配、汉语数量词的修饰性、成语、典故、熟语、外来词语的音译词等词汇知识；必须了解语气的基本类型与转换，语气在构成句子中的作用，句子的基本成分、句子的常规语序与超常语序、简单句与复句、主动句与被动句、肯定句与否定句、长句与短句、整句与散句、松句与紧句等句式的变异；必须了解关于句群的类型和组造、句子的衔接方法等有关句子、句群和语段的知识；必须了解辞式的扩展和创新、汉字形体的意蕴、非语言因素的表意功能等修辞知识；必须了解关于篇章的粘连性和连贯性等篇章知识；必须熟练掌握恰当地选择词语、结构多样的句子和篇章等基本技能。这些知识和技能都应该适时、适量和适度地进入语文课程的内容领域。

（3）切合语体用的体律：言语行为要得体，是一个尽人皆知的规则。什么是"得体"？从广义角度说，"得体"，就是对适当的人，在适当的时间，在适当的地点，说适当的话。从狭义的角度说，"得体"，指的是切合特定的语体。因此，了解什么是语体、语体的分类、各类语体的特征，掌握突出语体特征的方法等，就成为学生运用语言、生成言语所必需的知识和技能了。

（4）组织话语用组织律：句子是最小的言语单位。但只有连贯的语篇，才能表达复杂的思想、细腻的情感。为了组织连贯的话语，就需要了解汉语流水句的特点（比如话题与说明，主语的承前省略等），铺排句子的逻辑顺序（如时间顺序、空间顺序、逻辑顺序、心理顺序等），句子之间的衔接手段（如关联词语、指代词、序数词、修辞手段等），语段的性质和组织语段的方式（如段落表意的单一性和完整性、段落的主句与述句、五种基本段落类型等），语篇的表层结构（部分与层次、开头与结尾、过渡与照应等）和深层思路（思路的意义和类型、思路与结构的区别与关联、思路的呈现方法）等。

（5）创新表达用修饰律：人们为了更有效地表达思想情感，就要在准确的基础上，进一步追求表达的生动，有说服力，或者追求某种特定的表达效果，因此就要讲究修辞。在具体的言语中，特别是文学作品中，就出现了许多创新的言语表达方式。为此，在语文课程的教学中，应当适当地指导学生了解词语的变异、句式的变化、语序的易位、语气的转换；了解如何对句子进行动态分析，如何对辞格进行心理分析；了解辞式的创新、新兴的广告语体、网络语体等有意义和有趣味的知识，并逐渐积累这些富有创新意义的言语材料。这样，既有益于学生形成丰富、敏锐的语感，开阔学生的知识视野，增加语文课程与教学的学术性和趣味性，又有助于培养学生认识和热爱古老汉语的新鲜活力和无穷魅力。

2.言语产品的经验内涵

人们学习运用语言，历来存在两种途径：一是学习有关语言的理性知识；二是学习具体的言语作品。对学生来说，学习文质兼美的言语作品是他们学习和运用语言的主要途径。因此，研究和借鉴这些言语作品的经验，充分发挥这些言语作品的教学价值，就成为语文课程与教学的重要内容。

（1）言语产品的内容和意义：任何有效的言语都承载和传输着具体的内容、思想和情感。无内容、无思想、无情感的言语，只是一连串毫无意义的语音符和字符串。人类用语言符号表达和传输的内容和意义，是极其浩瀚、深邃的。可以毫不夸张地说，它们和人类的物质与精神生活，与人类的文化累积等都息息相关。但是，语文课程的独特任务却在于引导学生认识和体验言语作品和言语现象所蕴含的规律，在于引导学生提高自身运用语言表情达意、进行有效交际的能力。因此，语文课程与教学尤其要注意研究言语表达的形式、经验和规律。

（2）言语成品的体式和类型：人们进行交际活动，如果借助于口语，就会生成口头言语成品，如日常交谈、广播、讲演和论辩；如果借助于书面文字，就会生成书面语言成品，如各类实用文章和文学作品。不同类型的言语成品，大致具有相同的体式，这就是语体和文体。语体和文体既有联系又有区别。语体是依据语言交际功能而形成的言语风格的类型。语体可分为谈话语体和书卷语体。书卷语体又可细分为科学语体、政论语体、事务语体和文艺语体。文体专指书面语言成品，即专指文章和文学作品的体裁样式和言语风格。言语成品的表达方式，决定着语体和文体的不同。如叙述人和叙述方式，描写基点和描写方法，论说意图和论说方法，抒情角色和抒情手段等。了解言语成品的类型和体式特征，对表达者在说、写之前有限定和指导作用，在说、写过程中有规范和调整作用；对言语成品的接受者有引导和认同作用。

（3）言语成品的结构单位：言语表达者在说出话、写出文章之前，意念或情思都是以内部言语的形态储存于头脑中，它们往往是朦胧的、简缩的、无序的。口头言语是以线性的语音流出现，书面言语是以线性的字符串出现。有意义的言语是一个有层级的装置。言语的层级单位可以分为句子、句群、语段和语篇四种。

（4）言语成品的标准规格：言语成品应当符合的标准规格是：规范、简明、连贯、得体和优美。因此，就需要识别什么是不规范、不简明、不连贯、不得体、不优美的句子，并能修正这些有毛病的句子。

（5）言语成品的个人风格：语用主体在使用共同语言表达个人情意的过程中，既遵循语用常规，又追求创新变异，这就逐渐形成了个人的言语风格。言语风格是个人使用语言的特点的综合。语用主体的思想、性格、学识、修养、职业等，是形成言语风格的稳定性因素。语用主体写作和说话时候的心情、境遇等，则是形成言语风格的变动性因素。此外，还应注意特定时代的文风又是形成个人言语风格的社会基础。

3.经典选粹与文化常识

言语产品是不可胜数、不可穷尽的，因此，精选大量的古今中外的文化经典作品，历来就被认定为规范语文课程内容和编制语文教材的重点工程。这些标志着人类文明和进步的经典选粹，本身就是语文课程内容的组成部分。阅读和汲取这些经典的文化精神和言语经验，本身就是语文课程的目标。围绕着这些经典作品和他人成功的言语经验，教科书编者还往往编写许多相关的文化常识。学生积累这些经典篇章和文化常识，就能为人格的健康发展打下厚实的精神和言语底子。

第四节　高职语文教学的定位

高等职业技术学校的教学任务就是要以学生的就业发展为根本目标，因此高职教育的根本任务就是要培养具有创新精神的，能够适应工作岗位的高素质的职业应用型的人才，因此高职教育的课程设置也具有一定的职业性要求，这与普通高校注重学生知识体系的发展有着明显的不同，所以任何高职院校的教育创新都不能沿着普通高等学校教育发展的思路，应该致力于在继承普通高校专业课程的基础上对本身的课程进行改革。最根本的就需要高职课程学习要以培养学生的职业性思维为发展重点，尤其是语文课程，作为学生学习其他课程的基础，语文在培养学生职业思维和待人处事发展方面具有非常重要的作用，因此语文课程的开发和设计也应该以职业过程和职业任务为基本，注重追求语文课程教学和职业岗位中工作项目的承接，充分体现高职语文课程的职业性、实践性以及开放性发展的特征。因此高职语文教育作为学生学习的基础课程，不仅帮助学生认识语言，还要帮助学生学会如何用语言和文字去解决生活中的问题，对于高职学生而言就是学会如何利用语言和文字去解决工作中的问题，去应对接下来工作中出现的挑战。为了让语文课程更加适应高职教育的发展，在高职教育体系中占有一席之地，就必须高度适应现阶段高职课程教育改革的要求，致力于高职教育专业型人才的培养目标发展，让学生在学习语文课程后能够真正地应用到相关的技术领域和职业岗位中，满足企业和社会对高职人才的用人需求。

因此对高职语文课程的定位发展，提出了两个启示：第一，在高职课程教育体系中，文化课程与一般的技术课程同等重要，甚至在学生初次进入职业教育时更加重要，也就是说高职课程体系如果要构建一个完整运作的系统，就不能忽略文化课程在高职课程系统中的重要作用和突出地位，如果高职院校不能重视文化课程的教学改革，那么就会影响整个课程体系的发展，甚至不能从根本上完成整个高职教育的使命，这就需要高职院校理顺文化课程与技能教育之间存在的相互关系；第二，高职院校课程体系发展中文化课程的改革的发展，尤其是语文课程的改革发展尤其重要。语文课程是众所周知的学生学习的最基本课程，从学生进入校门的第一天起，语文课程就跟随着学生一起发展。语文作为文化课程最重要的一部分，在改革发展中很难实现，语文课程怎么改，如何改，已经成为当前制约广大教育学者的重要课题，其改革成功与否也体现着教育体制发展是否畅通。对高职语文课程的重新定位就意味着对高职语文课程的变革，让其成为另一种形式，赋予其另一种内涵，使其成为一种新的课程模式。因此对于高职语文课程的定位来说，技能教育的本质发展必然会对语文课程产生重大的影响作用，因此，高职语文课程的定位应与职业教育发展有着本质的联系。

一、在语文课程的内容上体现职业性定位

高职教育课程体系中，大学语文课程为了满足学生的职业性需求，最根本的就是要在内容上进行改革，通过对专业人士的故事发展和感悟以及专业事件的描述和发展，可以让学生深刻地了解专业性的问题，这对学生职业能力的培养和职业理想的塑造具有很大的推动作用，当前许多高职语文教材对这方面进行了较为深入的探索。这样可以激发学生对艺术专业的热情，丰富学生的艺术创造体验，激发学生的艺术创造灵感，让学生在学习基本的语文知识的同时，可以感受艺术带来的独特魅力，并与学生的艺术专业学习相互影响，在学生的艺术感悟、艺术

观形成以及艺术创造灵感来源上都起到巨大的推动作用，因此本教材就使原有高职语文课程的内容呈现出职业性定位发展的特征，赋予普通语文教学内容全新的面貌。从这本教材的具体内容上我们也可以看出其职业性定位的准确性。教材还像编写杂志一样，展现了一个"书中刊"的内容，就是文章中的"博览"，文章用作家、艺术家的作品传达他们各自独特的观察和感受，具体展现进行创造性表现的丰富实践和经验积累。因此学生就可以深刻而全面地了解语文的基本知识，激发学生对专业的热情，培养学生对艺术创作的感悟，让学生学习专业课程时，也能将语文知识应用其中，既能让学生感悟艺术的魅力，也能让其体验到文学之美，同时还能通过语文知识的学习，帮助学生应对专业知识的问题，丰富学生的文学和艺术修养。

面对语言类专业的学生，学校课程教材的选择一般都具有一致性，但是可以为其设置专门的语文课程内容，为了学生可以真正地了解所学语言的文化背景和国家历史状况，在语文课程设置中，教师可以适当地增加一些与本专业相关的文学篇目，从中国和其他国家语言文化发展的角度入手，有意识地增加一些专业文化内容，通过所学语言的国家文化和本国文化的对比，不仅可以让学生体验所学专业语言的语境，也可以适当地丰富自身语言的知识，减少他们在学习专业语言时的差异，有效地提高学生学习专业语言的质量和效率。在帮助和引导学生提升语文素养和语文能力的同时，实现向专业素养和专业能力的"迁移"。

二、在语文课程的教学方法上体现职业性定位

高职教育课程体系中的大学语文课程的定位在突出职业性特征时，最基础的体现是在教材编排上，最根本的就是要体现在教学方法上，也就是说不仅要在教材的编排上与高职院校的学生职业技能发展相挂钩，同时在教学的方法和手段上也要服务于高职院校专业技能培养的目标要求，让语文教学在学生职业素养养成中发挥作用。

三、语文课程应在职业能力培养中产生作用

学生职业能力的关键要素多种多样，究竟高职院校的学生应该具备什么样的专业技能众说纷纭，每个国家和学者都对其进行了深入研究，例如英国工业联盟、教育与就业部对职业型人才的关键技能划分就包括六种要素：一是职业型人才的交流能力；二是人才的数字运用能力；三是人才的信息技术运用能力；四是人才的与人交往和合作能力；五是人才的自我学习和自我进步能力以及提升绩效能力；六是人才的自主和合作解决问题能力。除此之外，澳大利亚也对专业人才培养的关键能力进行了具体的概述，认为人才培养的关键技能应该是可以为工作、为生活、为教育发展关键能力，主要包括七种要素：一是收集、整理和分析各种资料和思想的能力；二是思想交流、信息获取及共享的能力；三是筹划和

组织各项活动的能力；四是与他人或者团队进行合作和创新的能力；五是自主解决问题的能力；六是运用多样的数学方法和概念的能力；七是运用各项技术的能力。

对于关键能力的表述每个国家都有不同的侧重点，但是从本质上来看都有其趋同性，都集中在人与人之间的交往、沟通和合作上，停留在人对世界的理解和改造上，也就是人能否用符号处理自然和社会的问题。语言和文字本来就是符号的载体，所以语文应用的能力直接表现在符号应用的水平，而符号的应用水平又直接体现在关键能力的发展上，所以说语文的教学和学习十分重要，直接关系到人们关键能力的培养和发挥。语言符号的学习本来就是一个非常长的过程，是需要通过不断积累和语言环境共同塑造的。所以说关键能力是一个人得以生存的根本，学校作为学生关键能力培养的重要机构，在人的发展中起到至关重要的作用。因此如果旨在通过课程进行关键能力的培养，零落分散的专业课程显然难以胜任，以听、说、读、写等语言能力为主要培养目标的"大学语文"课程此时具有无可替代的优势。

当前高职院校的学生由于自身招生的限制，学生普遍文化课程的基础薄弱，语言的习得能力较差、阅读能力欠缺，不能很好地将语文知识应用到实际的学习和工作中，这必将会影响他们未来职业技能的发展，基于此高职院校的语文课程必须注重学生关键技能的培养，在加强实践教学的同时，与学生的专业技能相结合，在与时俱进的基础上，将语文与当代文学新闻事实和热点、社会生活等相结合，在课程教学中利用案例讲解和课堂讨论以及职业现场模拟的教学方法，让学生真正地将语文技能应用到职业和生活中，适当地锻炼学生的说读写能力，让学生能够深入实际中，去感受职业氛围，了解当前社会发展的实际。同时注意积极地延伸课堂的空间，语文课程并不仅仅局限在课堂内，可以将语文的教学课程适当地从课内延伸到课外，例如在校内开展人文专题讲座、开展语文知识竞赛和演讲比赛、开设文学选修课程、举办校内征文活动等形式，让学生能够真正把语文理论知识的学习与社会实践相结合，并能够将知识转化成力量，并在学习中收获快乐，让学生能够潜移默化地提升自己的人文素养，不断地提升自身的写作能力、口语交际能力、职业应变能力和心理承受能力，让学生能够在无形的课程参与中提升自己未来职业发展中所必须具备的核心技能水平。

第二章　高职语文教学理论

第一节　建构主义理论

　　建构主义提倡在教师指导下的以学习者为中心的学习，也就是说既强调学习者的认知主体作用，又不忽视教师的指导作用。教师是意义建构的帮助者、促进者，而不是知识的传授者与灌输者；学生是信息加工的主体，是意义的主动建构者，而不是外部刺激的被动接受者和被灌输的对象。信息网络的基本特征和它映射于语文教学所体现出来的特征，契合于建构主义的基本理论需求。网络信息的丰富多彩为探究问题达到深层理解提供了材料上的保证，网络的空间特征满足了语文教学创设学习情境并对之实施及时动态的有效控制的空间要求。网络传播的解构功能不仅可以增强学习者的兴趣和挑战心理，还是促成学习者对周围瞬息万变的真实信息世界进行理解性重构的重要因素之一。建构主义理论是网络环境下实施语文教学的重要理论基础。

一、建构主义的知识观

　　首先，知识不是对现实的纯粹客观的反映，任何一种传载知识的符号系统也不是绝对真实的表征。它只不过是人们对客观世界的一种解释、假设或假说，它不是问题的最终答案，必将随着人们认识程度的深入而不断地变革、升华和改写，出现新的解释和假设。其次，知识并不能绝对准确无误地概括世界的法则，提供对任何活动或问题解决都适用的方法。在具体的问题解决中，知识是不可能一用就准、一用就灵的，而是需要针对具体问题的情景对原有知识进行再加工和再创造。再次，知识不可能以实体的形式存在于个体之外，尽管通过语言赋予了知识一定的外在形式，并且获得了较为普遍的认同，但这并不意味着学习者对这种知识有同样的理解。真正意义上的理解只能是由学习者自身基于自己的经验背景而建构起来的，取决于特定情况下的学习活动过程。否则，就不叫理解，而是叫死记硬背或生吞活剥，是被动的复制式的学习。

二、建构主义的学习观

第一，学习不是由教师把知识简单地传递给学生，而是由学生自己建构知识的过程。学生不是简单被动地接收信息，而是主动地建构知识的意义，这种建构是无法由他人来代替的。第二，学习不是被动接受信息刺激，而是主动地建构意义，是根据自己的经验背景，对外部信息主动地选择、加工和处理，从而获得自己的意义。外部信息本身没有什么意义，意义是学习者通过新旧知识经验间的反复的、双向的相互作用过程而建构的。因此，学习不是像行为主义所描述的"刺激—反应"那样。第三，学习意义的获得，是每个学习者以自己原有的知识经验为基础，对新信息重新认识和编码，建构自己的理解的过程。在这一过程中，学习者原有的知识经验因为新知识经验的进入而发生调整和改变。第四，同化和顺应是学习者认知结构发生变化的两种途径或方式。同化是认知结构的量变，顺应则是认知结构的质变。同化—顺应—同化—顺应，循环往复，平衡—不平衡—平衡—不平衡，相互交替，人的认知水平的发展，就是这样的一个过程。学习不是简单的信息积累，更重要的是包含新旧知识经验的冲突，以及由此而引发的认知结构的重组。学习过程不是简单的信息输入、存储和提取，是新旧知识经验之间的双向的相互作用过程，也就是学习者与学习环境之间互动的过程。

三、建构主义的学生观

第一，建构主义强调，学习者并不是空着脑袋进入学习情境中的。在日常生活和以往各种形式的学习中，他们已经形成了有关的知识经验，他们对任何事情都有自己的看法。即使是有些问题他们从来没有接触过，没有现成的经验可以借鉴，但是当问题呈现在他们面前时，他们还是会基于以往的经验，依靠他们的认知能力，形成对问题的解释，提出他们的假设。第二，教学不能无视学习者已有的知识经验，简单强硬地从外部对学习者实施知识的"填灌"，而是应当把学习者原有的知识经验作为新知识的生长点，引导学习者从原有的知识经验中，形成新的知识经验。教学不是知识的传递，而是知识的处理和转换。教师不单是知识的呈现者，不是知识权威的象征，而应该重视学生自己对各种现象的理解，倾听他们当下的看法，思考他们这些想法的由来，并以此为据，引导学生丰富或调整自己的解释。第三，教师与学生、学生与学生之间需要共同针对某些问题进行探索，并在探索的过程中相互交流和质疑，了解彼此的想法。由于经验背景差异的不可避免，学习者对问题的看法和理解经常是千差万别的。其实，在学生的共同体中，这些差异本身就是一种宝贵的现象资源。建构主义虽然非常重视个体的自我发展，但是也不否认外部引导，即教师的影响作用。

第二节 系统科学理论

系统科学理论是研究一切系统的模式、原理和规律的科学。它是在系统论、控制论、信息论的基础上发展起来的，并逐渐出现了耗散结构论、协同论、突变论。系统科学理论既是现代自然科学、社会科学、思维科学发展和综合的结果，又是现代科学研究的一般方法论。系统科学理论对现代科学的跨越式发展起到了极大的推动作用，对其他学科具有方法论的指导作用，对教育科学这一涉及诸多学习变量和教学变量的复杂系统更是具有积极的启发意义。系统科学对教学技能的学习与训练也具有积极的指导作用。

一、系统论、控制论、信息论概述

（一）系统论、控制论、信息论

1.系统论

系统论的主要创立者是美籍奥地利生物学家贝塔朗菲。1937年，贝塔朗菲第一次提出了一般系统论的概念，为系统科学提供了纲领性的理论指导。该理论把自然界、人类社会及人类思维都看作具有不同特点的系统。系统是由两个以上相互作用和相互联系的要素结合而成的，是具有特定的整体结构和适应环境的特定功能的有机整体。系统各部分之间的相互作用越协调，系统结构就越合理，系统在整体上就越能达到较高水平，从而实现整体的功能大于各部分功能之和。宇宙中的任何事物都是以系统形式存在、发展着的，甚至可以说"系统无处不在，万物皆成系统"。教学技能也同样是以系统的形式存在和发展着。如果用具有普遍指导意义的系统思想和方法指导教学技能的训练和应用，必将使教学技能的获得更有效，且更易实现教学技能向教学技巧、教学技艺乃至教学艺术的转变。

2.控制论

一个系统既有控制部分将控制信息输入受控部分，又有受控部分把反馈信息送到控制部分，形成一个闭合回路，来实现系统的有效控制，由控制论产生了反馈控制法。这种方法认为：任何一个系统因内部变化、外部干扰，会产生不稳定，为保持系统稳定或按照一定路径达到预定目标，就必须进行控制。学习可以看成一个信息加工的过程，若这一过程中的各个环节能够得到有效的控制，使教与学之间的信息转换与反馈正常进行，就会使教学的效率和质量得到极大的提高。因此，控制论中的相关理论与方法必然会对如何有效控制教学过程，实现教学优化提供科学依据与指导。

3.信息论

信息论是研究各种系统中信息的计量、传递、变换、贮存和使用规律的科学。其原始意义主要是一门通信理论，即希望通过对各种通信系统中信息传输的普遍规律的研究，提高通信系统的有效性和可靠性。当它应用于教育系统，则可以理解为通过对教育系统中教学信息输入输出的一般规律的研究，即通过分析教学信息，分析教学系统的信息传播特点与规律，以及处理教学信息等，达到提高教育教学系统中教学有效性的目的。

（二）系统科学的基本原理

系统论、控制论、信息论这三论，既相互区别，又相互渗透、相互联系，统称为"旧三论"。从中提炼出来的系统科学的基本原理对教学技能的训练和应用有着方法性的指导作用。

1.整体原理

任何系统只有通过相互联系形成整体结构才能发挥整体功能。系统中各要素是相互作用、相互依存的，没有整体联系、整体结构，要使系统发挥整体功能是不可能的。在教学技能的训练和应用中，应把教学技能看作一个系统，从宏观上把握，从整体上分析，综合考虑课堂教学过程中的各个要素和环节，使教学技能的整体功能得以有效发挥。

2.有序原理

任何系统只有开放、有涨落、远离平衡态，才可能走向有序，形成新的稳定的有序结构，以使系统与环境相适应。在教学技能的训练和应用中，要处理好各种教学技能之间以及教学技能与外部教学环境之间的关系，使它们之间形成平衡的有序的状态。教学系统要在社会环境中存在和发展，要与外界有信息、物质等的交换，必然要求它是一个开放的系统，要不断地吸收各学科的新信息，引进先进的技术，使之从无序走向有序，使教学技能适应不断变化的教学环境。

3.反馈原理

任何系统只有通过反馈信息才可能实现有效的控制。一个控制系统，既有输入信息，又有输出信息，系统的控制部分根据输出信息（反馈信息），进行比较、纠正和调整它发出的输入信息（控制信息），从而实现控制。在教学技能的训练和应用中，要随时根据反馈信息来了解教学情况，对教学过程进行协调控制以实现教学系统的功能。

二、耗散结构论、协同论、突变论概述

（一）耗散结构论、协同论、突变论

1.耗散结构论

在一定条件下，当系统处于非平衡态时，它能够产生、维持有序性的自组织，不断和外界交换物质和能量，系统本身尽管在产生熵，同时向环境输出熵，

输出大于产生，系统保留的熵在减少，所以走向有序。"耗散"的含义在于这种结构的产生不是由于守恒的分子力，而是由于能量的耗散。系统只有耗散能量才能保持结构稳定。耗散结构理论能够解决很多系统的有序演化问题，包括教育系统，它不仅对自组织产生的条件、环境做出了重要的判据性断言，还对把被组织的事物或过程转变为自组织的事物或过程具有启发的、可操作的意义。

2.协同论

协同论研究各种不同的系统从混沌无序状态向稳定有序结构转化的机理和条件。协同论最根本的思想和方法是系统自主地、自发地通过子系统的相互作用而产生的系统规则。竞争与合作的方法是它的重要研究内容，协同论最基本的概念也是竞争与协作。复杂性的模式实际上是通过底层（或低层次）子系统的相互作用产生的。正如在大脑中寻找精神一样，在低层次中寻找复杂性的模式是徒劳的，但我们可以从相互作用的方式和结构，以及这种作用的运动演化过程中寻求到上一层次模式的呈现和轮廓。

3.突变论

突变论在研究复杂性问题和过程时具有特殊的方法论意义。人们常把缓慢变化称为渐变，把瞬间完成明显急促的变化称为突变，但是突变与渐变的这种经验性认识既不准确又不科学。它们的本质区别不是变化率大小，而是变化率在变化点附近有无"不连续"性质出现，突变是原来变化的间断，渐变是原来变化的延续。所以，突变属于间断性范畴，渐变属于连续性范畴。突变论的模型为思考人类思维过程和认识机制提供了新的思路。根据突变论的观点，我们的精神生活只不过是各个动力场吸引子之间的一系列突变，这种动力场是由我们的神经细胞的稳定活动构成的。

认识形态并不具有随意性，而是由其内部和外部条件预先决定的。法国数学家托姆指出，我们思想的内在运动与作用于外部世界的运动，两者在根本上并没有什么不同。外部的模型变化可通过耦合的办法在我们的思想深处建立起来，这也正是认识的过程。

（二）自组织原理

耗散结构论、协同论、突变论作为系统科学的"新三论"，又称自组织理论，它深入研究了系统如何产生、如何利用信息交流将不同的部分组织起来从而形成整体以及系统如何演化等问题。

自组织是指在一定的外界条件下，通过系统内部的非线性相互作用，经过突变而形成一种新的稳定有序的结构状态，也就是系统"自发地"组织起来，形成和完善自身的结构。这也就是说，系统形成的各种稳定有序的结构是系统内部各因素彼此的相干性、协同性或某种特性相互作用的结果，不是外界环境直接强加给系统的。只要是通过内部因素的相互作用而组织成的有序结构都是自组织。

在教育教学中，教师要用"自组织"的观点看待教学和学习过程，看待学生。要把学生看作一个自组织的系统，学生的学习不是通过教师的强制教学实现的，而是要对其知识结构、能力构成和内部学习机制等进行整体的分析，有针对性地创造条件和教学情境，引发学生主动认知实现的。由此，教师要充分认识到学生是学习的主体，真正实现教学的指导者和组织者的角色转变。

三、系统方法

（一）系统方法概述

系统方法是在运用系统科学的观点和方法来研究、处理各种复杂的系统问题时产生的。系统方法是按照事物本身的系统性把对象以系统的形式加以考查的方法，它侧重系统的整体性分析，从组成系统的各要素之间的关系和相互作用中去发现系统的规律性，从而指明解决复杂系统问题的一般步骤、程序和方法。

（二）系统方法的作用

系统方法是认识、调控、改造、创造复杂系统的有效手段。世界上的事物和过程是复杂的，是由多种因素或子系统的复杂的相互作用所构成的，对理解和解决系统问题需要系统的分析和整体的思考。系统科学方法为解决系统问题提供了方法论的指导。

系统方法为人们提供了制定系统最佳方案以及实行最优组合和最优化管理的手段。系统方法是指通过研究系统的要素、结构以及与环境的关系，经过科学的计算、预测，设计实现系统目标的多种方案，从中选择最佳的设计和实施方案并制定最佳控制和进行最优管理，以达到最佳功能目标。在人类认识世界和改造世界的过程中，系统方法在制定最佳方案、优化组合与管理等方面，都是可利用解决问题的最佳手段。

系统科学方法为人们提供了新的思维模式。它突破了传统的只侧重分析的机械方法的栅栏，指导人们从总体上进行思维，探索科学技术发展的新思路，促进自然科学与社会科学的统一，促进科学家与哲学家的联盟，帮助人们打破两种科学、两种文化的界限，建立统一的世界图景和文化图景，建立起系统的自然观、科学观、方法论和系统的人类社会图景。

在教育领域中运用系统科学理论的思想、观点和方法，对教育系统的构成要素、组织结构、信息传递和反馈控制等进行分析、设计和评价等研究，可以促进教育系统的最优化。将系统方法应用于教学技能的学习，将有助于教学技能的整体性理解和训练，对教学技能的获得与发展具有方法论的指导作用。

第三节 多元智力理论

传统的智力理论认为，人类的认知是一元的，个体的智能是单一的、可量化的，而美国教育家、心理学家提出："智力是在某种社会或文化环境的价值标准下，个体用以解决自己遇到的真正的难题或生产及创造出有效产品所需要的能力。"每个人都至少具备语言智力、数理逻辑智力、音乐智力、空间智力、身体智力、人际交往智力和自我认知智力，这一理论被称为多元智能理论。其基本性质是多元的——不是一种能力而是一组能力，其基本结构也是多元的——各种能力不是以整合的形式存在而是以相对独立的形式存在。而现代社会是需要各种人才的时代，这就要求教育必须促进每个人各种智力的全面发展，让个性得到充分的发展和完善。

言语—语言智力。它是指对语言的听、说、读、写的能力，表现为个人能够顺利而高效地利用语言描述事件、表达思想并与人交流的能力。这种智力在记者、编辑、作家、演说家和政治领袖等人身上有比较突出的表现。

音乐—节奏智力。它是指感受、辨别、记忆、改变和表达音乐的能力，具体表现为个人对音乐美感反映出的包含节奏、音准、音色和旋律在内的感知度，以及通过作曲、演奏和歌唱等表达音乐的能力。这种智力在作曲家、指挥家、歌唱家、演奏家、乐器制造者和乐器调音师身上有比较突出的表现。

逻辑—数理智力。它是指运算和推理的能力，表现为对事物间各种关系如类比、对比、因果和逻辑等关系的敏感，以及通过数理运算和逻辑推理等进行思维的能力。它是一种对于理性逻辑思维较显著的智力体现，对数字、物理、几何、化学乃至各种理科高级知识有超常人的表现，是理性的思考习惯。一些数学家、物理科学家往往这个方面的智力点数都不低。在侦探、律师、工程师、科学家和数学家身上有比较突出的表现，例如相对论的提出者爱因斯坦。

视觉—空间智力。是指感受、辨别、记忆、改变物体的空间关系并借此表达思想和情感的能力，表现为对线条、形状、结构、色彩和空间关系的敏感，以及通过平面图形和立体造型将它们表现出来的能力。同时对宇宙、时空、维度空间及方向等领域的掌握理解，是更高一层智力的体现，是有相当的理性思维基础习惯为依托的。这种智力在画家、雕刻家、建筑师、航海家、博物学家和军事战略家的身上有比较突出的表现。

身体—动觉知力。它是所有体育运动员、世界奥运冠军必须具备的一项智力。运用四肢和躯干的能力，表现为能够较好地控制自己的身体，对事件能够做出恰当的身体反应，以及善于利用身体语言表达自己的思想和情感的能力。这种智力在运动员、舞蹈家、外科医生、赛车手和发明家身上有比较突出的表现。

自我—自省智力。它是指认识洞察和反省自身的能力，表现为能够正确地意识和评价自身的情感、动机、欲望、个性、意志，并在正确的自我意识和自我评价的基础上形成自尊、自律和自制的能力。它是客观、公正、勇气、自信建立的基础，因为人最看不清的就是自己。俗话说：你最难战胜的就是你自己。可见，这个对手很强大。人在主观时是很盲目的。而正是因为真知的逐渐形成才会变得无畏，就好像小孩子都害怕去医院打针，而当渐渐长大后，就不会再为打针吃药而恐惧了。

交往—交流智力。它是指与人相处和交往的能力，表现为觉察、体验他人情绪、情感和意图并据此做出适宜反应的能力，也是情商的最好展现。因为人和人的交流就是靠语言或眼神以及文字书写方式来传递的。往往这些人具有相当的煽动性，是组织的焦点。这种智力在教师、律师、推销员、公关人员、谈话节目主持人、管理者和政治家等人身上有比较突出的表现。

自然—观察智力。它是指认识世界、适应世界的能力，是一种在自然世界里辨别差异的能力，如植物区系和动物区系、地质特征和气候。它是对我们自己身处的这个大自然环境的规律认知，如历史、人体构造、季节变化、方向的确立、磁极的存在、感知灵性空间的超自然科学能力，能适应不同环境的生存能力。

存在智力是指陈述、思考有关生与死和终极世界的倾向性，即人们的生存方式及其潜在的能力。例如，在人类出现之前地球是怎样的，在另外的星球上生命是怎样的，以及动物之间是否能相互理解等。

每个人都在不同程度上拥有上述九种基本智力，智力之间的不同组合表现出个体间的智力差异。教育的起点不在于一个人有多么聪明，而在于怎样变得聪明，在哪些方面变得聪明。在加德纳教授看来，能否解决实际生活中的问题和创造出社会所需要的有效的产品的能力，是作为衡量智力高低的标准的核心。因此，智力是个体解决实际问题的能力和生产出或创造出具有社会价值的有效的产品的能力。多元智能理论对教育实践活动的影响是全方位的，涉及了教育的学生观、教师观、教学观、目标观、评价观等教育理念。

一、学生观

每个学生都是多种智力的组合，但由于不同环境和教育的影响与制约，在每个人身上智力以不同方式、不同程度组合，使每个人的智能各具特点，每个人都呈现出智力的强项和弱项。在一个充满教育性的环境下，智力是可以提升的。只要能得到适当的刺激，几乎所有的智力在任何年龄段都可以发展。因此，在智能发展上不存在失败的学生。

二、教师观

教师必须全方位地了解每一个学生的背景、兴趣爱好、智力特点、学习强项等，从而确定最有利于学生学习的教学方法与策略。教师的教必须根据学生的学来确定是否有效。

三、教学观

学生个体之间存在智力差异，要求教学上以最大限度的个别化方式来进行。在教育中考虑学生个人的强项，使用不同的教材或手段，使每一个学生都有学会教学内容的机会，让学生有机会将学到的内容向他人展示，使学生的全脑智能都得到最大限度的发展。认真地对待学生的个别差异正是多元智能理论的核心。

四、目标观

多元智能理论的教学目标是开发学生的多元智力，为多元智力而教，并通过多元智力来教，使学生有机会更好地运用和发展自己的多种智力。

五、评价观

多元智力理论认为评价要体现发展性。评价不以发现人的缺陷为导向，而是发展人的强项，并为其积极的变化提供基础，最终促进全面的发展。网络环境下的语文教学依赖高效的教学平台与丰富的信息资源来开展教学活动，为学生提供了一种新的学习选择方式，学生的主体地位得到凸显。网络教学尊重每一个个体，平等地对待每一个学生，促进每一个学生的全面发展和个性的充分展示。同时，丰富的学习资源和表现方式的多样化从客观上决定了网络教学属于一种个别化教学。多元智能理论的观点和网络环境下语文教学的特点非常吻合，是网络环境下实施语文教学的理论基础之一。

第四节 人本主义学习理论

人本主义学习理论是建立在人本主义心理学的基础之上的。对人本主义学习理论产生深远影响的有两位著名的心理学家，分别是美国心理学家马斯洛和罗杰斯。人本主义主张，心理学应当把人作为一个整体来研究，而不是将人的心理肢解为不完整的几个部分，应该研究正常的人，更应该关注人的高级心理活动，如热情、信念、生命、尊严等内容。人本主义的学习理论从全人教育的视角阐释了学习者整个人的成长历程，以发展人性；注重启发学习者的经验和创造潜能，引导其结合认知和经验，肯定自我，进而自我实现。人本主义学习理论重点研究如何为学习者创造一个良好的环境，让其从自己的角度感知世界，形成对世界的理解，达到自我实现的最佳境界。

由于人本主义心理学家认为人的潜能是自我实现的，而不是教育的作用使然，因此在环境与教育的作用问题上，他们认为虽然"人的本能需要一个慈善的文化来孕育他们，使他们出现，以便表现或满足自己"，但是归根到底，"文化、环境、教育只是阳光、食物和水，不是种子"，自我潜能才是人性的种子。他们认为，教育的作用只在于提供一个安全、自由、充满人情味的心理环境，使人类固有的优异潜能自动地得以实现。在这一思想指导下，罗杰斯在20世纪60年代将他的"患者中心"的治疗方法应用到教育领域，提出了"自由学习"和"学生中心"的学习与教学观。

罗杰斯认为，情感和认知是人类精神世界中两个不可分割的有机组成部分，彼此是融为一体的。因此，罗杰斯的教育理想就是要培养"躯体、心智、情感、精神、心力融汇一体"的人，也就是既用情感的方式又用认知的方式行事的情知合一的人。这种知情融为一体的人，他称之为"完人"或"功能完善者"。当然，"完人"或"功能完善者"只是一种理想化的人的模式，而要想最终实现这一教育理想，应该有一个现实的教学目标，这就是"促进变化和学习，培养能够适应变化和知道如何学习的人"。他说："只有学会如何学习和学会如何适应变化的人，只有意识到没有任何可靠的知识，只有寻求知识的过程才是可靠的人，才是真正有教养的人。在现代世界中，变化是唯一可以作为确立教育目标的依据，这种变化取决于过程而不是静止的知识。"可见，人本主义重视的是教学的过程而不是教学的内容，重视的是教学的方法而不是教学的结果。由于人本主义强调教学的目标在于促进学习，因此学习并非教师以填鸭式严格强迫学生无助地、顺从地学习枯燥乏味、琐碎呆板、现学现忘的教材，而是在好奇心的驱使下去吸收任何他自觉有趣和需要的知识。罗杰斯认为，学生学习主要有两种类型：认知学习和经验学习；其学习方式也主要有两种：无意义学习和有意义学习，并且认为认知学习和无意义学习、经验学习和有意义学习是完全一致的。因为认知学习的很大一部分内容对学生自己是没有个人意义的，它只涉及心智，但不涉及感情或个人意义，是一种"在颈部以上发生的学习"，因而与完人无关，是一种无意义学习。而经验学习以学生的经验生长为中心，以学生的自发性和主动性为学习动力，把学习与学生的愿望、兴趣和需要有机地结合起来，因而经验学习必然是有意义的学习，必能有效地促进个体的发展。

所谓有意义学习，不但是一种增长知识的学习，而且是一种与每个人各部分经验都融合在一起的学习，是一种使个体的行为、态度、个性以及在未来选择行动方针时发生重大变化的学习。在这里，我们必须注意罗杰斯的有意义学习和奥苏伯尔的有意义学习的区别。前者关注的是学习内容与个人之间的关系；后者则强调新旧知识之间的联系，它只涉及理智，而不涉及个人意义。因此，按照罗杰斯的观点，奥苏伯尔的有意义学习只是一种"在颈部以上发生的学习"，并不是罗杰斯所指的有意义学习。

对于有意义学习，罗杰斯认为主要具有四个特征。①全神贯注：整个人的认知和情感均投入学习活动之中。②自动自发：学习者由于内在的愿望主动去探索、发现和了解事件的意义。③全面发展：学习者的行为、态度、人格等获得全面发展。④自我评估：学习者自己评估自己的学习需求、学习目标是否完成等。因此，学习能对学习者产生意义，并能纳入学习者的经验系统之中。总之，"有意义的学习结合了逻辑和直觉、理智和情感、概念和经验、观念和意义。若我们以这种方式来学习，便会变成统整的人"。

人本主义的教学观是建立在其学习观的基础之上的。罗杰斯从人本主义的学习观出发，认为凡是可以教给别人的知识，相对来说都是无用的；能够影响个体行为的知识，只能是他自己发现并加以同化的知识。因此，教学的结果，如果不是毫无意义的，那就可能是有害的。教师的任务不是教学生学习知识（这是行为主义者所强调的），也不是教学生如何学习（这是认知主义者所重视的），而是为学生提供各种学习的资源，提供一种促进学习的气氛，让学生自己决定如何学习。为此，罗杰斯对传统教育进行了猛烈的批判。他认为在传统教育中，"教师是知识的拥有者，而学生只是被动的接受者；教师可以通过讲演、考试甚至嘲弄等方式来支配学生的学习，而学生无所适从；教师是权力的拥有者，而学生只是服从者"。因此，罗杰斯主张废除"教师"这一角色，代之以"学习的促进者"。

罗杰斯认为，促进学生学习的关键不在于教师的教学技巧、专业知识、课程计划、视听辅导材料、演示和讲解、丰富的书籍等（虽然这中间的每一个因素有时候均可作为重要的教学资料），而在于特定的心理气氛因素，这些因素存在于"促进者"与"学习者"的人际关系之中。那么，促进学习的心理气氛因素有哪些呢？罗杰斯认为，这和心理治疗领域中咨询者对咨客（患者）的心理气氛因素是一致的。①真实或真诚：学习的促进者表现真我，没有任何矫饰、虚伪和防御。②尊重、关注和接纳：学习的促进者尊重学习者的情感和意见，关心学习者的方方面面，接纳作为一个个体的学习者的价值观念和情感表现。③移情性理解：学习的促进者能了解学习者的内在反应，了解学生的学习过程。在这样一种心理气氛下进行的学习，是以学生为中心的，教师只是学习的促进者、协作者或者说伙伴、朋友，学生才是学习的关键，学习的过程就是学习的目的之所在。

总之，罗杰斯等人本主义心理学家从他们的自然人性论、自我实现论及其"患者中心"出发，在教育实际中倡导以学生经验为中心的"有意义的自由学习"，对传统的教育理论造成了冲击，推动了教育改革运动的发展。这种冲击和促进主要表现在以下方面：突出情感在教学活动中的地位和作用，形成了一种以知情协调活动为主线、以情感作为教学活动的基本动力的新的教学模式；以学生的"自我"完善为核心，强调人际关系在教学过程中的重要性，认为课程内容、教学方法、教学手段等都维系于课堂人际关系的形成和发展；把教学活动的重心从教师引向学生，把学生的思想、情感、体验和行为看作是教学的主体，从而促进了个别化教学运动的发展。不过，罗杰斯对教师作用的否定，是不正确的，是言过其实的。

第五节 现代教学结构理论

一、结构主义教学理论介绍

发展性教学、结构主义教学、范例教学并称为现代教学的萨达流派，其思想不仅代表了一个时代，还影响着当代教学的理论和实践。结构主义教学理论是20世纪50年代末产生于美国的一种教学理论，该理论提出要让学生掌握学科的基本结构、提倡早期学习、倡导广泛应用发现法等。结构主义教学理论的代表人物是美国心理学家、教育家布鲁纳。结构主义教学理论极大地促进了20世纪60年代美国中小学以课程改革为中心的教育改革运动，并获得了广泛的国际声誉。

现代教学结构理论即结构主义教学理论，主要以结构主义教育理论及皮亚杰结构主义心理学为理论基础。它是对当代国际教学理论及实践有重要影响的教学理论。结构主义教学理论认为，任何一门学科都有一个基本结构，即具有其内在的规律性。在教学过程中，教师要认真研究学生、研究教法和指导学法，学生则要发挥主观能动性，表现出最大可能的学习积极性和创造性。在课堂教学中，学生的学习是两个转化过程，一是由教材的知识结构向学生的认知结构转化；二是由学生的认知结构向智能转化。这种转化过程，只有以学生为主体、在教师的积极引导下才能实现。教师在教学过程中应与学生积极互动，共同发展，要处理好传授者与培养能力的关系，注重培养学生的独立性和自主性，引导学生质疑、调查、探究，在实践中学习，促进学生在教师指导下主动地富有个性的学习。教师应尊重学生的人格，关注个别差异，满足不同学生的学习需要，创设能引导学生主动参与的教育环境，激发学生的学习积极性，培养学生掌握和运用知识的态度和能力，使每个学生都能得到充分的主动的发展。

布鲁纳的结构主义教学理论的基本框架包括以下内容。

第一，智力发展过程。儿童智力发展分为三个阶段。儿童智力的发展离不开语言和文化的相互作用，而对学习者有计划地提供语言体系、文化体系是教师的基本职责。学习者智力的发展是在教师与学习者的教育关系中实现的。

第二，教材结构理论。主张编写出"既重视内容范围，又重视结构体系的教材"。重视内容指要求教材现代化，重视"结构"则是指要求教材包含学科基本概念、法则及联系，有助于学生"学习事物是怎样互相关联"的。

第三，发现学习法。学习者要自己去发现教材结构是最有效的学习方法。发现学习的特点是学生积极探索解决问题的方略、学生活用并组织信息、学生灵活而执着追求问题解决。

第四，内部动机是学习的真正动机。内部动机是在学习本身中发现学习的源泉和报偿。激发学生内部动机主要通过利用惊奇、激发疑惑、提出具有几个解答不确凿的问题、设计困境、揭示矛盾等方法。

（一）结构主义教学理论的要点

要让学生掌握学科的基本结构，认为任何一门学科都有一个基本结构，即具有其内在的规律性。它反映了事物间的联系，包含了"普遍而强有力的适应性"。不论教什么学科，都必须使学生理解学科的基本结构，即各门学科的基本概念、基本原理和规律。"基本"就是一个观念具有广泛地适用于新情况的能力，它是进一步获得和增长新知识的"基础"；"结构"则是指学科的基本概念、基本原理以及他们之间的联系，是指知识的整体和事物的普遍联系即规律。另外。布鲁纳指出，在教学中，不仅要让学生掌握一般的理论，还要培养他们对学习的态度、对推测和预测的态度、对独立解决问题的态度。因此，他强调要精心组织教材。布鲁纳指出："学习结构就是学习知识是怎样相互联系的。"他认为，学习的首要目的是为将来服务。学习为将来服务有两种方式：一是特殊迁移，二是原理和态度的迁移（这是教育过程的核心）。布鲁纳对于学习基本结构意义的理解是，懂得基本原理可以使学科更容易理解、有利于人类的记忆。

（二）提倡早期学习

学习准备是很重要的。学习准备主要指学生的年龄特征和智力发展水平，是否已经达到能适应某些学科学习的程度。他认为，在发展的各个阶段，儿童用他自己观察世界和解释世界的独特方式去表现那门学科的结构，能使学生掌握它；儿童的认识发展阶段固然和年龄有关，但可以随文化和教育条件而加快、推迟或停滞。所以，教学要向儿童提出挑战性的而适合的课题，以促进儿童认识的发展。基础学科能提早学习，使学生尽早尽快地积累许多基础学科知识。

二、布鲁纳结构教学理论介绍

（一）布鲁纳论教学原理

布鲁纳认为，教学论是一种规范化的力量，它所关注的是怎样最好地学会人们想教的东西和促进学习，而不是描述学习。它有四个特点：①它应详细规定能使人牢固树立学习的心理倾向的经验；②它应当详细规定将大量知识组织起来的方式，从而使学习者容易掌握；③它应规定呈现学习材料最有效的序列；④它必须规定教学过程中贯彻奖励和惩罚的性质和步调。据此，他提出了四条教学原则：动机原则、结构原则、程序原则、反馈强化原则。

（二）布鲁纳发现学习理论

"发现学习"这种方法要求学生在教师的认真指导下，能像科学家发现真理那样，通过自己的探索和学习"发现"事物变化的因果关系及其内在联系，从而形成概念，获得原理。

发现学习以培养探究性思维的方法为目标，以基本教材为内容，使学生通过再发现的步骤来进行学习。发现学习是以布鲁纳的认知心理学学习理论为基础的。他认为，学习就是建立一种认知结构，相当于我们所说的主观世界，是头脑中经验系统的构成。建立认知结构是一种能动的主观活动，具有主观能动性。所以，布鲁纳格外重视主动学习，强调学生自己思索、探究和发现事物。发现学习的特点有三：再发现、有指导的发现和以培养探究性思维为目标。发现学习的优点有基本智慧潜力、激发学习的内部动机、掌握探索的方法、有助于记忆的保持。

布鲁纳结构主义教学理论的基本观点如下。

1.重视学生认识结构的发展与学科的知识结构

布鲁纳把认知发展作为教学论问题讨论的基础。他指出："教学理论实际上就是关于怎样利用各种手段帮助人成长和发展的理论。"布鲁纳将其称为"成长科学"，即认知科学或智力发展科学。他认为教育"不仅要教育成绩优良的学生，还要帮助每个学生获得最好的智力发展，教育的任务在于发展智力"，"儿童的认知发展是由结构上迥异的三类表征系统（行为表征、图像表征、符号表征）及其相互作用构成的质的飞跃过程"。布鲁纳认为，学习的实质在于主动地形成认知结构。认知结构是指由人过去对外界事物进行感知、概括的一般方式或经验所组成的观念结构。学习者不是被动地接受知识，而是主动地获取知识，并通过把新获得的知识和已有的认知结构联系起来，积极地建构其知识体系。他指出，"不论我们教什么学科，务必使学生理解该学科的基本结构"。布鲁纳认为，"基本概念和原理是学科结构最基本的要素"，"学习结构就是学习事物怎样相互联系的"，因为这些基本结构反映了事物之间的联系，具有"普遍而有力的适用性"。

2.提倡发现学习，注重直觉思维

在教学方法上，布鲁纳主张"发现法"。所谓"发现法"，对于学生是一种学习方法，称为发现学习；对于教师则是一种教学方法，称为发现教学。他认为，"我们教一门科目，并不是希望学生成为该科目的一个小型图书馆，而是要他们参与获得知识的过程。学习是一种过程，而不是结果"；"发现教学所包含的，与其说是引导学生去发现那里发生的事情的过程，不如说是他们发现他们自己头脑里的想法的过程"。

他主张让学生主动地去发现知识，而不是被动地接受知识。布鲁纳的发现学习和发现教学以培养创新精神和实践能力为主要目的，即构建旨在培养创新精神和实践能力的学习方式及其对应的教学方式。其基本程序一般为：创设发现问题的情境—建立解决问题的假说—对假说进行验证—做出符合科学的结论以转化为能力。布鲁纳认为"发现"依赖于"直觉"思维，他主张在教学中采取有效方法帮助儿童形成直觉思维能力、鼓励学生去猜想。

3.提倡螺旋式课程

布鲁纳认为课程设计和教材的编写应查明基础学科基本知识的学习准备，根据学生当时认知发展水平予以剪裁、排列和具体化，将知识改造成一种与儿童认知发展相切合的形式。他认为，课程或教材的编写应按照学科的基本结构来进行。由此，他提出了螺旋式课程编写方法。所谓螺旋式课程，就是以与儿童的思维方式相符合的形式尽可能早地将学科的基本结构置于课程的中心地位，随着年级的提升，使学科的基本结构不断地拓展和加深。这样，学科结构就会在课程中呈螺旋式上升的态势。

第三章　高职语文教学模式

第一节　语文教学模式的创新

一、开放式语文教学模式

语文学科在很多高职院校中地位不是十分突出，原因虽是多方面的，但也与其自身比较陈旧的教学模式有很大关系，表现为：课程定位模糊，大学语文承载过多的使命，教材、教学内容、教学方法、教学手段和考核方式固定化和封闭化，很多方面依旧沿袭高中语文教学模式。因此有必要创建一种开放式的大学语文教学模式，以激发学生的学习兴趣和提高大学语文的教学质量。这种开放式的教学模式主要体现在以下几个方面。

（一）针对学生特点，明确课程定位

语文课程的基本定位是工具性与人文性的统一，但大学语文在工具性和人文性统一方面应该有别于中小学语文，应以人文性为主，工具性为辅。十几年的中小学语文教学在很大程度上偏重于工具性，这是由教育对象的生理特点和知识水平决定的。大学生生理和心理逐渐成熟，已具有一定的听、说、读、写基础，但随着学习专业的不断细化，所接触的人文课程比较少，许多学生除专业外对文、史、哲等优秀文化传统了解较少，导致知识面狭窄，精神平庸化与冷漠化，因此他们迫切需要人文精神教育。

"大学语文的综合任务，即在于培养大学生的人文素养，塑造他们健康的人格，提高他们审美的能力"，"大学语文是知识课、文学课，更是一堂人文精神的传播课"。大学语文在人文精神教育方面具有独特的作用。大学语文所选课文皆为文质兼美的佳作，其优美的语言、鲜明的形象、独特的思想、闪光的人性、深挚的感情、含蓄的哲理，具有春风化雨、育人无声的效果。把人文性作为大学阶段的语文性质的主要内容，并不是说语文的工具性在大学阶段消失了，而是强调

在不同的教育阶段语文有不同的任务。大学语文的人文性教育是通过语言文学作品的教学实现的，不可能离开对语言文字的分析理解和运用，人文内涵丰富的名篇自有其语言文字表达上的妙处，学生在对其欣赏感悟中自然会生发学习语文知识的兴趣，获得语文知识水平的提高。

审美教育是培植人文精神的必由之路，大学语文本身就是一门美的课程，"意美以感心、音美以感耳、形美以感目"的汉字，抑扬顿挫具有音乐美的汉语音节，精炼雅致的文言，活泼晓畅的白话等，这些都是精美隽永的审美意象。语文学习从某种意义上说是一种审美的过程，教师要善于引导学生深入细致地欣赏文学经典名篇中的思想情感之美和语言表达上的文学艺术之美，通过开掘隐含在文本中的真善美唤醒学生的求真、向善、爱美之心，通过审美教育滋润，净化学生的心灵，把学生的精神不断地引向光明与崇高。在现代社会，人们承受着越来越大的工作压力、就业挑战，诗意的人生追求变得越来越稀薄，越来越脆弱。因此，加强语文审美教育，拓展学生心灵的审美空间，为他们的一生打下精神的底子，将具有深刻的现实意义。

（二）结合专业需求，灵活使用教材

教材是语文教学的一种载体，是学生学习的材料。目前，高职院校几乎通用同一本教材，缺乏针对性。在高校中，不同专业学生的语文基础不同，对语文学习的要求是不一样的，教材一刀切显然不合适。例如，理工科专业可以选用现当代和外国文学作品占比重大的教材，因为理工科学生古文基础比较薄弱，现代汉语作品可以减少他们阅读时的文字障碍，激发学语文的兴趣；而文科专业选用古典文学作品占比重大的教材，进一步提高文科学生的文学素养和文化修养。

可在以优秀统编教材为主的基础上，根据学校的特点补充一部分自编讲义。例如，以建筑类专业为特色，有土木工程、建筑学、城市规划、园林、景观、环境工程等专业。建筑与文学关系源远流长，很多建筑物的流传，很大程度上依赖于文学名篇，如碑文、亭记、楹联、题匾等。这些以建筑景观为题材的文学作品既是诗文与建筑艺术最直接的结合，又是文人参与建筑创作、表达建筑意境的主要手段，对建筑景观有画龙点睛之效果。我国观赏景观的一个主要特征就是自然山水、园林建筑和文学元素的融为一体。

（三）转变课程理念，拓展教学内容

素质教育要求我们树立大语文观。美国教育家指出，"语文学习的外延和生活的外延相等"，大语文观主张是面向生活、面向大众、面向社会学语文。语文是母语教育，我们随时随地都能接触到母语，教师要增强学生随时随地学语文的意识，引导学生把语文学习由课本延伸到生活、由课内延伸到课外、由学校延伸到社会，鼓励学生广泛接触社会生活，参与多样化的语言交际活动，如收看电视新闻、鉴赏名胜古迹、留心时闻要事，参加朗诵、演讲、辩论、写作比赛、下乡宣讲等语言实践活动。不论在学校还是在家庭、在社会，我们都可以随时随地汲取语言材料，提高运用语言的各种技巧，让生活成为语文学习的源头活水。

大学语文教师要时刻保持对现实生活的敏感，对教学内容要不断拓展、局部更新。教师要突破"唯教科书"的思维定式，根据青年学生的兴趣爱好，提供引人入胜的学习材料，兼顾经典性和时尚性。时代在发展，很多大学生具有多元化的审美需求和对时尚性表达的偏爱，教师要充分考虑他们的兴趣爱好，引领他们鉴赏那些以前教材中、课堂上未被关注的文学样式，如网络文学、流行歌曲、手机短信等，教师要善于选取其中适合做教学内容的语文素材，引导学生养成正确的审美趣味，提高鉴赏能力。把流行文化补充进教学内容，可以弥补统编教材正统性有余、鲜活性不足的缺陷，可以激发学生学语文的兴趣。

（四）强化主体意识，优化教学方法

素质教育以培养人的创新精神和实践能力为核心，这就要求在课堂教学这个主阵地上，要让学生真正地动起来，积极主动地去学习，并养成终身学习的意识，学会自主学习的方法。因此，教学方法的运用必须以学生为中心，激发学生主动参与。

目前，高职院校的语文课基本是大班上课，以讲授法为主要教学方法，这种方法能够在较短的时间内，有计划、有目的地借助各种教学手段，传授给学生较多的知识信息，教学效率相对较高，更适合于规模较大的班级。人们常常将讲授法与灌输式、填鸭式联系在一起，并把教学的呆板、照本宣科、学生缺乏学习主动性当作讲授法带来的必然结果。其实，造成这些弊病的原因不是使用了讲授法，而是讲授法运用得不恰当，即方法本身未能与教师、学生、教学内容及环境相协调。可以说任何一种教学方法都有优点和缺点，主要看怎么用。教师可以巧妙剪裁内容、适当制造悬念、适时提出问题、适度穿插花絮，并且讲授的语言要既严谨又有亲和力，生动形象，妙趣横生，富有激情，这样自然会激发学生的兴趣和求知欲，并抓住他们的注意。

教师对传统讲授法要不断改进和更新，并实现与其他教学方法的优化组合。选择和组合一定要根据教学任务的需要、学生的特点。如诗歌教学、教师精讲和学生反复诵读结合，鉴赏方法主要依靠教师精讲，但诗歌的意境和诗歌的美却有待于学生在反复的声情并茂的诵读中品味、感悟。再如小说教学、自学指导法和讨论法结合，教师只需提供相关的背景资料，就可以放手让学生自学，然后组织讨论，分析小说的主题、人物形象等，给学生留下表述自己的思想和感情的机会。

在课堂教学中，教师应充分了解学生的学习情况和情感需求，要善于通过问答式、讨论式、座谈式、游戏式等各种形式让学生动脑、动口、动手，激发学生学习的兴趣。师生能处在一种较为平等的、民主的地位，师生间就树立了一种双向的沟通关系。课堂不再是由教师一统天下，学生也是课堂的主人，师生间可围绕一个共同的主题畅所欲言，师生的认识不再是如出一辙，对于不同的观点，师生都可以做出自己的选择。教师还要对学生进行相应的学法指导。有学者研究认为，若小学低年级阶段依靠教师讲授知识是100%的话，到了大学，教师的教学和学生自学活动就差不多为3:7，临近大学毕业，学生的自学便要达到100%。大学语文教师要指导学生掌握科学的学习方法，学会做读书笔记，指导学生使用工具书、参考书，查阅文献资料，学会在有限时间里筛选、捕捉信息。

（五）开放教学空间，丰富教学手段

大语文观呼唤开放教学空间，突破以课堂、教师、课本为主的上课形式。作为信息时代标志的网络，是现代语文教育的有力助手，网络强大的交互功能为语文教学提供了一个开放性的师生互动平台。利用校园官网、网络课堂、网络论坛、QQ、微信和E-mail，师生可以进行直接的沟通和交流，师生双方可以围绕对文章的理解和鉴赏、对语言的运用和推敲发表各自的观点；学生可以自由阐述自己的见解，对老师的观点进行批评和质疑；老师也可以通过这个平台来了解学生的学习情况，对学生的疑问进行答复和指导。学生还可以把自己的得意之作在线发表，从而提高自己的写作水平，体验自我实现的乐趣。在这种互动式教学中，学生可以自主选择学习，充分体现自己是学习活动的主体，每一个学生都可以平等地实现个性的自由发展与表现。

网络还给语文学习提供了大量的相关资源，并且使查阅资料的过程方便快捷，如百度、新浪、搜狐等大型门户网站，这些网站语文资源丰富、针对性强，为语文学习提供了极为有力的帮助。现阶段在课堂教学中，多媒体技术成为重要的辅助手段。这要求教师不断完善课件制作水平，力图使制作出的课件多媒体化，图、文、声并茂，使课堂教学有声有色，从而增强大学语文教学的趣味性和审美性，激发学生在兴奋愉快中调动各种感官进入学习训练之中。

（六）关注个体差异，实行多样化考核

新的语文教育评价观认为，评价不再是为了甄别与选拔，而是发挥评价的激励作用，关注学生的语文素养和语文能力的提高，并通过教师的分析指导，提出改进计划，以促进学生的全面发展。因此，评价指标应由单一的考试评价向多元的综合性评价转化，注重对学生语文素养、学习能力、情感态度、实践能力和创新精神等综合评价，关注学生的语文学习过程和人格发展。

可以对学生实行多样化的考核，注重平时的考查。大学生生活的丰富性、学习时间的灵活性、需求的多样性、思维的独立性和批判性、参与社会活动的积极

性等，都给语文多样化的考核提供了便利条件。如课堂朗读背诵、回答问题、写读书笔记、参加演讲辩论、参加大学生社会实践活动、参加校园心理情景剧创作或表演等都可以作为评定学生学业成绩的依据，还可以尝试开展自主考试，包括自主作文、自办刊物、作家作品专题研究等。将考试注入更多的学习、探索、思考内容，把考试的过程变成学习、探索、思考的过程，也是一种充分发挥学生自主性、展示学生个性的方式。

由于学生存在个体差异，因此教师要从多个角度去评价学生，善于寻找和发现学生身上的闪光点。如在阅读理解考核中，要重视学生不同的情感体验和心灵感悟，答案可以是非标准的、开放式的，只要言之成理即可；在写作考查中，作文题目不必死板统一，可以同时出几个题目让学生任选一个，并且话题紧贴学生生活热点，让每个学生都有话可说，把考核和学生平时的校园生活紧密联系起来。

（七）整合课程资源，建立课程体系

大学语文具有涵盖面广、包容性强的特点，哲学、文学、历史、思想、文化、语言文字、写作理论与技巧等领域都有所涉及，但也均不够深入。可以开设一些人文素质教育选修课程，与大学语文形成一种互补关系。例如，文学艺术类、语言文字类、历史文化类等三大类选修课程，不仅深化了大学语文内涵，而且扩大了大学语文外延，与大学语文一起形成人文素质教育课程体系。我们整合这些课程资源，通过大学语文课程学习，激起学生了解及深入学习相关课程的兴趣，弥补了大学语文因其课程特点难以深入学习的不足。

二、"大语文"视域下的语文教学模式

近年来，大学语文的教学生态发生了较大程度的改善。与此同时，随着电子媒介时代教育技术手段的进步，原来单一纸质的教材建设逐渐向数字化教学资源集成转变，新形态的大学语文教学模式正在生成。在大学语文具体的教学实践过程中，如何在有限的课时之内，兼顾语言、文学、文化三方面内容，以教学实绩来彰显大学语文课程在素质教育中的独特意义和价值，这始终是大学语文课程建设的关键问题。笔者认为，以"大语文"的教育理念来观照和建构新形态的大学语文教学模式，不失为一个提升大学生语文素养、推进学校素质教育的有效思路。

所谓"大语文"视域下的大学语文教育，即从中学阶段灌输学生基础知识、培养学生听说读写能力等工具层面的教学升华到以加强学生审美能力、人文素质为目标的教学，把语文教学拓展到与人生、社会、文化广泛联系的背景之下，构建一个多元、立体、开放式的大学语文教学格局。从本质上说，"大语文"视域下的大学语文教育是以语言为媒介，以具体作品展示广泛的文化内容，旨在丰富

学生心灵世界、构建学生人文情怀的教学活动。它涵盖了语言教育、审美教育以及人文教育三方面的内容。就人的文化心理结构来说，它包含着认知、审美、伦理三个层面，肩负着工具性、审美性、人文性三重纬度的教学重任与目标。这三重目标，都有很强的现实针对性，同时也密不可分、不可偏废。丁帆先生说过："兼顾'工具性''审美性'和'人文性'虽然有可能让大学语文再次陷入'课程定位不清楚'的尴尬境地，但偏废不得。"

在教学活动中，对于大学语文在现代国民教育基础上的重要性，社会各界已经有了充分的认识，但在具体教学实践中，仍旧存在泛政治化或泛技术化的误区。应当说明的是，基于"大语文"视域下的大学语文课，既不同于施行道德训诫的思想品德课，又并非单纯传授语言技能的基础语言课，而应该是一种具有多重纬度、整合视野的教育。从现实的情况来看，三重目标相互依存，不可偏废。如果忽视大学语文的工具性目标，将会导致学生运用母语水准降低。很多学生文笔生涩，缺乏情采，言之无物，更有甚者，读写能力低下，连写作一篇短文都错漏百出，甚至直接从网上复制粘贴。如果忽视大学语文的审美性和人文性目标，则对于学生审美能力的培养、精神世界的充实，乃至于人格的陶冶、境界的提升，显然也是极为不利的。构建"大语文"视域下的教学模式，应努力做到以下几点：

（一）多重教学要素之间的延展与整合

教育是一种受众广泛的社会性活动。教学活动始终不能离开教师、学生、教材这几大要素。从学生角度而言，现阶段我们的授课对象是大学生，他们思维敏捷，易于接受新鲜事物，传统的教学方式、常年不变的教学内容对于他们显然缺乏吸引力。再从教材角度而言，目前大部分教材的编排方式虽然仍以"好文章"或古今中外文学史上经典名篇为主体，但同时也现了与时俱进、追求新变的气象。

（二）注重作品在当代语境中的意义延展与阐发

"大语文"视域下的语文课程，还意味着教师在讲述作品过程中，要注意将作品的阐释视角延展到当下语境中来。我们的大学语文课程在讲授文学经典篇目之时，应有鲜明的时代气息。在作品的阐释中，应与鲜活生动的当代生活现象与文学思潮充分联系，不仅要对作品的经典意义和历史价值做出归纳，而且应该对其所包含的现代价值理念以及它对于当下生活的意义或启示做出充分阐发。这将会比单纯局限于作家生平与创作背景的讲述方式更加有趣、灵活、丰富。随着电子媒介的普及与进步，文学的形态在发生着深刻的改变，我们讲述的内容可作适当的延伸，网络文学以及影视文学的内容都可适当纳入大学语文讲述中去。这样可以让我们学到在当今社会如何学做人、如何敬业乐群以及进行更为深入的有关当代人道德与生命的思考。

（三）强调以发散式思维授课

纵观历史，我们的文学素来有"文以载道"的传统。这种传统如被纳入"大语文"的观照视野中，就不仅仅是要处理文与道的关系，它更涉及文与知、文与言以及更广泛意义上的文与道关系的问题。作品一旦被纳入我们教学的视野中来，它就具有语言性、审美性和人文性等多重特征。它不仅对个体生命具有激励价值，而且负有更高层面的文化使命。如此可"启发学生思考，有利于克服思维的片面性与绝对化，使读者多层次、多侧面地思考问题，变一家之言为百家之言"。因此，我们应当多层次多角度地挖掘它的道德、情感、思想价值，以富于个性魅力的方式加以阐述，由此来鼓励和感染学生。

（四）设计选修课程群等辅助手段

在具体的教学实践中，一门课程所能承载的使命毕竟是有限的。高职院校应充分鼓励开设系列选修课程来辅助和深化大学语文的教学效果。相关的系列写作课程、古今中外的文学课程以及人文素质教育的课程群落都应该在教学计划中占有重要比例。由此，围绕大学语文，精心设计相关系列课程，都会对阐扬"大语文"的教学观念以及补充完善大学语文的教学起到良好效果。

另外，围绕大学语文课程内容，邀请专家讲座，适当开展学生社团活动、朗诵会、辩论赛等活动，也能够激发学生对于母语的兴趣，营造良好的校园氛围，从而对巩固大学语文课程的教学效果起到良好辅助作用。这些举措有利于实现大学语文工具性、审美性与人文性三重维度的教学目标，构建"大语文"视域下的教学模式。理想的大学语文教学，既是知识技能的传授，更应该是一种富有诗意与人文情怀的教学，目的在于让学生在掌握基本语言技能的基础上，形成敏锐的感知、丰富的情感、独特的想象、深刻的理解，让他们的精神世界被诗意照亮。

三、高职院校教学模式的探索

在高职教育大发展的今天，要进一步提高教育质量，培养出为生产、建设、管理等第一线服务的创新型实用人才，不仅需要更新人才培养理念，而且需要进一步创新教学模式。

（一）对高职教育教学模式内涵的认识

美国学者提出："教学模式是构成课程的课业、选择教材、提高教师活动的一种范型或计划。"也有学者认为，教学模式是把教学过程的四要素——教师、学生、教学信息、教学媒体共同组成的统一体，随着教学信息的流动，这些要素发挥着各自的功能，形成一种稳定的教学程式，这种程式即为教学模式。也就是说，教学模式是在一定教学思想或教学理念指导下建立起来的较为稳定的教学活动的结构框架和程序。它既是教学理论的具体化，又是教学经验的一种系统概括。教学模式体现了教师的教与学生的学的行为特征，其中既包括教师的教学方法和教学手段，又包括学生的学习方法和学习手段。高职教育的教学模式是在教学模式共性内涵的基础上加上高职教育的特征内涵，即培养目标的"职业性"、课程内容的应用性、教学过程的实践性、办学形式的合作性和价值取向的实务性，形成职业性的教育教学模式。

（二）旧模式不利于创新型实用人才的培养

不断深入的创新教育研究促进了高职教育教学改革的发展，但从根本上看，高职教育在教学上仍未打破传统教学模式，教学工作呈现以下几种态势：①尽管强调知识、能力、素质的协调发展，但在实际教学活动中仍是以传授知识为主；②教学活动以"学科为中心"，强调按知识的系统性来组织教学，这种做法偏离了高职教育培养高级技能型人才的要求；③以"教师为中心"，教师怎么教，学生就怎么学，学生在学习过程中处于知识灌输对象的地位；④以"课程为中心"，强调课堂教学的单向传输，不注重第二课堂的教育；⑤以"教材为中心"，靠一本书打天下；⑥评估手段以笔试为主体，一张试卷见高低，这种考试制度及其所强化的标准答案意识，重知识再现，轻独创性思维；⑦课堂教学手段还是以黑板加粉笔为主，采用现代教学手段的教师还不多；⑧人才培养规格整齐划一，缺乏多样性和丰富性，学生个性发展的时间与空间不够；⑨课程体系综合化程度不高，存在重专业轻基础、重必修轻选修、重理论轻实践现象，造成学生无特长，学校无特色，不利于创新人才的成长。

高职教育必须改变传统的教学理念和教学模式，实行知行结合，激发学生的创造性思维，引导学生进行探究性、研究性、综合性的学习思考，培养更多的适应时代发展需要的发现型人才。

（三）培养创新型实用人才

随着课程模式改革的深入，人们逐步树立起素质教育、创新教育的教育思想以及"学生为主体，教师为主导"的新的教学理念，传统的以教师为中心的传授型、继承型的教学模式开始转变，基于素质、创新、实践、应用的新的教学模式不断涌现，初步形成一些高职教育人才培养模式的新亮点。

1.高职教育建立多维教学模式的原则

高职院校建立多维教学模式，应遵循以下原则：①观念更新原则；②能力本位原则；③理论教学以"必需"和"够用"为原则；④"双师型"教师原则；⑤课堂教学中学生自主性原则；⑥教学中师生互动性原则；⑦开放性原则；⑧差异性原则；⑨智力与非智力因素协调发展原则；⑩积累与创新并重原则。

2.多维互动的教学模式是高职教育的新模式

多维互动的教学模式是指教学过程中的教师与学生、学生与学生在平等、合作、和谐氛围下形成的互相沟通、互相交融的环境中实现教学相长的一种教学模式，具体表现形式为互动式教学模式与自主式教学模式。

（1）互动式教学模式：是指改变课堂教学中教师绝对权威的主体地位，创造师生平等、合作、和谐的课堂氛围，使师生在知识、情感、思想、精神等方面的相互交融中实现教学相长的一种新的教学模式，它的本质特征是师生平等和相互尊重。这种教学模式促进了师生交流由单向交流向双向交流的转变，由不对等交流向平等交流的转变，由静态交流向动态交流的转变；同时也使学生由被动接受向主动接受转变，由单纯的吸纳向创新和创造转变，由单一知识教育向综合的素质教育转变，进而带动了信息互动、情感互动、思想互动、心灵互动的新局面。互动式教学模式的推进，对高职教育人才培养质量的提高起到了很大的促进作用。

（2）自主式教学模式：是指充分发挥学生的学习主体地位，广泛调动大学生理论学习的积极性和主动性，提倡学生参与确定学习目标，制定学习进度，进行教学评价，培养学生自主学习、主动发展的意识，以达到"自我投入、自我思考、自我操作、自我提高"的良好学习境界。在这种教学模式的指导下，教师通过对学生的有效指导和学生间的相互有效交流，帮助学生自主创新学习，培养学生的创新意识、创新精神和创新能力。自主式课堂教学结构按自学—说学—评学—导学等步骤进行。这种模式的本质特征为：一是由原来的单纯知识传授向多元能力训练转化；二是由单一的应试教育向轻松活泼的理论学习活动转化；三是由"以教师为中心"的主讲制向"以学生为主体"的主导制转化。

3.多维互助的"产学结合、校企交替"的情境化教学模式

这种模式开辟了理论与实践结合的新途径。多维互助的"产学结合、校企交替"的情境化模式是指在组织教学的过程中，学校与企业之间为培养人才而采取的互帮互助，"情"与"境"融合的双赢的教学模式。具体表现为工学交替制、产学研一体化、产教贸一体化、"双证制"、技能模块组合、校企综合实施"2+1"等多种教学模式。

（1）工学交替制的教学模式：工学交替是指整个学习过程表现为在校学习和企业工作交替进行的过程。它促进了理论教学与实践教学的结合，使学生所学到的知识更为牢固。某些高职院校已经实施工学交替制的教学模式：在教学组织上采取分段式教学，学生的第一学年在校内学习文化课及基础理论模块课程，第二、第三学年学习专业模块，实行工学交替制，一边工作一边学习；在管理上，采取岗位角色管理，上课日学校按学生管理，由学校考核其学习成绩，工作日由

企业按员工管理，并根据考核业绩发放工资。这种工学交替制的教学模式，使专业理论的学习更加贴近生产实际，对培养学生的综合能力、应用能力起到了很好的促进作用，同时也使学生一毕业就能上岗工作。

（2）产学研一体化的教学模式：产学研一体化是指以生产、教学、科研相结合的方式来共同组织教学，培养人才。其中，"产"主要指生产实践，"学"主要指学校的学生参与生产和科研实践的教学过程，"研"是指科技研究。这种教学模式以学校和企业的紧密结合为前提，以科研部门参与为基础，努力促进教育、科研、产业的互动式发展，构建理论教学、实践教学和素质教育相互融合的三大体系，以提高人才培养的质量。

（3）产、教、贸一体化的教学模式：这是一种集生产、教学、市场营销为一体的教学模式，它使教学面向社会、面向市场，使教学过程真正融入市场，实现教学、生产、营销相互贯通、相互促进。这种教学模式有利于教育资源的合理利用，把学生在校学习和在公司实践统一到一个完整的教学过程中，使课堂教学与现场教学有机结合，强化了学生的动手能力。在这种教学模式中，教师既是教学工作的组织者和实施者，又是生产者和经营者。学生在现实的氛围中锻炼了职业能力和创业能力。从专业建设角度来说，学校可随时了解现场职业岗位的变化，并据此调整教学计划，更新课程内容，使专业建设与市场发展同步。

（4）"双证制"的教学模式："双证制"一方面指学生在学习期间按照学校的教学计划，顺利地完成了学习任务，毕业时拿到学校发给的毕业证书；另一方面指学生在校期间参加劳动部门举办的职业岗位培训、考试与鉴定，并获得相应的职业岗位证书，如导游证、会计证等。"双证制"的推行提高了学生的岗位能力、职业能力和创新能力，增强了人才培养的职业性，实现了人才培养与社会职业岗位的接轨，提高了人才的竞争力。

（5）技能模块组合的教学模式：技能模块组合是指将专业教学所包含的各项技术能力相对独立为一个个模块，每一个模块又根据所应掌握的知识和技能分成若干教学子模块，按照由浅入深、由易到难的技术形成特点，分块强化，优势互补，逐个突破。在教学过程中，根据所要达到的具体能力目标，选择相应的教学模块，实行多种模块并用，让学生边学、边练、边用。这种教学模式专业性强，目标明确，重点突出，有利于设计合理的模块组合，便于灵活组织安排教学。

（6）校企综合实施"2+1"的教学模式："2+1"的模式是指学生两年在校内学习，一年在企业实习实训。学校与企业共同制定人才培养方案和教学计划，共同安排和实施教学活动，采用这种教学模式培养出的毕业生在市场上供不应求，切实形成了企业与学校产学结合、互为依托、共扬风帆的局面，真正做到学校满意、用人单位满意、毕业生满意。用企业的话说："学生来了就能用，来了就是骨干。"

总之，随着高职教育的发展，高职教育教学模式还应根据不同行业、不同地区、不同专业、不同课程进行不断探索，总结出新的、更具职业教育特色的教学模式，为我国高职教育教学改革做出更大贡献。

第二节 语文教学模式的优化

一、主题化语文课堂教学模式的构建

以计算机为主要标志的信息技术的迅猛发展与日益普及，引发了现代人学习和生活各个领域越来越深刻的变革。信息技术与学科课程的整合为教育改革应对信息时代的挑战提供了思路。主题化课堂教学模式是指在相应的知识主题下，在完成某一主题带来的大量任务的过程中，学习和掌握学科知识的过程。这是信息技术的工具性、交互性相结合的一种模式；是充分发挥教师主导作用和学生主体能动性并使学生掌握学习过程的一种模式；也是培养学生利用合适工具学习知识、探索发现的一种模式，主题化课堂教学模式包含以下几点。

（一）创设情境

创设情境的作用是使学生切实感受到学习主题的必要性，激发学生的学习兴趣，从而产生完成主题的动机。当学生的注意力被课文吸引，学习的兴趣、动机被激发，学生便会在妙趣横生的情境中产生强烈的学习动机。

（二）提出主题

提出主题的作用是使学生明确自己将要在一个什么样的主题范围内和什么样的框架下进行学习和研究。教师在提出主题后，应立即引导学生选择完成主题的方法与手段。

（三）完成主题

完成主题是主题化教学模式中最重要的一环，它关系到主题化教学的成败，完成主题过程主要包括以下步骤。

教师要指导学生学会使用计算机和利用网络检索获得相关信息：这是开设主题化教学的前提。可以介绍一些常用的搜索引擎，如百度、搜狐、新浪等网站的搜索工具。

学生获取信息后，教师要引导他们利用或尝试使用合适的方法对得到的各种信息进行过滤、分析、处理，并对所获的信息形成一定认识。教师可以指导学生通过浏览、分析、讨论、交流等方法掌握处理信息的方法。每个学生根据自己得到的不同信息初步形成自己的学习体会、研究成果或假设推论，并以论文、电子邮件、幻灯片等形式将这些初步成果体现出来。而这个获取信息、过滤信息、分析信息、处理信息、使用信息的过程正是指导学生掌握信息技术的主要内容。

对初步形成的成果进行研讨：在这个阶段，教师可利用多种形式来完成对初步成果的研讨，通过班级交流、群组合作或借助网络功能和学生进行一对一、一对多的交流；学生则继续收集并分析信息，验证假设。教师身为教学过程的组织者、引导者，要充分发扬民主，鼓励学生发表自己的看法；而教师本身只提供最必要的信息，给学生一定的背景知识，启发和诱导学生自己去发现规律、纠正错误认识、补充片面认识。在讨论中，教师设法把问题逐步引向深入，以加深学生对所学内容的理解。

经过充分的研究、讨论，学生再根据收集到的信息，完善自己的成果，形成新的更高层次的学习体会或研究成果：此时的信息来源，不再局限于互联网，而是在众多的信息来源使用情况的对比中，使学生充分体会到信息技术的优点和不足。

（四）成果展示与交流

经过之前的获取信息、处理信息、形成观点与成果、修正观点与成果等过程完成了阶段性成果。但是阶段性成果的完成并不是主题化教学的结束，学生还要学会展示、推销自己的成果，并利用各种渠道、各种形式对已完成的主题进行展示和交流。可通过多种方式完成成果的展示与交流，如用电子邮件形式将自己的成果发送给师长、朋友或向报刊投稿；将成果做成演示文稿在班内展示；采用小演讲、辩论赛的形式和同学交流等。实践证明，这些方法都可以给学生带来充分的满足感和成就感。

主题化课堂教学模式围绕知识主题，课堂教学中以学生自主学习为主，教师从中加以组织和指导，它以信息技术为主要学习工具，强调获取信息、过滤信息、分析信息、处理信息的方法，重视学习的全过程和学生的协作学习。实践证明，这种模式可以培养学生的创新能力，达到培养学生学会学习、学会合作、学会交流、学会分享的目的。同时，主题化教学中，有两种忧虑需要排除。

主体化教学中的一种忧虑认为：信息技术在创设情境、激发兴趣方面是可行的，但往往知识场面热闹，语言文字的训练落不到实处。事实上，语言文字教学是语文教学的主要内容，是语文教学最基本的途径和方式。运用信息技术的演示和交互功能，恰恰能突出语文教学的重点，突破难点，大大增加语言文字教学的密度，提高语言教学效率。教师可以利用软件制作工具，给学生提供各种学习素材，也可以利用信息技术编写自己的演示文稿或多媒体课件，如教师可以将全文内容切换到屏幕上，通过讲解重点段落，使学生能够较快理解文章用词的准确性，或者把设计好的教学重点和练习及时、有序地显示出来，还可以通过投影对学生提出的阶段性成果加以评析，让学生及时了解自己和同伴的学习结果。这样，课堂教学的信息量就会明显增加，学生快速思维、快速阅读、快速表达的能力就可以得到训练和强化。

二、强化学生主体的参与

语文教学法是一门理论应用学科，也是师范类学生必修的专业课程，开设这一课程旨在对师范生进行语文教学的初步训练，使他们掌握语文教学法的基本知识，具备从事语文教学的初步能力。但从现状来看，这门课的功能并没有得到有效的发挥，任课教师常常为诸如"理论与现状的脱节""学了没有用"等质疑而烦恼。分析原因：一是教师"照本宣科"，重讲轻练，教学形式单一；二是学生缺乏参与意识，被动地接受知识和储存信息；三是与当前的语文教学联系不紧密，缺少真枪实弹的演练。

因此，构建一个适应学生发展需要的课堂教学模式已势在必行。在教学法课程的教学中，尝试启用"自主学习"教学模式，旨在强化主体参与，优化教学过程，力求培养学生学习理论课程的兴趣，使每个学生能自主学习，热爱语文教学，并最终形成教学能力。

（一）理论依据

自主学习是指学习主体有明确的学习目标，对学习内容和学习过程具有自觉的意识和反映的学习方式。认知建构主义认为，自主学习是元认知监控的学习，是学习者根据自己的学习目标、学习任务的要求，积极主动地调整自己的学习策略和努力程度的过程。当学生在元认知、动机和行为三个方面都是一个积极参与者时，其学习就是自主的。自主学习就是要改变学生在教学中的被动地位和过分依赖于接受的学习方式，突出学生的"主人意识""参与意识"和"主动意识"。在培养学生知识、能力的同时，也培养学生的学习情感、学习态度和学习习惯，使他们既能掌握基本的适合自己的学习方法，又为自己的持续学习奠定基础。

（二）研究过程

1.教材新读

教材的编写往往滞后于时代的发展，目前的语文教学法教材在语文学科性质的完善、教学目标的制定、教学理念的更新、学生学习方式的改变等方面，都存在欠缺。如果依旧"照本宣科"，这门课就失去了鲜活的生命，学生也就失去了学习语文的兴趣。因此，教师应在教学中把课程标准作为基础理论学习的重要环节，引导学生理解语文课程中的四个基本理念，正确解读语文的性质阐述，掌握语文教学设计的三个维度，让这些新的课程理念先在学生头脑中树立起来，使这些动态的课程信息盘活学生的理性思维，然后在涉及相关理论的每一章节的教学中，要求学生用课程标准的要求重新认识，并学会分析比较。

2.课堂实施

在每一章节的教学中，可采用读、问、议、练四个环节的"自主学习"模式。

（1）读一读理论："读"是指学生自主阅读教材相关章节，主要阅读两个方面的内容。一是阅读教材的基本教学理论。这一般可以放在课前预习中完成，课堂上再阅读时可按照教学重点进一步集中阅读，以期获得比较鲜明的印象。二是案例的阅读。结合相关教学案例进行阅读，边阅读边思考。思考在阅读过程中是必不可少的，是进入下一个教学环节的关键。此时教师可以安排好思考题，也可以让学生自己提出问题。当然，这期间教师需要适当引导，使学生更好地理解重点理论。

（2）问一问疑点："问"是指学生质疑问难。学生通过质疑，可发挥内因作用，产生思维兴奋点和认识矛盾冲突。学生自读"教学原则"这节内容时，针对语言文字训练与思想教育相结合的原则，学生会提出两个问题。一是这个原则是否在语文教学中就不重要了？因为课程标准对学科性质的界定已做了很大改动，对工具性突出其交际功能，强调其人文性。二是应该怎样理解思想性和人文性的关系？在教学中认真做好这一环节的教学工作，无疑会活跃课堂气氛，激发学生思维的积极性。

（3）议一议重点：学生在阅读和思考以后，需要把自己的理解和看法与其他同学进行交流，这样集思广益，增加理解的准确性，补充自己的看法，对知识的掌握和运用就会更加深入。在合作过程中，利用案例来解决疑点，理解重点。通过合作学习，每个人都有参与学习的机会，并产生参与学习的兴趣。"议"的形式包括：①互动式，即学生通过小组合作展开讨论，归纳总结后汇报意见；②辩论式，即学生围绕一个议题进行自由辩论，各抒己见；③换位式，即师生换位，学生提问，教师回答，学生评价。学生的讨论必须有充足的时间，以保证重点知识或问题的讨论能够全面而深入。议重点时，教师还需要通过具体的教例来阐释和帮助理解，体现理性—感性—理性的学习规律。句子教学的重点是准确地理解句子的意思，常用的方法是联系上下文和生活实际。

（4）练一练能力：教学法课程是一门应用学科，是用教学理论去指导教学实践，用教学实践来丰富教学理论，不断提高学生的教学能力。高职师范学生在校期间，到小学实习的机会相对有限，更多的是一种间接的实践和训练。训练的方法主要包括：①试讲：让学生在课堂里就某个词、某句话、某个段落进行教学尝试，丰富感性认识，培养教学能力；②评议：让学生就教学录像或教学论文展开讨论和评议，使学生既运用了理论，又明确了该环节该怎么教，做到知其然，又知其所以然，从而发挥学生的主体性；③作业：让学生写下对某一理论的认识或就具体课文来拟写教学过程，旨在使学生熟悉理论，并能加以运用。

3.课外拓展

如果把学习仅限于课堂，学生的收获则是有限的。学生只有充分利用课外时间，把课堂向阅览室延伸，向校外延伸，才能获得全面的认识和深刻的印象。一般来讲，学生可以从以下几方面来拓宽认知视野。

（1）阅读教育经典：那些经历岁月冲刷和时间考验的教育著作，可以改变一个人的思想和行动。

（2）积极撰写小论文：可以为学生规定课题内容，并给出一定的时间让他们去搜集资料，整理思路，之后再着手进行写作，这样也能促使学生去钻研教学理论。学生写论文，目的不在于能否发表，而在于形成对语文教学工作的思考习惯，培养他们的探索精神。

（3）留心学生的日常生活：在假期里做有心人，观察了解学生的特点和学习情况，还可以通过辅导学生，体验与学生接触的乐趣和未来工作中将会遇到的问题，从而锻炼自己的胆识和能力。

（三）实施效果

通过在主体教学思想的引导下进行的教学尝试，教师初步实现了以下的几个转变。

1.从学生的被动学习转变为学生的主动学习

例如，学习完"教学目标"这段内容后，教师让学生就即将学习的一篇课文作仔细阅读，从知识与能力、过程与方法、情感态度与价值观等角度去思考和制定教学目标，确定对学生尝试重点段落的教学，看看能否落实其中的一个或几个目标。这样，学生就不再以单纯的"听理论"为主，而是真正动起来，投入到积极的思考、讨论和教学实践中。

2.从师生的单向交流转变为师生的多向交流

如教师在引导学生针对"概括中心思想在课标中淡化了"这一话题进行讨论时，鼓励学生各抒己见，相互辩驳，师生共同交流。在交流中加深了学生对问题的理解，也活跃了课堂气氛。

3.从以教师的讲授为主转变为以教师的指导为主

每次学习新内容时，教师可以安排15~20分钟时间让学生先看教材，并对教材进行质疑，结合课程目标讨论重点内容，并学会运用。

（四）实施感悟

操作程序的设计是教学模式的外观形态，教学观念则是教学模式的灵魂。教学模式的建构必须在教学思想的提炼上下功夫。自主学习教学模式的实施要把握以下几个关键问题。

1.教学过程要优化

教师要在确保学生主体地位的情况下，给予适当的点拨和引导。只有从"如何学"的角度思考自己"如何教"，去设计教学程序，优化教学过程，才能达到教和学的统一。

2.课堂气氛要和谐

在教学过程中，教师不能以一种高高在上的姿态出现在学生面前，师生关系的民主与平等是学生主动思维、大胆质疑和积极讨论的前提条件。在教学中，应提倡微笑教学，以谈心式的方式解决问题。

3.教学模式要多样

在教学模式上要有所创新。上课不能简单采用教师站着讲、学生坐着听的传统形式，而要经常变换教学形式，使学生每上一节课都有新鲜感。如可采用同桌一起来学习和讨论理论；在阅读室里边读论文边学理论；以现代教学技术为辅助手段，边看录像边学理论等教学形式。

4.教学实例要典型

要使学生理解教学理论，这就要求教师运用教学案例教学。选择教例时要注意典型性，准备要充分，教师除了应准备一些相关教例，也可以要求学生准备一些教学案例，这样也可以促使学生多看教学论文，收集教学信息，使理论教学更具感性色彩。

三、信息技术与语文教学整合

（一）教学模式的建构理念

当今信息技术与学科课程的整合为教育改革应对信息时代的挑战指出了新思路。建立在建构主义、人本主义及其他先进理念基础上的课程标准明确规定，语文教学目标包括知识与技能、过程与方法、情感态度与价值观，语文教学要具有建构性、生成性、多元性，这为语文教学模式的建构指出了新方向。

基于信息技术与语文教学整合的主题化教学模式，就是在相应的知识或能力主题下，在完成每一个主题带来的大量任务的过程中，学习和掌握学科知识的过程。这是语文学科特点与信息技术的工具性、交互性特点相结合的一种模式，是充分发挥教师的主导作用和学生的主体能动性，并使学生掌握学习全过程的一种模式，也是培养学生使用合适工具学习知识、探索发现的一种模式。

（二）主题化语文课堂教学模式的操作步骤

1.借助信息，引导提出主题

提出主题旨在使学生明确自己将要在一个什么样的主题范围内及什么样的框架下进行学习或研究。主题的确立关乎教学任务完成的质量，关乎课堂教学的效果，因此，提出主题是运用主题化课堂教学模式的第一步。

（1）确立主题要围绕教学目标：在认知领域的理解、应用、分析、综合、评价几个层次中选择，主题要有助于启发学生独立思考，有助于培养学生独立分析问题、解决问题的能力，有助于训练学生的动手能力和口头表达能力。

（2）提出主题要讲究方法：信息技术为我们提供了大量信息和多种信息展示方式，要充分借助这些方式展示各种信息，引导学生思考，让他们提出主题，并通过讨论优化主题。通过多媒体情境的创设引导学生突出主题是有效的方法之一。此外，也可以通过投影提出一些有代表性的不同意见，或者通过一些发散性的问题帮助提出主题。

2.收集信息，自主学习主题

主题一经确立，应放手让学生围绕主题收集信息、自主学习。学生借助各种媒体资源，可以自主获取与主题学习相关的大量信息。学生借助网络可以检索到大量相关信息，包括课文翻译、练习、教案、名家评论、课文朗读录音、图像、视频、动画等。学生通过检索，可以使课文内容变得直观形象，也可以轻松自如地在丰富多彩的网络资源共享中根据主题和自身的需要获取知识，从而自我组织、自我调整学习内容。

3.交流信息，合作探究主题

合作学习主题，是组织学生对个体初步形成的学习成果进行交流和研讨，这是主题化课堂教学模式提高学习效果的关键步骤。教师可以灵活运用多种形式来组织学生对初步成果进行学习、交流、研讨，通过班级交流、群组合作或借助网络功能和学生进行实时的一对一或一对多的交流。在这个阶段，学生继续收集并分析信息、验证假设，完善自己的成果，形成新的更高层次的学习体会或者研究成果，经过获取信息和处理信息，学生初步形成观点与成果并对这些观点与成果进行修正，以便于同学之间进行交流与学习。

4.拓展信息，深入延伸主题

在完成主题基础性探究学习之后，可以让学生继续对主题进行创造性的学习研究，对与主题相关的信息进行拓展、重组、创新，从而更进一步提升学生的创造能力。无论是阶段性完成的主题，还是一个没有完成的主题，都在不断得到新的信息和不断进行研讨中得以完善和修正。观点与成果也不断获得补充、研讨和完善。计算机教育应用博士余胜泉认为：信息技术与课程整合的关键，是如何有效应用信息技术的优势来更好地达到课程学习的目标，培养学生的信息素养、创新精神与实践能力。在采用主题化课堂教学模式的教学过程中，以学生自主学习为主，教师从中加以组织和指导，以信息技术为学习工具，强调获取信息、过滤信息、分析信息、处理信息的方法，注重学习的全过程和学生的协作学习。实践证明，这种模式可以培养学生的创新能力，使学生学会学习、学会合作、学会交流、学会分享。

（三）主题化语文课堂教学模式的运用原则

基于信息技术与语文教学整合的主题化课堂教学模式在运用过程中，可能会碰到各种问题和困惑，如信息技术与语文教学的关系处理、主题如何确定、能否达到学生的全员参与等。妥善解决实践过程中可能出现的种种问题，确保课堂教学的顺利、高效，需要教师讲求教学艺术。实践证明，主题化课堂教学模式运用的艺术应基于以下三个原则。

1.以教学主题为灵魂

对主题的不同认识会带来不同的主题化课堂教学。要想使主题成为课堂的灵魂，教师必须明确教学主题。

（1）主题是教学环节的中心：主题化课堂教学以主题为核心，无论是主题的提出，还是自主学习主题、合作探究主题、深入延伸主题都离不开主题。主题应是课堂教学环节的中心，教师和学生应紧紧围绕主题展开活动。

（2）主题是吸引学生的磁石：虽然提倡应由学生自主讨论来提出主题，但同时也离不开教师的指导。教师指导应立足于激发学生的学习兴趣和主题的研究价值。兴趣是行动的前提和动力，有研究价值才能激发学生学习兴趣。

（3）主题是通向语文的大门：基于信息技术与语文教学整合的主题化课堂教学的主题提出和探讨都要建立在语文教学的基础上，都不能违背语文教学的宗旨。主题仿佛就是语文的大门，学生通过研究主题这扇大门进入美丽的语文花园。

2.以信息技术为翅膀

信息技术不应被看成一只万能之手，而应当被看作一对儿能让学生腾飞的翅膀，能带学生进入主体学习的自由空间。在对待信息技术的态度上，应该具有以下认识。

（1）信息技术是语言的翅膀：语言文字教学是语文教学最主要的内容以及最基本的途径和方式。运用信息技术的演示和交互功能，恰恰能突出重点，突破难点，提高教学效益。

（2）信息技术是想象的翅膀：有人认为，信息技术的直观性扼制了学生思维和想象的发展。其实，这是对信息技术的误解。教师不能向学生呈现终极"想象"，而应创设情境，激发想象。例如，进行古诗词教学时，可边播放优美的配乐诗词录音，边适时加以形象化的语言点拨，引导学生运用联想和想象，在脑海里再现课文描述的"情境图"。

（3）信息技术是思想的翅膀：一篇文章的内容是有限的，而信息技术在瞬时提供给学生的大量信息有可能形成、改变或引导学生的思想。

3.以全体学生为主体

社会建构观的代表人物，苏联教育学家和心理学家维果茨基（Vygotsky）认为，人的认知是在一定的社会文化背景下，与他人及社会的互动中主动建构的建立于建构主义理论基础之上的主题化课堂教学模式本身非常重视发挥学生主体性，但要让学生最大限度地在自主、协作和会话中达到"三维目标"，做到"建构""生成"和"多元"，需要在以下几个方面突出学生的主体性。

（1）学生是学习目标和学习内容的主体：传统教学中，学生"学什么"是由教师"教什么"决定，学生没有自主选择权，主题化课堂教学模式的学习主题是要让学生自主讨论决定或在老师引导下共同决定；学习内容也由学生自主控制，学生想通过信息技术了解什么、掌握什么，完全凭自己的需要，教师不能过多干涉。

（2）学生是学习过程和学习方式的主体：在主题化课堂模式的教学过程中，无论是提出主题，还是自主学习主题、合作探究主题、深入延伸主题都应在主体参与下进行；学生学习方式应是自主、合作、探究式的，让学生作为主体参与和发展教学活动是主题化课堂教学模式的一大特点。只有这样，才能充分体现课程标准的精神，体现新型教学文化的本质，即以学生的发展为中心。

（3）学生是学习情感和学习结果的主体：后现代思想崇尚混沌和不确定，崇尚过程和非理性的支架，追求"让教育闪耀完整的人性的光辉"。回归生活的教学哲学思想也强调人的意义在于理性和感性的统一。主题化课堂教学模式应自始至终尊重学生的情感体验，只有这样，才能使学生在主题的提出中生情，在自主学习中增情，在合作探究中激情，在创造延伸中迸情。

总之，运用主题化课堂教学模式，对课程知识内容、传授的形式进行重组、创新，实现语文教学与信息技术的整合，能够使学生进行知识重构和创造，从而提高教学效率。主题化教学是孙子兵法，只要战术得当，就能攻克语文学习中的一座座堡垒。

第三节 语文教学模式方法的转变

一、语文教学应体现人文素质教育理念

（一）正确把握人文内涵是实施人文教育的前提

新的语文课程标准明确指出："工具性和人文性的统一，是语文课程的基本特点。"在语文教育界，从专家到一线的教师都欣然接受了这样的表述，甚至有的专家把"人文性"作为语文课程的本质属性，可见"人文性"的提出，合乎了教育改革的发展态势。但是对于"人文性"究竟应该怎样理解以及教学中如何体现"人文性"等问题，却众说纷纭，意见不一。有人对"人文""人文性"理解扭曲，在实践操作中出现了很多偏差。因此要正本清源，只有正确把握人文内涵，才能很好地实施人文教育，使"人文性"这一本质属性在语文教学中得到有效的体现。

对"人文性"的理解，首先应当立足于"以人为本"的教学理念，教育的人文主义以人的和谐发展为目标，希望人的本性、人的尊严、人的潜能在教育中得到最大限度的实现和发展。正如新的课程标准所指出的："语文课程还应重视提高学生的品德修养和审美情趣，使他们逐步形成良好的个性和健全的人格，促进其德、智、体、美的和谐发展。"在理解人文内涵时，要处理好以下两组的关系。

1.人文性与工具性的关系

新的语文课程标准提出："不宜刻意追求语文知识的系统和完整。"有些老师对此的理解出现偏差，对一些教学中涉及的必要的语文知识不敢讲。语文课程标准指出："阅读是学生个性化行为，不应以教师的分析来代替学生的阅读实践。"由于强调淡化课文分段，教学中又出现了对重点段、重点句，不敢引导学生加深理解，无论什么样的课文都不敢分段的现象。

在教学中，一味地让学生读和说，而忽视了人文本身是透过语言文字来表现的，从语言文字出发理解和感悟作者的思想情感，还要回归到语言文字上去，看看作者是用怎样的语言文字表现这些思想情感的，这是语文教学的基本思路，也是文道合一的体现。课程改革无论怎样进行，都要遵循这一点。"人文性"不可能脱离语言文字本身而纯粹存在，应当做到人文性与工具性的真正统一。于漪认为，语文课就是语文课，须把握它的本质属性，在语文知识教学和语文能力训练中贯彻人文精神，以收到潜移默化、春风化雨之功效。

2.人文性与思想性的关系

语文的性质界定为"工具性和思想性的统一"。这里的"思想性"概念是宽

泛的，它包含了政治思想教育，个人的道德品质、情操、人格、审美等诸方面的内容。然而在语文教学实践中曾一度把"思想性"误解为只是贯彻政治思想教育，与"三热爱"教育有关，于是就出现了将语文教育简单地异化为政治思想和道德品质的空洞说教，弱化语文教育帮助学生认识自然界和人类社会的全面功能。

鉴于对语文的这种缺乏人文精神和人文内涵的限定，新的语文课程标准拓展了其外延，强调语文的"人文性"，但是在教学中又出现了对学生的消极和错误思想不及时纠正，还美其名曰"独特体验"的现象。有些教师以为有了"人文性"就不必谈"思想性"，以为只要有朗读、情感体验、合作、讨论，就是"人文性"的体现。事实上人文不是随意和盲从，也不崇尚空谈；人文要体现对生命的尊重，对学生作为个体的人的重视和对其"思想性"的重视。可以说"思想性"和"人文性"是交叉的关系，其交叉的部分主要是指学生的良好的个性和健全的人格，"思想性"和"人文性"相互融合，并通过语言文字本身表现出来："语文是以语音或文字构成的词句、语段、篇章为物质外壳，蕴含着丰富的思想文化内容和思想规律与方法的人类最重要的交际工具。"所以在高职教学中对于"人文性"与"思想性"不能顾此失彼，如果过于偏重一方，就会走向另一个极端，出现费时低效的局面。

（二）丰富教师的人文底蕴是实施人文教育的关键

语文是人类文化的重要组成部分，其丰富的人文内涵对学生精神世界的影响是深远的。学生从语文教学中受到的影响和感染情况，不仅取决于文本本身的感染力和学生自身的接受程度，还取决于教师的人文底蕴。如果教师没有一定的人文意识和人文积淀，不管文本编写和教学改革如何有成效，人文精神都会落空。可以说，教师的人文底蕴是实施人文教育的关键，人文底蕴包括以下两个方面。

1.教师的文学修养

语文教材的大部分课文都选自文学作品，蕴含着丰富的文学色彩。教师应该清楚文章写作的时代背景、作者的生平及写作情况等，能够对作品本身进行解读，此外还要知道一些与文章相关联的其他方面的知识。虽然课堂上不必将这些知识全部告诉学生，但这是教师全面驾驭教材、深入理解教材、创造性地运用教材的基础。这些并不是备课时才去想的，而是要平时储存在大脑里，用时就能"跳"出来，这就是语文教师的文学功底。只有平时坚持不懈地巩固和提升自己的文学修养，才能灵活运用，并真正做到从人文角度去驾驭教学。

2.教师的健康人格

人格是指一个人的品格、品质、格调、境界、道德水平以及尊严等，人格是人相对稳定的比较重要的心理特征的总和。在各种客观条件作用下，人格会发展和变化。在改变人格的各种客观条件中，最强有力的是社会条件。教师是人类灵魂的工程师，教师要在"为人师表"上做得更完美，在学生面前树立一个好形象。"身教重于言教"，教师要以自身的言行来影响学生的心灵。教师需要不断完善人格，教书育人、诲人不倦、循循善诱、因材施教都不应该仅仅表现在课堂上，教师在课堂外也应是表里如一、言行一致的，这样才能在课堂里与学生真正和谐共处，实现心灵的交流，才能凭借自己的人格魅力去影响和塑造优秀人才。

（三）积极探究人文知识是实施人文教育的途径

人文知识是相对于工具性知识而言的。传统的"双基论"所概括的"基础知识"仅仅是字、词、句、篇、语、修、逻、文等语言知识和写作知识，是工具性知识；而人文知识在语文课程中一直未能得到应有的重视。语文课的人文知识主要包含在语文教材和文学作品之中，它是通过文学形象来表达的作家个体对人生的态度和观念。语文课程是人文课程，语文教育应该是一种人性教育和精神教育，是一种关于"人"的存在、价值、意义的教育。所以，在语文课程中，把文学作品所包含的对人生有意义和价值的内容称为"人文知识"，它是关于"内容"和"意义"的知识，它的"价值"指向是语文教学中的"人文教育"目标。

传统的语文课堂教学中，教师引导学生对文本的人文内涵的把握，只是停留在"语言事实"的层面，如"写什么""怎么写"，或者停留在"揭示了什么主题""批判了什么思想"等社会分析的层面，这种理解和教学，仅是分析文本表面的形式和内容，未能捕捉到真正的人文精神，所以教师对文本的挖掘和把握应该追问到"意义"层面，即人的存在的意义层面。学生结合问题去思考文本、思考人性、思考人生。这样的语文课是有价值的，学生可以借此养成人文思考的习惯，真正学有所获，这才是真正的"人文性"的体现，这样的教学给语文课赋予了独特的人文魅力，并以此吸引学生的注意力，从而提高学生的人文素养。

二、语文教育学习方式多样化探析

教育必须着眼于学生潜能的唤醒、挖掘与提升，促进学生的自主发展，必须着眼于学生的全面成长，促进学生认知、情感、态度与技能等方面的和谐发展，为培养未来社会优秀的接班人做好铺垫。在当前大力推行素质教育和知识经济快速发展的形势下，改变不合时宜的学习方式，代之以自主性、合作性、探究性为主要特征的多样化的学习方式显得尤为重要。

（一）学习方式及其特点

学习方式是学习者自主的、独特的、具有相对稳定性的认知方式。学习方式有相对稳定性、个体差异性、可变性等特点。

1.学习方式具有相对稳定性

人人都有各自的生活背景、内心世界和相应的生活经验，有自己观察和解释世界的独特方式，因此，在教学中，学生可以能动地接受，但也可能消极地排斥。学习方式是一个人在认识外部客观世界的过程中逐渐摸索形成的，所以学习方式一经形成既具有相对稳定性，且会形成习惯和定势，难以更改。

2.学习方式具有个体差异性

每个学生都有自己的学习方式，如有的学生习惯于由一般到特殊的学习秩序，对于先呈现知识总提纲，再呈现例子和应用分析的学习内容有较强的接受能力；而有的学生则习惯于由特殊到一般，即先学习具体事例，最后由事例归纳结论。有些学生喜欢通过写来记忆材料，有些学生则喜好通过复述来记忆材料。

3.学习方式具有可变性

某种认知方式在学习进程中经历多次失败后，学习者会转而寻求新的学习方式。有些学习者在与同伴共同学习的过程中，逐渐吸收同伴优秀的学习方式，并结合自身实际，对原学习方式不断加以调整和改进，从而形成适合自己的新的学习方式。

（二）实现学习方式多样化的必要性

1.被动的填鸭式教学模式亟待改革

目前我国高职院校学生的学习方式大多是老师教、学生学、课外做练习。学生处于被动的接受地位，这在很大程度上扼制了学生的创新能力和创造性思维的发展。此外，死板的教学方式激不起学生的学习兴趣。实现学习方式的多样化，可以有效地解决这些问题。

2.学生个体之间存在差异

学生个体之间存在差异，有的学生学得快，有的学生学得慢，要是用统一的学习方式来要求所有的学生，势必会造成学习效果的参差不齐。即使学生的智力水平和学习动机等因素相同，他们在接受、储存、转化、提取和应用知识过程中所采用的感知和思维方式也会有很大差异。学生学习方式的个体差异影响着他们在学习过程中获得经验的方式，因此，学习方式的多样化是不可避免的。

3.素质教育呼唤学习方式的多样化

素质教育的一个重要任务是培养学生的创新精神和创造能力，培养全面发展的人才。学生走上社会后，缺乏再学习能力和创新能力，不能学以致用，就意味着不能生存。学习方式的多样化在某种程度上可以解决这个问题。此外，只知读死书，不与别人交流，不善于表达都会对学生今后走上工作岗位产生不良影响，而实行合作性学习可以在很大程度上改善这种状况。合作学习，可以增加人与人之间的信任感，也将使团队精神得到升华。

（三）实现学习方式多样化

实现学习方式的多样化，一方面要从教师入手，建立平等和谐的师生关系，教师要改变教学艺术和教学行为，引导学生积极转变学习方式；另一方面要从学生入手，学生要变"要我学"为"我要学"，结合自身实际，探索适合自己的学习方式。

1.提高教师素质，实现教学方式个性化

在学习方式多样化的进程中，教师是学习的促进者和参与者，是活动的组织者和情感的支持者，因此，教师必须注意吸收多方面知识，提高自身的素养。教师应根据不同的情境、不同的学习者以及不同的学习阶段，对自己所扮演的角色及时做相应的调整。学生普遍存在个体差异，教师要因材施教，在平时教学中要多注意观察，帮助学生找到最适合自身的学习方式。

2.培养自主学习的品质

自主学习是相对于传统学习方式中的"他主学习"而言的，一般指学生在学习过程中表现出来的自主意识和自主能力。具体表现为学习者有明确的自我学习目标，有自觉的行为追求，会选择适当的学习方法以获得自己期待的学习效果。强调学生学习的自主性，并不排斥教师的引导。离开了教师的引导，学生的学习就可能会失去方向，就难以保证学习活动的顺利完成。教师要从学生的"学"出发，为学生的自主学习留有更充分的时间和空间，营造一种富有挑战的学习氛围，引发学生自主学习的积极性。

学生可以通过阅读、质疑、研究、总结和实践的过程来完成自主学习。质疑能力是人类潜在的天性，教师要尊重、调动和正确引导学生的这种潜能，并使之成为学生学习过程中一种非常重要的能力。在阅读教材过程中，教师可以鼓励学生自己提出疑问，也可布置课题，让学生带着疑问去查资料、翻看相关课外书籍、向他人询问等，最后再进一步总结，写出报告。

3.培养合作学习的品质

合作学习可使学生学会与他人合作，它不仅仅是促进学生学习的形式和方法，同时也是学习的目的。合作学习最重要的就是培养学生的合作意识、合作能力和合作精神，通过合作促进学生的协调发展是学习核心和最根本的目的。

4.培养探究学习的品质

探究学习是针对传统学习方式中的"接受学习"而言的，是指学生在学习人类既有知识的过程中，对知识的合法性与权威性保留自己质疑、评价、批判的权利，而不是被动学习或全盘接受。探究学习是以活动为主要形式的学习，强调学生的亲身经历，密切联系学生自身的生活，要求学生参与到各个活动中的每一个细节，在活动中自主选择问题进行探索、体验和感受生活，发展实践能力和创新能力。

（四）利用信息和网络技术实现学习方式多样化

当前计算机和网络信息技术发展迅速，这些技术可以被应用到学习方式的转变上来，以实现学习方式的多样化。

1.丰富的网上资源可为探究学习提供重要的知识源泉和丰富的探究课题

其中包括全方位、多层次、多角度且图文并茂的文献资料以及多种多样的解决问题的思路。网上的信息传输速度非常快，可大大节省探究时间，提高学习效率。

2.网络虚拟环境可为学生提供现实中难以体验或无法亲身体验的情境

网络中的虚拟情境与虚拟交往为学生的探究学习提供了一个丰富的信息世界。它汇集了计算机图形学、多媒体技术、人工智能以及人体行为学等多项关键技术，通过多媒体技术与仿真技术相结合，生成视、听、触觉一体化的虚拟环境。在学习过程中，可以利用网络把问题融合于具体的虚拟情境中，学生在自然状态下与虚拟环境中的客体进行信息与情感互动，其效果是传统的教学手段难以达到的。

3.网络可为学生提供交流与协作的平台

学生可以在各自家中实现远程互动，用QQ、微信等聊天工具或发电子邮件互相讨论，这些都有助于推动学习进程，增强学习效果。

创新是一个民族的灵魂，是一个国家兴旺发达的动力和源泉，创新的关键在于人才，人才的成长靠教育。要想培养具有创新精神和创新能力的人才，就必须注重提高学生的学习能力，重点要在自学能力、研究能力、思维能力、表达能力和组织管理能力等方面努力。实现学习方式多样化有助于因材施教，培养高素质人才，提高学生再学习的能力，使学生树立终身学习的理念。实现学习方式多样化任重道远，学习方式的多样化将有效地推进各类教改的实施，同时也将促使学生多学、快学知识，学好、用好知识。

第四章 高职语文课程教学方法

第一节 高职语文项目教学法

一、项目教学法的定义

在当今，大多数国家摒弃了传统专业教学，传统教学即将专业教学中理论课程与实践教学分离，造成教学的断层，将课程分为理论课、实验课、实训课等，并且改变教学场合与时间，这种做法损害了专业课知识的连贯性与融会性，不利于学生综合能力的锻炼。现今不再以知识体系划分，而是按照项目体系划分，教学过程是遵循难易程度安排的，而且是由简单到复杂、由单项到综合的顺序过渡，使学生也会循序渐进，充分发挥自己的主动性，不仅仅学到文化知识，还能够锻炼其创新能力与思维能力，培养其文化素养。

项目教学法是在美国发起的，之后传入欧洲各国，在德国盛行，在各个科目领域都有应用，其中多用于技术教育。项目教学法是师生通过共同实施一个完整的"项目"工作而进行的教学活动，在职业教育中，项目是指以生产一样具体的，具有实际应用价值的产品的工作任务，项目教学法是职业教育中的最高级形式，将传统的学科体系中的知识内容转化为教学项目。教师将需要解决或者需要完成的任务以项目的形式交给学生，围绕着项目而组织和展开教学，在教师的指导和协助下，以小组为工作方式，学生自主学习，按照实际工作的情况完成整个程序，同时互相协助、共同制定计划，从而整体完成全部计划。在整个项目教学中，学生能够自主理解和把握课程项目要求的知识和技能，这是一种学生能够直接接触项目的全过程的教学方法，同时，这时学生能够参与实践，培养分析问题、解决问题的能力，而且这是一种真实的、能够发挥出自主能力的教学方式。

在项目教学法中，学习是具有广泛性与普遍性的一种行为，在这个过程中注重的是学生自主学习的能力和完成项目的过程，而不仅仅是最后的结果，也就是不以成败论英雄，不以分数评档次。学生在整个过程中，能够体会到学习的乐趣，满足其好奇心，以此探索未知的特点，并且在团队合作中学会与人相处的技能与能力，培养其合作能力与团队精神。

二、项目教学法的特点

教学方法应该具有以下的教学条件：①该工作过程可用于学习一定的教学内容，具有一定的应用价值；②能将某一教学课题的理论知识和实际技能结合在一起；③与企业实际生产过程或现实的商业经营活动有直接的关系；④学生有独立进行计划工作的机会，在一定的时间范围内可以自行组织、安排自己的学习行为；⑤有明确而具体的成果展示；⑥学生自己克服、处理在项目工作中出现的困难和问题；⑦具有一定的难度，不仅是已有知识、技能的应用，而且要求学生运用新学习的知识、技能，解决过去从未遇到过的实际问题；⑧学习结束时，师生共同评价项目工作成果和工作学习方法。作为一种顶尖的教学方法，项目教学法除能够具有匹配以上要求的特点之外，还具有以下的特征。

（一）项目教学法以项目为主题

项目教学法是一种教学策略，有助于综合分散的知识点从而整合课程。教师根据教学目标，结合专业特点与内容，根据学生的特点与现阶段所有技能和知识、能力制定项目，应用于课堂中，交由学生去处理与解决；然后学生以个人或者小组为单位进行分析问题、解决问题，从而挖掘学生自我的创造潜能、协同合作能力与解决问题的综合能力。学生可以根据自己的兴趣、爱好以及知识技能的掌握程度来自行设计方案并且执行，从而使用适合自己的有效的方式来完成项目。这一切的行为都是围绕着项目这个主题而存在的，所以在制定项目的选择中，教师要依据现阶段的学习任务与学生的学习能力，自信斟酌、认真考虑，但是项目结果并不是具有一个标准的满分答案，而是只要完成了教师的基本要求就可以，基础好的学生可以自由发挥，最后的评定也只有"好"与"更好"之分，而不是强硬的"满分""不及格"等级别划分，这也是项目的一个创新点所在。

（二）项目教学法以学生为主体

项目教学法并不是传统的以教师为主体，学生被动接受知识传输的一种形式，而是一种改变教师单一"教授"的角色，改为引导，学生则是知识的主动获得者，在完成项目的过程中，他们是主体，能够运用自己的创造力与吸收能力来获取知识。

项目教学法采用的是小组学习、完成任务的方式，学生们可以自己规划安排任务，不仅有益于学生发挥特长，也有益于学生互帮互助、精诚团结的精神的培养，这在当代社会是必不可少的，因为当代社会交流也是一门学问，学生们在这期间能够体味集体与自己成长的快乐。项目教学法改变了以往学生被动接受知识的方式，而且提供了教学氛围与基础条件，可以让学生积极主动地去思考、锻炼、尝试，最终找到解决问题的方法。在项目教学法的实施过程中，学生要自己收集信息、互相交流、选择项目、拟定计划、具体实施、实施结果、评价结果，在每个环节中学生都是主体，而且是自主选择的，所以学生们才是项目的主体，成为活动的主人，如此，学生能够综合考虑，既能够全面把控，又能够清楚每一个细节。

（三）项目教学法能够充分发挥教师的创造性

项目教学法是一种教学策略，教师能够借助项目对学生进行相应的引导，而项目是具有学习和研究价值的，从而能够吸引学生进行深入、认真、仔细的观察及研究。这种亲身体验的以学生为主体的教育行为，能够激发学生的学习兴趣。项目教学法灵活而且复杂，体现了教与学的主要特征，学生能够自主自觉地完成项目，并且因为是自我感兴趣的话题，所以也会相对高效率地完成该项目。此外，项目教学法有相对完整的教学体系，因此对于教师的创造力与应变力是一个挑战，因为在项目实施过程中会出现项目过难或者过易的情况发生，所以教师要依据学生的具体表现进行具体的调整。

（四）项目教学法教学内容与工作岗位接轨

项目教学法属于行为导向型教学模式，是以工作任务为主导方向的职业教育教学方法，最高目标是养成学生的职业行为能力，与当今社会工作岗位相匹配，具有实践性、自主性、发展性、综合性和开放性等特点。项目的主题与真实世界、工程实际密切联系，使学习更加具有针对性和实用性。项目教学法能够让学生在没有踏入社会前就接触工作岗位所需要的能力与知识。另外，教师通过创设一定的问题情境，营造一定的探究氛围，来激发学生的求知欲。学生在教师的启发引导下积极思考，找出问题的解决方案，增强学生的自信心，激活学生的成就意识。在分组活动过程中，给学生提供根据自己的兴趣选择内容和展示形式的决策机会，学生能够自主、自由地进行学习，从而有效地促进了学生创造能力的发展，增强了学生的合作意识，实现了学习的合作性。

（五）项目教学法的目的是提高学生的职业技能

项目教学法在教学过程中把实际生活中的一些技能与应用引入到课堂中去，使学生通过分析、制作、实施相关的知识与技能，能够有效地将技能与客观知识结合在一起。在此过程中，除根据学校的既定教材、具体教学大纲学习之外，学生还要针对项目查找资料、找寻方法，采用先用后思、先做后懂，如此学生能够通过感受之后能够主动学习技能知识，然后经过此过程解决问题，通过课程的学习能够使得学生学习其他课程的知识与技能，提高综合能力及自主学习能力。

（六）宏观层面，推动了教学的改革

项目教学法引用可以推动教师的整体教学，为教学方法的研究注入新鲜血液，并且推动了教研改革与课程改革。实施项目的时候，教师要能够灵活地掌握活动时间以及阶段，同时要注意观察学生的兴趣与特长，从而使得其能够发挥自身特长，避免自身弱点，从而设计出能够发挥个性又能平衡发展的教学策略与课程计划。

三、项目教学法的原则

（一）兴趣导向与实用导向相统一的原则

项目教学法要求在项目制定时充分考虑学生的专业需求，以提升学生的专业竞争力为出发点，增加教学项目的实用性。同时在这一基础上，兼顾对于学生学习兴趣的激发和培养，强化学生学习状态，加强学生学习自觉性和主动性，使学生既能爱上学习这个过程，同时也能实实在在提升自身的职业竞争力。

（二）知识传递与技能培养相结合的原则

传统教学模式注重对于学生知识掌握程度的考察，而项目教学法除了重视学生对于知识掌握程度的提高，同时更加重视学生实践技能的培养。因此，项目教学法不但是知识传授层面的教学方式，更是技能培养层面的教学方式。在处理学生学习项目时，必须重视项目本身的知识性，在此基础上使项目更加完善，达到项目的操作性要求，使学生真正在项目运行的过程中既锻炼自身的工作技能，同时也不忘加强自身的知识储备。

（三）教师指导与学生自学相促进的原则

项目教学法实施过程中最重要的就是学生这一主体，但教师作为指导者的重要地位也是不容忽视的。项目教学法既是学生这一主体的自主学习模式的充分展示，同时也是教师指导和促进学生学习的重要表现。因此，项目教学法的实施必须全面加强学生自学能力的培养，同时增强教师的指导能力，双管齐下，才能促成项目教学法的妥善应用。

（四）集体教育与个性发展相补充的原则

与传统教学模式相比，项目教学法的特色或者说是亮点在于其小组合作的模式，这一模式可以极大程度上增强学生的个性发展，每一个学生都能够在小组中找到合适自己发展的定位，从而使自己的个性得到充分发挥。但是，教育既要能够因材施教，同时也要对学生进行集中的引领，因此，集体教育在项目教学法的应用中也占据着重要地位。只有全面加强集体教育，才能更好指导学生完成既定项目，为学生的个性发展奠定良好的基础。

（五）成果展示与评价反馈相辅助的原则

项目教学法的实施具有两个不能忽视的重要方面，就是项目结束后的成果展示，以及对于项目结果的评价和分析。项目教学法的精彩之处在于激发学生的学习兴趣，而学生学习兴趣的主要提升点在于最后的成果展示，学生成果展示环节所带来的表现欲才是增强学生学习兴趣的重要一环。同时，项目教学法成功与否的关键在于项目评价环节，这是促进项目开展稳定提高的重要保障。因此，在项目教学法的实施中，要加强成果展示的比重，更要重视项目评价的精细，这样有助于项目教学法的逐步深入实施。

四、项目教学法应用于高职语文课堂的理论基础

（一）发现学习理论

发现学习理论是由布鲁纳提出的，他认为学习应该是人们自主形成认知结构的过程，而认知结构包括三个部分：①发现信息，获得新信息；②整合、转换信息，使得其能够应用于新的任务中去；③检测、评价这种接收处理信息的方式是否符合该任务的完成。这三个部分是同时进行的。另外，发现学习法强调学习各学科的基本结构，倡导发现法学习。发现法，顾名思义，就是让学习者发挥自己的主观能动性，积极设置一定的情景，在此情境中让学生发现学习的方式方法、相应的学习原理与结论，并且搜集各种相关材料与理论知识，根据这些资料去吸收自己所要学习的知识与技能，学习者在学习知识技能的同时，也锻炼了自己的思维能力、学习潜力，提高了自己的智力与自我组织能力，让学生学会了研究问题的方式方法。

（二）"从做中学"

"从做中学"是由杜威提出的，他认为"做"比"听"更是为师之道，"所有的学习都是行动的副产品，所以教师要通过'做'，促使学生思考，从而学得知识"。杜威认为，获得解决问题的能力才是最重要的，而这种能力的获得需要通过实践培养。在教育过程中，学生要从传统的被教育者变为主动的实践者，通过自己的实践活动，逐步构建自己的知识结构，学与做相结合。

杜威认为，教学活动与科学思维两者的要素是要相吻合的，并且提出了五步教学法。第一，学生需要有一个待完成的学习项目，该项目应能够具备新奇感、能够引起自身兴趣，也就是将自身置于某种情景中，从而实现做的活动；第二，学习者需要拥有具体实施的内容与任务，也就是一个确切需要解决的问题，作为学生学习的动力与刺激，激发学习者解决问题的好胜心；第三，学习者会有相应的一部分资料与信息，以免学生没有头绪，没有起到激励其学习的效果，反而使其丧失信心，失去继续努力的动力，即在学习过程中必然要有必要的支撑来实现做的结果；第四，在学习者完成任务或者项目的过程中，必然要有其独特的方式

方法，以此完成这种做的过程，由此慢慢实现自我；第五，在完成任务或者解决问题的过程中，学习者要有机会与条件来验证自己的想法与策划是否得当，是否能够在实践中有效地解决问题，是一个针对"做"的结果的检验。从此看来，学习者遵循五步教学法是一个培养学生"做"的过程，以此让学生自主寻找资料、自主学习、自我验证、自己评价，从而达到学习知识的积累以及综合能力的培养。

（三）"生活教育"

生活与教育的关系有史以来受到教育者的关注，相关的论著也十分复杂多样，而陶行知吸收前人的理论观点，提出了生活即教育理论。陶行知整合了中西方教育理论，并且不断探索、实践，之后延伸出了生活教育学说。

教育与生活的研究随着社会的不断发展而发展。西班牙著名教育家昆体良在《论演说家的培养》中就明确指出，教育是为了实际的生活，道出了教育与生活之间的关系。英国教育家提出必须使教育适合学生未来的生活方式，以此代替对所有人实施的始终如一的古典教育。之后，卢梭提出接受严酷考验的孩子，他们的承受能力将得到极大提高，生活也变得越来越舒适。说明了教的目的在于使生活变得更美好的观点。德国教育家福禄培尔认为，没有理性、意识的指导，学生的活动蜕化为无目的的游戏，而不是为生活的任务做准备。这些学者的观点皆是强调生活与教育的关系，认为教育为生活服务，生活是被教育围绕着的。而在杜威的时代中，已经开始将生活与教育开始结合了，将两者融为一体。

五、项目教学法在高职院校语文教学中的方法

（一）项目教学活动的计划与筹备

项目教学法指导下的教学活动计划和准备，指导我们要在一切项目教学活动开展前，充分明确本次教育教学改革尝试的重要意义和实践价值，并且多次向学生申明。在项目教学开展的过程中，多次充分向学生申明活动的严肃性和实用性，并且在教育教学的各个环节中充分体现项目教学法的平等性原则，积极建立良好的师生平等互助关系，充分激发学生的学习兴趣和学习积极性。应确保项目教学准备充分，设计活动符合学生的需求，从而满足学生的兴趣爱好，并让每一名学生都完全参与到具体的项目设计和项目准备的过程中，从而使学生在教育教学改革中全部完整有效地参与项目教学的所有环节，得到全面的发展。

（二）项目教学活动的组织与分组

项目教学法指导下的教学活动以小组活动的形式来完成，加强小组建设是项目教学法的关键所在。教学改革中的小组设立全部根据授课班级的具体人数和授课内容的具体要求由师生商议确定。在教学改革中，将学生按照每小组3-6名同学的标准进行划分，在充分考虑学生意见的基础上，结合项目实际需求，圆满完成小组划分工作，实现资源的整合和分配。

（三）项目教学活动的合作与探究

项目教学法指导下的教学活动最重要的就是确保小组合作与探究的真实有效。项目教学法教学改革高度重视小组学习活动的深入开展。具体来说，在改革中，师生共同制定每个小组的工作任务，为每个小组都建立完善合理的管理制度，这使得各个小组的成员都有明确的工作方向，能够共同寻找资料并集中交流讨论。同时，各小组之间都能保证有各自独立明确的分工，但也能形成统一的整体，充分增进小组学习效率，保障小组学习效果。

（四）项目教学活动的指导与提高

项目教学法的重要成功因素之一是教师的指导必须跟进到位、行之有效。在项目教学法教学改革中，每当小组活动学习的具体项目分发到各个小组后，指导教师都应按照一定流程和要求，对各个小组的项目开展进行分别跟踪，对于各个小组的学习活动实时跟进，及时发现问题并解决问题，保障小组的项目有效完成。同时，在项目教学法教学改革中，各个项目小组应按照要求及时选出小组负责人。小组负责人在完成项目的过程中作为小组代表，应及时有效地向大家报告项目进展，并且及时监督小组的学习活动情况，充分保证项目在规定时间内有效完成。此外，为了确保项目教学法改革的成功，每个项目小组还应选出专门负责人，特别负责完成各个项目所需的资源整合和资源共享工作，保障项目整体的稳步推进。

（五）项目教学成果的展示与评价

项目教学法中的成果展示是整个流程中的重要反馈环节。项目教学法教学改革中的成果展示全部公开进行，每次成果展示时参与该项目的小组成员均须全员到场，使该项活动能够有效开展。所有项目的展示全部交由学生自主完成，指导教师在展示过程中维持整体纪律，使得所有项目的展示最终都能够平稳有效进行。而教学改革的亮点在于全体师生均能参与项目的评价环节，学生进行自我评价和交叉评价，教师对学生的评价做出指导和点评，引导学生在评价的过程中相互学习，共同进步，切实提高。

第二节 高职语文行动导向教学法

一、行动导向教学法概述

（一）行动导向教学法的应用背景

1.新课程确立了新的知识观

无论是哪所学校，都有自己明确的教学观念，随着社会的进步，各学校的教学观念都受到了一定的影响和改变。我国的基础教育采取的是统一的教学方法及教材，虽然具有公平选拔的优势，但在一定程度上忽视了教学理念的多样化和创新，而新的教学课程改革增添了许多不确定性，从整体上提升了教学手段的种类，促进了教学理念的多样化。第一，新课程确立了新的知识观，从而走出了课程目标的知识技能取向；第二，新课程确立了新的学生观，从而使个性发展成为课程的根本目标；第三，新课程确立起课程与社会生活的连续性，从而使新课程根植于生活的土壤。因此，在大学语文课程中推广行动导向教学法，这是新课程改革的必然选择。在新课程结构中，要求大学语文课程体现出全新的教学理念。新课程目标强调，要改革课程内容过分强调学科体系严谨性、过分注重经典知识的倾向，加强课程内容与现代社会、科技发展及学生生活之间的联系。换言之，新课程在内容上力求贴近社会、生活和学生需要。新课程理念不再将作为课程载体的教材视为学生必须完全接受的对象和内容，而是强调教材的"范例性"，将其作为引起学生认知、分析、理解事物的一种文本或中介，并以文本的开放性、创造性、生成性给教学以多样的诠释角度。

从某种程度上而言，学生观是学校教学理念的体现和反映，也是教师教学行为的出发点。以往教学理念下的课堂学习往往是以教师为主、学生为辅，这种单向性、缺乏互动式的教学手法在很大程度上影响了学生观，学生的自主性、创造性没被充分地发掘出来，而只是机械死板的学习书本知识，极大地制约了学生的学习观念和学习能力。新的课程改革充分重视学生地位，将学生的主体性放在首位，突出学生的创造性，将个性发展与知识学习作为课程的根本目标。

2.教师更加关注学生的人性发展

新的课程理念要求教师关注学生的人性发展，在课堂上改变教师为主体的教学地位，充分给予学生自由发挥的空间，认识到教师和学生才是整个课堂的主体，课堂教学过程的完成不仅仅是教师单方面的参与，还需要有学生的加入。在新课程理念的指导下，教师与学生不是一种主体与客体的关系，而是平等对话的教学关系，教师与学生以知识为交流内容，实现知识的传递和梳理。对话式的教学关系要求师生针对交流的内容形成自己的见解，在思维的相互碰撞中实现交流。

换言之，教师不是作为权威将预先组织好的知识体系传授给学生，而是与学生共同探究、创新知识；学生也不再作为知识的容器被动听从教师的指令，而是带着各自的兴趣、需要和观点直接通过与教师的对话获得生活的意义。对话双方通过彼此心灵的互动与沟通，共同创生和开发课程，并探寻、体验、感受知识之中、之外的世界或存在的意义。那么，如何实现教学中师生交往的对话关系呢？教师无疑起着决定性的作用。确立起师生平等的教育理念，这是对话教学的前提条件。另外，教师爱的付出、谦恭以及信任在对话教学中也具有重要意义，因为只有建立在平等、爱、谦恭、相信他人的基础上，才会使学生感到在讨论世界的问题中与教师是同伴，从而使对话保持一种双方平行的关系。

（二）行动导向教学法的内涵

行动导向教学法为提升学生的行为能力，教师通过设计教学环境和多种活动形式实现对学生的行为引导，激发学生的学习兴趣和热情，通过学生在活动中发现、探讨和解决问题，实现学生创新和关键能力的形成。行动导向教学法有多种具体形式，如案例教学法、角色教学法、头脑风暴法、模拟教学法、引导教学法、任务驱动教学法等。行动导向教学法的最大特点就是教学方式多样化，首先，强调参与性。在教学过程中教师可以用课堂讨论、小组教学、实践教学等多种形式来提升学生的课堂积极性。其次，注重主动性。行动导向教学法的目的之一就是注重主动性，鼓励学生敢于创新，在课堂上学生可以充分感受到学习的魅力，学生根据教师的引导一步步主动探索，发现问题的答案，一个个天马行空的回答都是学生创新思维的具体表现。最后，追求多元性。行动导向教学法鼓励学生在课堂上积极主动，并不意味着毫无课堂纪律，放任自流。行动导向教学法是学生在明确的教学目标和课堂设计下进行的，其教学组织形式要注重实效性、具体性。

在选择教学形式时，要注意结合教学内容和学生特点，选择恰当的形式，此外，还要根据学生的年龄、智力、知识结构等进行不同教学。要求教师在讲课过程中，要注意观察不同学生的差异，因材施教、分层教学，满足不同特点学生的知识需求，要尽量给每一位学生展示自己的机会，给予积极的肯定和鼓励，让学生在肯定中不断发现自身的长处。教师应该向学生简单介绍行动导向教学法的一些特点和优势，让学生明白这种教学形式的意义，避免学生在实践教学过程中出现无所适从的现象。教师应提出明确的规划和要求，同时针对学生的不同特质差异化对待，关注学生的个性发展和长远发展。

（三）行动导向教学法在大学语文教学中的原则

1.以学生为本原则

以学生为本原则就是指要根据学生生理、心理特点，把价值引领和教育理论、实践教育等有机地结合起来，有针对性地根据学生的心理需求设计实践内容、实践手段，充分体现对学生个体的尊重。在运用行动导向法进行语文课程教学时应该做到以学生为本，在确立高水平目标的基础上，要做到职业素养与文学素养并举。既要培养学生听、说、读、写的能力，又要进行以专业深化、品德优化、形象美化、能力强化为主要内容的学生职业素养提升工程。大学语文实践教学体系构建要以学生为本，就要突出培养学生的职业能力，使学生在就业市场更有竞争力。

2.理论与实践结合原则

行动导向教学法注重学生们应用语文能力的提高，让学生们知道学以致用、融会贯通、相互促进，把在学校里学到的理论知识运用到实际生活中去，用理论来指导实践。大学语文是一门综合性学科，需要积累的知识很多，如若只是蜻蜓点水地教与学，必然不能起到加深印象的作用，势必因为知识的模棱两可而在实践中无法很好地表现，甚至会犯不必要的错误。在实践中学会总结，不断创新，才能进步，其实总结就是实践理论方式的体现，理论告诉你什么是对的、该做的，实践才会让你知道怎么才能做成，因此要学会经常总结。因此，帮助学生学好语文课程，使其尽可能系统地掌握相关的知识与技能非常重要。与此同时语文知识的读写听说能力都涉及很多技巧与技能，需要在实践中发展、完善与更新，从而保持与时俱进。

3.层次性原则

层次性原则是指在具体的教学实施中要考虑不同的学生群体及他们所处的不同年级，采用有差异的教学方式来进行有针对性的教学，也是因材施教的重要体现。在教学实施中要做到细致合理的规划，不同的学段和学习者采用阶段性的实施策略，真正做到有效推进教学连接，使实践活动形成整体的系统性规划。在大学语文教育时，汉语语言的工具性作用更为明显，它不仅是语文专业在教学和学习中使用的基本工具，同时也是开展各类文化活动的工具。然而，高职学生的学习基础相对薄弱，这就要求高职院校在构建实践教学体系时必须坚持层次性原则，在坚持循序渐进的基础上因材施教，充分发挥每个学生自己的潜力，发现每个学生的优势。

（四）行动导向教学法在大学语文教学中的优势

在社会竞争日益激烈、课程改革大潮席卷而来的今天，行动导向教学法与大学语文教育有机融合，创新了大学语文教育的授课方式，提供了新的教学理念，不仅有利于增强师生之间的沟通和互动，也有利于提高自身的综合素养，增强在社会中的竞争力，有利于教学方法的调整。一个完整的教学活动的完成需要教师和学生的一致配合，由于行动导向教学法的课堂主要角色是学生，所以在课程实践过程中往往会随时出现变化，而这些变化中的绝大部分都是可预测的。行动导向教学法在实践过程中的反馈与评价环节，能使授课教师通过观看视频录像站在一个旁观者的角度，冷静客观地分析课堂实践活动过程中的缺陷与不足。进而针对教学内容、讲解顺序、与学生互动时间等作出相应的调整，从整体上提高教师的教学水平，有利于教育观念的更新，激发学生主动参与课堂的兴趣。

在传统的教学实践中，大学语文教师的教学手段较为单一，大多数采取的是教师为中心的教学方法，这种教学形式不仅无法激发起学生的学习兴趣，更无法让学生积极参与到课堂中去。行动导向教学法通过任务的设定、完成帮助学生建立起一种主动探索的学习模式，学生通过一次次成功解决难题、完成任务来参与到课堂实践中去，同时，学生在解决问题时由于受到一定的压力，会产生紧迫感，这就为主动学习知识、参与课堂讨论提供了基础。不同于传统的教学方法，行动导向教学法在规划大学语文教学时，通过将教学培养目标与学生的实际水平相结合，使学生在课堂上通过教师的引导，逐步发现问题、解决问题，在探索发现中不断提升自身的实践应用水平。教师运用行动导向教学法进行知识讲解，有助于学生独立思考，发现实践中存在的问题，从而通过已有的知识积累或者小组探讨的形式积极解决问题，完成学习任务，大幅缩短学习周期。

在这种教学模式背景下，将行动导向教学法融入大学语文教育中，大幅提升了高校学生的实践应用水平和综合能力素养，他们学习到的新教学模式也会对今后我国教育观念的更新有巨大的推动作用。

二、行动导向教学模式在高职语文教学中的应用

（一）构建语文教学情境

在高职语文教学中针对教学的内容进行教学情境的构建主要是通过真实情境的模拟来帮助学生获得真实的情感体验，以强化学生自身的语文水平。这要求高职院校的语文教师在语文教学过程中能对语文教学的内容进行深入分析，并在此基础上进行教学情境的设计，进而对学生自身的认知感进行有效强化，促使学生更加积极主动的参与到学习中来，强化他们自身的语文水平。与一般的语文教学相比较而言，高职院校的语文教学往往更具职业性，强调的是对学生自身的职业能力进行强化培养，通过教学情境的构建能让学生在真实的情境中对自身的实践能力和职业能力进行强化。因此，高职院校的语文教师在教学中就应当结合实际的教学内容构建相应的教学情境，并让学生在情境中就相关的职业能力进行实践训练，在提高学生语文水平的同时强化他们自身的职业能力。

（二）依据教材内容进行角色扮演

根据课本教材的内容让学生进行角色扮演也是能充分有效将行动导向教学模式应用到高职院校语文教学中，来提高学生语文水平和职业能力的重要方式之一。在高职语文教学中通过让学生进行角色扮演能将教师的教与学生的学充分融合，以帮助学生在学习中获得更加真实的体验，对学生的能力进行强化培养，促进学生的素质能力得到全面有效的提升。就高职院校的语文课本教材来看，其中除了与职业能力相关的内容之外，还精心选取了许多内涵意义深刻的名人文章，而这些文章中的绝大多数都可以改编成剧本让学生进行角色扮演，并集合音乐舞蹈等艺术形式将课本内容转变为一场完整的演出。基于此，在实际的教学中高职院校的语文教师就必须充分扮演好组织者的角色，根据学生的性格特征来进行角

色的分配，并在角色扮演过程中给予学生有效的指导。

（三）在教学中采用头脑风暴法

所谓头脑风暴在高职院校的语文教学中主要指的是让学生就相关的问题自主进行观点阐述的教学方式，且在这一过程中教师不会针对学生的总结做出任何评价。基于此，高职院校的语文教师在头脑风暴的问题设计中就必须选择那些没有固定参考答案而是能让学生充分思考并讨论的问题，从现实层面来看，这一行动导向的教学模式往往更加适合人文类或议论类的文章。首先，在教学中教师要引导学生就作者的写作意图及思想观念进行充分的分析，这要求学生在学习过程中能对文章内容进行通读并引导学生就内容进行充分的探讨；其次，当学生在探讨过程中产生自我的意见时，教师可对学生所提出的意见进行细致归类；最后，让学生对不同的意见进行投票选择，投票率最高的意见由教师和学生共同进行探讨。

（四）在教学中采用项目教学的方式

除了上述的几种方式之外，项目教学法的使用也是能促使行动导向教学模式充分应用到高职语文教学中的重要方法之一。就项目教学法的使用来看主要可分为以下步骤：首先，项目的设计。要求教师能根据课本教学的内容并以学生实践与职业能力的提升为目标制定相应的项目课题，确保课题有足够的吸引力能激发学生的兴趣及参与的积极性；其次，对学生进行分组，让各小组的学生对项目课题进行深入研究与探讨，并针对项目的实施设计相应的实施方案；再次，为确保项目实施的有序性，还要求各小组能以项目实施的方案为依据，设计有针对性的实施计划；最后，让各小组针对本小组设计的方案与计划进行项目的实施。就现实层面来看，通过项目教学的实施不仅能有效提高学生语文水平，同时对提高学生的实践能力、团队协作能力等有良好的帮助。

三、行动导向教学法的主要方法及实施

（一）项目教学法

在行动导向教学法中，项目教学法无论是在教学过程还是实施教学方法上都与其有着很大的相近之处，是十分具有代表性的教学法。项目教学法指的是在课堂上教师根据所要讲授的内容进行相应的设计，将课程内容设计成一个项目，学生则根据教师的设置，在已有的知识经验和行为方式基础上来完成整个项目，从而实现教学目标。项目教学法是一种十分典型的行动导向法，因此其本身最大的优势就是以教师为主导，以学生为主体，这种教学方法的目的就是突显学生的能动性，在相互讨论和协作中不断地培养发散思维，丰富自身的知识储备。

在实施过程中，项目教学法具有以下几个步骤。

1.制定项目

在这一环节主要发挥作用的是教师，这也是一堂课的开始，教师要根据所要讲授的知识和内容选择合适的知识点，因为并不是所有的知识点都可以用项目教学法进行教学，如果选择不当，不仅不会对学生起到指导作用，反而会起到副作用，这是整个项目教学法成功与否的关键，因此教师在选择知识点的时候要慎重、严谨。

2.制定项目目标

制定项目目标是进行项目教学法的必经步骤，在教师进行教学时，不论是何种教学方法，都需要一定的教学目标，项目教学法亦是如此。项目目标分为总体目标和分阶段目标。总体目标一般由教师制订，而分阶段目标则需要在总体目标的指引下根据实际情况由小组成员共同来商议制订。关于各小组的人员构成数量，教师既可以在开学之初就进行划分，也可以根据不同的知识点内容进行针对性调整。

3.制订项目计划

制定项目计划需要根据各项目小组在所指定的总体项目目标和分阶段项目目标的基础上进行详细规划，具体来说，项目实施计划主要包括项目实施步骤、项目预期成果、注意事项、主要环节概述、实验成果等，其中实施步骤是项目计划中最关键的部分。

4.项目计划的实施

各小组通过讨论和决策，在制定好的项目实施计划基础上进行操作，在具体实施的过程中如果出现现实情况与实施计划有所出入，那么应当适当地对计划进行调整，此外，在实施过程中，一定要做到分工明确、团结协作，只有这样才能够充分地落实项目计划，达到预期效果。

5.项目成果展示

在项目完成之后，各小组可以将本组成果进行展示，在展示时，可以相互交流讨论，取长补短，共同进步。包括项目成果、实施流程、学习心得等。

6.反馈与评价

反馈与评价是整个项目规划教学法的最后一步。在项目成果展示结束后，教师要组织大家对这一过程进行评价，发现自身在整个过程中所出现的不足，并吸收优秀的项目经验，教师在进行总结时要以鼓励为主，尽可能地保证学生的学习热情。

（二）角色扮演法

角色扮演法是让学生快速理解课程内容、深入了解课程难点和重点的最有效办法，在角色扮演的过程中，学生不仅可以提升自身的专业知识，而且还可以锻炼人际交往能力和社会能力，是一项具有实际意义的教学方法。角色扮演法指的是教师在结合所教授课程内容的基础上，根据学生的自身特点设置适宜的教学情境，让学生在这样的情境中选择适合自己的角色进行扮演，并通过亲身扮演加深对角色的理解，深入认识每一个角色所代表的意义。教师除了设置角色扮演情境之外，还需要根据现实的执行情况对教学结果进行评价，及时指出学生进行扮演时出现的错误，从而提升学生的整体学习能力，达到课程教学目标的要求。

（三）头脑风暴法

头脑风暴法指的是在课堂上，教师针对某一问题与学生讨论，在交流过程中不断激发出学生潜在的学习能力，让学生在思想的相互碰撞中理解问题、解决问题。在头脑风暴的过程中，教师扮演着引导者的作用，教师要适宜地引导学生进行思维发散，并且不断延伸讨论的深度和宽度，可以鼓励学生踊跃发言，鼓励学生无论表达是否正确、观点是否偏激，都要敢于说出自己的观点，只有这样，才会与其他学生发生思维的碰撞，才可以找到正确的思考方式和解决办法。头脑风暴的作用机理在于联想反应和热情感染。联想是产生新观念的基本过程，在集体讨论问题的过程中，每提出一个新的观念，都能引发他人的联想，通过联想，相继产生一连串的新观念，形成连锁反应，为创造性地解决问题提供了更多的可能。在不受任何限制的情况下，集体讨论问题能激发人的热情。人人自由发言、相互影响、相互感染，能形成热潮，突破固有观念的束缚，最大限度地发挥创造性的思维能力。头脑风暴法具有广泛的适用性，其本身不受教学场景、教学内容的制约。与角色扮演法和项目教学法相比，头脑风暴法简单易行，没有烦琐的课前准备，也不需要特定的条件限制，因此其在当前的教学实践中被广泛应用。

（四）案例教学法

案例教学法是指教师在授课过程中，结合某一具体的案例对某一个知识内容进行相应的描述，进而引导学生对该问题展开思考，找到解决问题的方法，从而提高自身解决问题的能力。与头脑风暴法类似，案例教学法在执行过程中，较少受到教学场景和教学内容的限制，具有很强的适应性和应用性，也正因为如此，案例教学法在教学过程中使用频率最高，效果也十分显著。在实施案例教学法时，教师要主动减少发言次数，要站在引导者的角度帮助学生更好地进行讨论和思考，要把学生放在首位。在案例教学法中，学生可以通过一些案例的分析思考，提出多种解决方案，促进问题的解决。在这个过程中，学生调动的不仅仅是已有的知识储备，还需要不停地思考、辨析、讨论，这是一个不断激发思维的过程，也是学生提升思考能力和解决问题的过程。案例教学法不在乎讨论后是否得出正确答案，它重视的是讨论的过程和解决问题的方法。因此，在讨论过程中，教师没有必要对学生的错误观点进行批评指正，反而要积极鼓励学生发言参与讨论。

第五章　高职语文课堂教学情境创设

第一节 语文课堂情境创设的基础

一、哲学基础

任何一门学科的建立都需要有哲学的指导，和谐课堂教学的构建也离不开哲学思想的指导。用普遍联系和永恒发展观点，把和谐课堂教学的构建置于多种因素相互联系的动态过程中进行研究。用辩证唯物法的对立统一规律、否定之否定规律去探讨和谐课堂教学的构建，用量变质变规律去分析课堂教学过程的变化。用内因和外因的辩证关系来分析学生的主体性和创造和谐的课堂教学环境，用整体和部分的辩证关系来对和谐课堂教学进行整体构建。

课堂教学是一个系统，它由若干教学要素构成，如：教师、学生、教学内容、教学方法、教学手段等，这些教学要素又是相互联系的，它们之间既存在着和谐的一面，又存在着不和谐的一面，和谐与不和谐这种对立统一的矛盾贯穿于整个课堂教学中，推动教学过程的不断发展。否定之否定规律告诉我们事物是肯定方面和否定方面的统一，否定是对旧事物的质的根本否定，但不是对旧事物的简单抛弃，而是变革和继承相统一的扬弃。因此，课堂教学中某些不和谐的音符（如：教师与学生之间、学生与学生之间思维的不一致）是对学生有利的，它们是学生创造性思维发展的源泉，我们要充分利用这一部分不和谐，而有些不和谐是不利于课堂教学和学生发展的，我们要创设一定的条件使这部分不利的不和谐向和谐转化。和谐是有层次的，往往经历着从"不和谐"到"和谐"，再到"不和谐"再到"更高层次的和谐"这种周期性的螺旋式发展过程，体现了矛盾运动的规律。和谐课堂教学也同样经过"和谐"到"不和谐"到"更高层次的和谐"的周期性的螺旋式发展过程，这一次次蜕变和发展使得师生关系更加融洽，课堂教学更具活力与创造力。和谐课堂教学强调内外部教学因素的统一发展，外因是事物发展的重要条件，内因是事物发展的根本原因，我们应创造和谐的课堂教学环境促进学生的和谐发展，但更应该注重学生的主体性、自主性和主动性，强调学生将教育影响不断内化为自己的思想、能力和素质。另外，课堂教学是由若干相互联系的教学要素所组成的有机整体，但整体不是部分的简单相加，整体是各个部分有机的结合，当各部分以有序、合理、优化的结构形成整体时，整体功能大于各部分功能之和。因此，我们要合理地协调各种教学要素，使其达到融合与统一，整个教学过程处于一种动态的多样化的平衡状态，课堂教学达到最优化，发挥其整体功能，产生最佳的教学效果。

二、心理学基础

和谐课堂教学的构建与心理科学（包括普通心理学、发展心理学、教育心理学、社会心理学等）有密切联系。只有以心理学为重要的理论基础，和谐课堂教学的构建才会有扎实的基础。在课堂教学中，教师和学生的心理研究是构建和谐课堂教学的重要基础。要研究教师"教"的和谐，教师的思维特点、个性倾向、能力品质等都离不开心理学。要研究学生"学"的和谐，学生的身心发展、认知结构、元认知水平、非智力因素等也离不开心理学。心理学知识告诉我们，动机是行为的内在动力，它决定行为的发生和方向。如果机体的行为没有动机的驱使，这种机体就是被动的，不会主动习得，外界的强化也就不会对机体产生良好的刺激效果。美国心理学家布鲁纳指出：最好的学习动机是学生对所学知识本身的内部兴趣。因此，教师应注意教学内容、教学手段、学生的实际情况之间的和谐，根据教学内容以及学生的认知特点，选择多种多样适宜的教学手段，激发学生的学习兴趣，使学生保持良好的学习动机。另外，教师应针对每个人的不同情况来制定预期目标，遵循心理学中的"最近发展区"原理，要让学生跳一跳摘到桃子，从而激励其努力达到目标，并能够从成就感的满足中得到快乐。此外，和谐课堂心理环境的构建更与心理学理论息息相关。课堂心理环境是指课堂教学中影响师生心理互动的环境，如班风学风、师生关系、同学关系、课堂气氛等。心理学研究表明，课堂心理环境不仅对课堂教学活动产生影响，也对学生认知、情感、行为产生影响，更对学生的身心健康发展有着明显的影响。课堂心理环境融洽还是冷漠，活跃还是沉闷，将对整个课堂教学产生积极或消极的影响。和谐、愉悦的课堂心理氛围有助于学生积极参与课堂活动，而紧张、冷漠的课堂心理气氛会大大抑制学生学习的热情。因此，我们要营造和谐的心理氛围，使学生与教师、学生与学生、师生与环境产生愉悦的"心理磁场"，从而达到课堂教学效果的优化。

三、和谐教育理论

和谐教育思想在中西方都源远流长，在西方，和谐教育思想最早产生于古希腊。古希腊"三杰"即苏格拉底、柏拉图、亚里士多德，他们的教育思想中都提到了和谐发展的观点。苏格拉底提出了"美德即知识"的命题；柏拉图强调早期教育，注重学习读、写、算、骑马、射箭等知识和技能，要求12岁到16岁阶段的少年要分别去弦琴学校和体操学校学习；亚里士多德把人的灵魂分为植物的、动物的和理性的三部分，与之相对应，提出了体、德、智三方面的教育，此外，他还注重音乐教育。近代教育之父夸美纽斯写道："事实上，人不过是身心两方面的一种和谐而已。"德国著名的自然主义教育思想家第斯多惠提出和谐教育思想，第斯多惠认为每一个人都应当追求内在自我的和谐培养，在和谐培养的原理指导下，每个人充分地发挥自己的特长，发展成为一个完美的人。苏联苏霍姆林斯基是和谐教育思想的集大成者，他从事教学理论与实践研究三十多年，提出个性全面和谐发展教育思想。他认为，为了培养全面和谐发展的人，必须在整个教育过程中实施和谐的教育，即把人对客观世界的认识和个人的自我表现结合起来，使二者达到一种平衡。近代蔡元培的五育（军国民教育、实利主义教育、公民道德教育、世界观教育和美感教育）并举、陶行知的手脑结合等主张，都寓有和谐发展的教育思想。

当前的和谐教育是在汲取以往和谐教育思想精华的基础上，依据人的全面发展学说和现代系统科学的基本原理而提出，即从促进社会全面协调可持续发展和全体社会成员身心全面发展的统一实现出发，调控全社会和教育场中各要素的关系，使全社会教育的节奏符合社会成员发展的节律，使全体社会成员的基本素质获得全面充分发展的教育。和谐教育与激励教育、创新教育、愉快教育一样，都是实现素质教育培养目标的教育模式。和谐教育理论直接并深刻影响着和谐课堂教学观念，为实现和谐课堂教学奠定了一定的思想基础和理论依据。

第二节 语文课堂情境创设的准则

一、以人为本原则

以人为本，构建和谐课堂教学是全面树立和落实科学发展观和构建和谐社会重大战略思想在学校工作的具体体现。学校是培养人才的场所，课堂教学又是学校教育教学的主要形式，没有和谐的课堂教学就不会有和谐的校园，也就不会有和谐的社会，而以人为本原则是构建社会主义和谐社会的指导原则之一。因此，构建和谐课堂教学也必须坚持以人为本原则。学生是课堂教学的主体，所以，"以生为本"是以人为本在和谐课堂教学中的具体体现。以生为本主要包含两方面的意思：第一，教师要认真钻研教材，精心备课，在组织课堂内容时必须考虑到所讲授的内容是否符合学生的实际情况，是否有利于学生对知识的理解和吸收；第二，课堂中的一切活动都应当坚持以学生的全面和谐发展为本，始终把学生放在第一位，以学生为出发点，以学生为动力，以学生为目的，立足于学生潜能的开发、素质的提高和能力的发展。建立民主、平等、尊重的课堂教学人际关系，尊重学生的权利、人格和个性需要，关心、理解和信任每一位学生。在开展课堂教学活动中，要充分发挥学生的主体性，给一切学生提供一切机会，尽可能地让每一位学生都积极参与教学活动，实现师生、生生互动，共同发展。只有坚持以人为本才能体现教育对人生命主体的价值和人的主体地位的科学认识，意味着课堂应把人的世界和人的关系还给人自己。

二、整体性原则

课堂教学可以看作由教师、学生、教学内容、教学方法、教学手段等若干相互联系的教学要素构成的一个系统。系统是由事物内部互相联系着的各个要素、部分所组成的有机整体。整体与部分相互依赖，没有部分就不会有整体，没有整体也无所谓部分。但整体不是部分的简单相加，而是各个部分有机的结合，整体具有部分所没有的新功能。当各部分以有序、合理、优化的结构形成整体时，整体功能大于各个部分功能之和。一根筷子的韧性较小，容易被折断，而一大把筷子的韧性就大得多，不易被折断。反之，当各个部分以无序、欠佳、不合理的结构形成整体时，各部分原有的性能得不到发挥，其力量被削弱，甚至相互抵消，从而使整体功能小于各部分功能之和。因此，我们在构建和谐课堂教学时要遵循整体性原则，使课堂教学各要素之间相互配合适当，处于一种协调、统一的状态，即和谐的状态，让课堂教学的整体功能得到最大限度发挥。

整体性原则在学生方面体现在两方面，既面向全体学生的发展和学生个体素质的全面发展。一是面向全体学生。课堂教学要克服过去"尖子"教学与"英才"教学的片面性和单一性做法的影响，教师要关注每一位学生，保证好、中、差三类学生都能受到很好的教育，都能有机会参与课堂教学的各项活动，使他们各自在不同程度上有所提高和有所发展。教师特别要对学习困难学生给予切实的帮助和指导，逐步地转化学习困难学生，让他们在自己原有基础上都有所进步。二是学生个体素质的全面发展。人本主义心理学认为，任何健康人都是一个完整的统一体，他们各自意识、认知、情感和运动彼此较少分离，更多的是互相协作，即为了同一目的的没有冲突地协同工作。因此，我们必须把人当作一个理智与情感的整体去研究，必须用整体分析法来研究人，才能产生更有效的结果。人是完整的人，都具有自然属性和社会属性，都是具有德、智、体等基本素质的有机体。课堂教学应该克服只重视知识教育而忽视能力培养和品德教育的做法，要关心学生的身心、情感、认识等各个方面，使知识、能力、品德教育一体化，学生德、智、体、美、劳等各方面得到整体发展。这里需要特别指出，强调学生的整体发展并非忽视学生的个性发展。全面发展不等于平均发展，平均发展最终只会扼杀个性。个性发展是指个体在性格、能力、兴趣、价值观念等方面形成的稳定的心理特征。个性发展和全面发展并不矛盾，两者是对立统一的关系。全面发展是个性发展的基础，个性发展是全面发展的核心。我们要培养创新人才，必须在促进受教育者全面发展的基础上来提倡他们的个性发展。

三、发展性原则

构建和谐课堂教学要坚持发展性原则，就是要以促进教师和学生的共同发展为原则。和谐的课堂教学应包括学生自身的和谐发展和教师自身的和谐发展。教师的发展是学生发展的基础，是学校可持续发展的不竭资源。如果教师发展不能顺应时代要求，就不可能造就学生素质的逐步提高。学生的发展是教师教育教学的立足点，是课堂教学的最终目标。只有教师和学生的共同进步，共同发展，才是双赢，才能真正促进课堂教学的发展，促进学校的发展。

课堂教学所具有的特定条件、结构及课堂教学活动尤其是学生活动的状态，决定了课堂教学对学生的素质形成具有发展价值。活动即人的发展得以实现的现实性因素和决定性因素，也是人的素质发展的基本机制。课堂教学为学生认知素质的发展提供了最为重要的资源和途径，为学生认知以外的素质（兴趣、情感、态度、品德等）发展奠定了认知上的基础。教师应关心和爱护每一个学生，促进每一个学生发展，要注重发展的全体性、全面性、主动性、差异性和持续性。和谐课堂教学的构建以多元智能理论为理论依据，特别注重学生多元智能的发展、学生能力发展的多元化。和谐课堂教学所倡导的探究学习和合作学习改变学生原先单一知识的接受性学习，为学生创设开放的学习环境，为学生的发展提供了广阔的空间。探究学习有利于培养和发展学生收集信息、处理信息、分析信息的多元能力，以及动手操作能力、发散思维能力、创新能力。通过师生合作、生生合作可以发展学生协作能力和交往能力，并在合作交往中丰富自身的情感与多元化体验。而这些方面能力的培养和发展既体现了新课程改革的宗旨，也是构建和谐课堂教学的目的所在。"学高为师，身正为范"，教师不仅是知识的传播者，人格的影响者，也是道德的示范者，教师的一言一行都会对学生的世界观、人生观、价值观产生重要而持久的影响。因此，在促进学生发展的同时，教师也应该不断地提升自身的素养和专业水平。教师要转变教育理念，树立"以学生发展为本"的教育理念。教师要与学生真诚相待，建立和谐的师生关系。要有一定的教学机制和教学幽默感，能从容应对突发情况。此外，教师必须不断发展与人合作的意识与能力，教师之间、师生之间要相互合作、互相学习，取长补短。教师还必须不断发展课程开发的意识与能力，随着新课程的实施，教师要充分地认识到自身是"用教科书教"，是课程的开发者和建设者，而不是"教教科书"，不是课程的消费者和执行者。教师要善于根据学生的心理特点、兴趣爱好与教学内容，开展探究活动课的教学。

四、互动性原则

社会是人们交互作用的产物，一个人的发展取决于和他直接或间接进行交往的其他一切人的发展。和谐课堂教学应是师生互动、生生互动、心灵对话的舞台，应是师生共同创造奇迹、唤醒各自沉睡潜能的活动。因此，我们要遵循互动性原则来构建和谐课堂教学，实现师生、生生互动，共同发展。

互动是指充分利用和学习有关又能相互作用的教学因素，促使学生主动的学习与发展，进而使课堂教学达到高质高效的教学效果。互动对课堂教学而言，意味着对话、参与和相互建构。教学过程可以看作是教师、学生、中介这三个动态因素以信息为载体的互动过程，是一种复合活动。它具有多向型，强调多边互动。课堂教学互动包括人与人（师生、生生）互动、人与机（计算机等课堂多媒体辅助教学工具）互动、人与文本互动、人与环境（课堂）互动等多种全方位互动。其中师生、生生互动又可以分为五种基本类型，即教师个体与学生群体的互动、教师个体与学生个体的互动、学生个体与学生个体的互动、学生个体与学生群体的互动、学生群体与学生群体的互动。课堂情境符合学生的求知欲和心理发展特点，师生之间、同学之间关系正常和谐，学生产生了满意、愉快、羡慕、互谅、互助等积极的态度和体验，这些积极的课堂心理气氛是课堂教学互动的基本条件。积极的课堂心理气氛的形成，要靠教师的精心组织和主动创造。教师是积极课堂心理气氛的创造者和维护者。教师能以自己的积极情感感染学生，建立良好的班级人际关系，使学生在课堂学习中始终保持良好的心理状态，并能有效地进行课堂教学调控。合作学习是课堂教学互动的基本理念，通过小组合作、小组间的互练互评、成果展示、教师参与学生的活动、师生民主对话等形式，使有效互动成为课堂的主旋律。师生、生生之间的交流互动可以起到相互学习、彼此互补、共同发展的作用。这样不仅有利于开阔自己的视野，而且增加了解他人的机会，更重要的是在互动中加强情感上的沟通与交流，有利于形成友爱、和谐、互助的集体。

第三节 语文课堂情境创设的策略

和谐课堂教学的构建是一个长期而艰巨的过程，在这里提出以下可供参考的五个方面的要求，从观念到行动，逐步地构建和谐课堂教学。

一、培养和谐课堂教学的意识

和谐课堂教学的构建是进行和谐课堂教学的前提和必然。人的行动是建立在一定的思想意识基础上，先有意识，才能在意识的指导下做想做的事情。教师和学生是构成课堂教学两大最基本的人的因素，构建和谐课堂教学的动力来自全体教师和学生的努力，需要他们形成合力。因此，和谐课堂教学的构建需要充分的培养教师和学生的和谐理念，形成和谐意识，建立对和谐课堂教学构建必要性的认识，为和谐课堂教学的构建奠定坚实的思想基础。

（一）明确进行和谐课堂教学的意义和价值

担任构建和谐课堂教学职责的主要是教师，教师应自觉培养和谐课堂教学的意识，深入地研究教师的"教"与学生的"学"。教师对"教"的研究只限于怎样在一堂课45分钟内完成教学任务，缺乏对学生"学"的深入了解。整个课堂教学大部分时间都是教师讲、学生听，教师理所当然认为自己是课堂教学的主体，而学生是接受知识的客体，教与学呈现出相当的不和谐，教师也没有培养和谐课堂教学的意识，更谈不上构建和谐课堂教学。在学生的意识里，教学目标和计划都是事先为他们制定的，教师是以完成课堂教学任务为职责的，而对自己在课堂教学中的主体地位缺乏正确的认识，当然也认识不到和谐课堂教学的必要性和重要性。和谐课堂教学是指按照学生的认知特点和身心发展的基本规律，调控课堂教学中的各种要素（如：教学的目标、内容、方法、手段等）之间的关系，使之达到协调、配合与多样性的统一，使教学的节奏符合学生发展的节奏，"教"与"学"产生谐振效应，从而提高课堂教学质量，减轻学生负担，使学生得到全面、和谐、充分的发展。也就是说，进行和谐课堂教学的最终目的是为了使学生得到全面、和谐、充分的发展，并不是让学生在学科知识单方面得到发展，能够应付各种考试。社会主义和谐社会需要的是身心和谐发展的人，和谐课堂教学能促进人身心的健康发展，培育出符合和谐社会发展需要的人才，塑造一代建设和谐社会的精英。因此，教师要明确进行和谐课堂教学的意义和价值，明晰自己在和谐课堂教学中的地位、角色、使命，并充分认识和谐课堂教学的必要性和重要性，自觉地培养和谐课堂教学的意识。

（二）增强学生主体意识，树立自我和谐发展观念

主体意识是人对自身的主体地位、主体能力和主体价值的一种自我觉悟，是主体的自主性、能动性和创造性的意情表现。学生主体意识的觉醒，意味着学生主动参与自身发展，以达到身心自由、充分发展的开始。学生主体意识的强弱，在某种意义上决定着其对自己身心发展的自知、自检、自主、自奋的程度。主体意识愈强，学生参与自身发展的自觉性就愈强。因此，教师在课堂教学中要增强学生的主体意识，使学生参与自身发展的自觉性提高，对自身身心发展的自知、自检、自主、自奋的程度也相应地提高。同时，教师和学生都要树立自我和谐发展的观念。古人云：师者，范也；言行静动，皆可为式。只有和谐发展的教师才能培养出和谐发展的学生。因此，教师要不断地提高自身的素养和专业水平，做

一个"学习型"教师，在不断的自我学习和反思中能等待、会分享、常宽容、善选择、巧合作、敢创新，努力让自身得到和谐发展。学校必须加大和谐社会构建、和谐课堂教学构建的宣传力度，学生应该把自己当成和谐社会中的一员，当成和谐课堂教学中的一分子，树立自我和谐发展的观念，将自我和谐发展作为一种内在需要、动力和目标，不断地严格要求自己，向和谐发展的目标靠近。

二、建立和谐的课堂人际关系

课堂人际关系是指课堂里人与人之间在情感与信息交流过程中所形成的比较稳定的心理关系。主要有两种类型：一种是垂直的人际关系，即师生关系；另一种是水平的人际关系，即同学关系。和谐的课堂人际关系是孕育学生身心和谐发展的沃土，而矛盾和冲突的课堂人际关系则会让教师和学生感到忧虑和苦恼，甚至会影响身心健康。因此，要想培养身心和谐发展的人，我们必须建立和谐的课堂人际关系。

（一）建立和谐的师生关系

和谐的师生关系是促进学生健康情感和良好社会性发展的基础，是保证教育教学活动顺利完成的前提，是素质教育得以实现的关键。和谐的师生关系是一种经久不衰、最富生命力的教育力量。它有利于创设民主、和谐、轻松的课堂教学氛围，师生之间相互尊重、相互信任，教师能心情舒畅地教，学生能轻松快乐地学；有利于师生间的交流与合作，师生坦诚相待、相互体谅与包容、彼此敞开心扉，知识和情感上都能达到很好的交流，学习上也可以成为很好的合作伙伴；有利于学生形成自尊和尊重他人、诚实、善良等优秀品质。和谐的师生关系要求教师要有高尚的品德修养、良好的举止规范，这些都会潜移默化地影响着学生，促进学生良好品质的形成。

在课堂教学中，怎样建立和谐的师生关系呢？首先，教师要转换角色，树立民主平等的师生观。教师要从知识的灌输者转换为学习的引导者，从课堂的主宰者转换为平等的交流者，从单向的传授者转换为互动的合作者，从呆板的经验者转换为教学的创新者。其次，学生要转变观念，树立民主平等的师生观。学生要转变教师是绝对权威的观念，要求教师尊重、信任和关心学生，公正地对待全班学生。教师要让课堂成为一个温暖的家，每一个学生都能得到理解和尊重、宽容和关怀。要让课堂成为师生平等对话的平台，学生知无不言，言无不尽。再次，教师要提高教学机制，师生作为课堂教学的主角，两者之间往往不可避免地存在着一些矛盾。这就要求教师要有较高的教学机智，表现出一种敏锐、迅速、准确的判断能力，能及时对待和处理矛盾，主动协调人际关系。最后，教师要学会与学生合作。师生之间的合作一方面体现了师生关系的民主平等，学生和教师都是教育教学活动中的参与者，学生不是被动接受知识的"容器"；另一方面，师生之间的合作关系也是培养学生的人际协作精神、创造能力和实现师生教学相长的要求。在与学生合作时，教师最重要的是要信任学生，相信学生一定会成功。要营造民主的气氛，让所有人都能够畅所欲言，表达自己的心声，并无条件地、全身心地倾听对方的意见和感受。要进行沟通，真正理解双方的立场和看法，在合作中形成共识和行动方案。

（二）建立和谐的同学关系

谈起构建和谐的课堂人际关系，大多数人往往都关注和谐师生关系的构建，而不够重视和谐同学关系的建立。我们知道，在学生的成长过程中有各种影响因素，同龄人的影响极其重要。同学关系的质量对学生的学业成绩和身心健康产生深远的影响，融洽、和谐的同学关系对学生的学习和成长具有巨大的促进作用，是学生形成社交能力与情感的关键因素。反之，相互疏远和对立的同学关系只会成为强大的制约力，严重地阻碍了学习的学业和身心健康。因此，和谐课堂教学必须建立和谐的同学关系。

在课堂教学中，可以从以下方面来建立和谐的同学关系：①提倡合作学习和良性竞争。合作即双赢，同学之间通过交流与合作，能够取长补短，共同发展。在合作学习中，学生要尊重彼此的学习方式、彼此互相认同，既要充分发表自己的意见，也要耐心听取别人的意见，生生团结互助，并以此营造良好的学习氛围，形成和谐的人际关系。在课堂教学中，教师既要让学生学会与其他同学合作，又要鼓励学生之间良性竞争。有竞争才有动力，有竞争才会前进。课堂里的良性竞争能增强学习的兴趣、提高成就动机和抱负水平、提高学习效率，使同学关系更融洽、更和谐。②倡导学生互评，并为学生互评创造机会。学生互相评价作为课堂教学评价的一种有益的补充，是生生交往的重要表现之一。教师要借助小组合作活动的形式，组织学生进行互相评价，亦可以制定相应的评价表格规范学生互评的方法，让学生通过互相评价，增进彼此的了解，协调同学关系。

三、创设和谐的课堂教学环境

人生活在一定的环境中，一方面既受环境的影响，另一方面又要善于适应环境，同时还要努力控制和改造环境，使之为自己服务。课堂教学活动也是如此，只有了解、适应、改造课堂教学环境，使课堂教学环境为教学工作服务，教学才能取得理想的效果，学生能更自由、健康、和谐的发展。课堂教学是教育情景中的人（教师与学生）与环境（教室及其中的设施、师生间的心理环境）互动而构成的基本系统。因此，和谐的课堂教学环境包括和谐的课堂教学物理环境和心理环境。

（一）创设和谐的课堂教学物理环境

良好的物质环境是进行教学的物质基础和基本保证，和谐的课堂教学物理环境，有助于良好课堂秩序的维系，有助于和谐的心理环境的形成，有助于教和学的协同共进。和谐的课堂教学环境首先需要建立良好的学校环境。良好的学校环境，常选在风景秀丽、交通便利、远离噪音和空气污染的地方。教室作为学生接受教育的主要场所，直接影响着课堂教学各种活动。教室环境的布置和整洁程度不仅会对学生的心灵、身心健康产生相当的影响，而且会对学生学习的态度与行为产生显著作用，进而影响课堂教学效率和质量。因此，我们要以和谐为原则，对教室布局进行合理的规划与设计。教室的四面墙最好是白色、淡蓝色或淡绿色，使教室显得素净淡雅，令师生心境开阔。教室两侧的墙壁上可以挂名人画像、格言警句、奖状锦旗、地图表格等，显示出教育性、艺术性和思想性，给师生以美感和启迪。教室要保证良好的通风、整齐的桌椅、漂亮的窗帘、明亮的灯光，创造一种协调气氛，使人产生一种愉快的心情，从而提高学习效率，实现环境育人的功能。和谐课堂教学要求师生互动，因此，教师应根据教学的需要和学生特点，利用不同座位排列方式的长处，灵活调整组合座位，以利于师生互动、信息的多向交流。创设和谐的课堂教学物质环境还需要加大教育投入，改善办学条件，为教学提供充足、完善的教学设备，如电视、幻灯、录音设备、多媒体等，教师要适时、适度、熟练地使用这些教学设备，提高学生的学习兴趣，提高学习效率。

（二）创设和谐的课堂教学心理环境

课堂教学心理环境是指在课堂教学活动中，影响学生认知效率的师生心理互动环境。它虽然不直接参与教学活动，但却在很大程度上制约着课堂教学效果。它既可使课堂成为每个学生一心向往的殿堂，也可使课堂成为学生唯恐避之不及的地方。它还直接影响着教师水平的发挥和教学的效果，不论采取什么教学方法和课堂教学模式，都要以和谐的课堂教学心理环境作保障。可见，创设和谐的课堂教学心理环境是构建和谐课堂教学的关键。

和谐的课堂教学心理环境是由各种因素共同构建的"心理场"，教师良好的心理素质是创设和谐课堂教学心理环境的首要条件，一个塑造学生健康心灵的教师，自身首先要心理健康。在进行课堂教学时要有愉快的心情，稳定的情绪。要善于调控自己的情绪，避免把不良的情绪带到教学过程中去。要有一定的教学机制，能恰当、迅速、果断地处理课堂上的突发情况。大量事实证明：积极良好、和谐愉快的心理环境能使学生的大脑皮层兴奋，这种情况下学生往往思路开阔、思维敏捷、想象力丰富，从而提高学习效率。因此，教师要创设宽松、民主、和谐的课堂教学心理氛围，尽可能习惯"一个课堂，多种声音"，尊重学生的人格和学习方式，平等地对待每一位学生，要善用激励性的言语，对学生缺点错误宽容，以发展的眼光看待每一位学生，要让学生知无不言，能充分自由地彰显个性。此外，和谐课堂教学心理氛围的构建也必须考虑教学内容的选择，教学内容必须充分关注学生的需要和身心发展特征，要有创新性，激发学生的学习热情和兴趣，让学生形成良好的学习心态。

（三）协调课堂内外环境的关系

课堂教学是学校教育的主要形式，是学生获得身心发展的主要场所。但在培育人的过程中，除课堂教学之外，家庭教育、校内社团活动、社会实践与交往等这些课堂外部环境对课堂教学质量有直接或间接的影响。它们与课堂教学有着密切的联系，会以各种途径、各种方式对课堂教学的实施产生不同程度的影响。如果这些课堂外环境与课堂教学是一致的，就会有助于课堂教学的开展。相反，如果课堂内环境与外环境不一致或相冲突，无疑不利于和谐课堂教学的构建。因此，我们要使学生得到全面和谐充分的发展，就必须处理好课堂内环境与课堂外环境的关系，要充分协调和利用学校、家庭、社会中的有利因素，充分发挥其教育功能，使课堂内环境和课堂外环境和谐统一，形成合力共同对学生进行教育。

四、建立和谐的"教"与"学"关系

课堂教学过程是教师与学生为完成教学任务而进行的交往互动过程，教师的"教"与学生的"学"是课堂教学最基本的两个要素，"教"与"学"的和谐是和谐课堂教学的基础与核心。然而，审视当今的课堂教学，我们发现因教与学之间的不和谐会产生教与学分离、冲突的现象，从其表现形式上，可以分为两类：有教无学和有学无教。有教无学是指在课堂教学中，教师在台上讲课，学生在台下窃窃私语，对教师的教学茫然不知，教学活动被分解为"只有教而无学"的状态。有学无教是指在课堂教学中，教师在台上教，学生在台下不按教师的学，主动弃学，按自己的意愿有选择进行学习，如看别的书或做别的作业等，从而形成了"有学而没有教"的状态。形成"有教无学"和"有学无教"现象的原因很复杂，既有教师方面的原因，也有学生方面的原因。课堂教学中，"有教无学"和"有学无教"现象使"教"与"学"不能产生谐振效应，教学的节奏不符合学生发展的节奏，课堂教学质量得不到提高，学生也得不到全面、和谐、充分的发展。因此，对如何建立和谐的教与学关系提出了几点建议。

（一）正确处理"教"与"学"的辩证关系

"教"与"学"是矛盾的两个方面，既对立又统一，通过矛盾运动，推动着教学活动的开展。在课堂教学中，"教"与"学"既相互依存、相互制约，又相互渗透、相互包含、相互转化。学受教的启动，教受学的制约。教是学的前提和依据，学是教的结果和目的。教师的"教"是外因，学生的"学"是内因，外因只有通过内因才能起作用。正确处理好教师的主导作用与学生的主体地位之间的关系，是实现"教"与"学"关系和谐的关键。在教学活动中，学生是"学"的主体，学生的主动性、积极性、创造性是学习的内因，激发学生学习热情，调动学生学习兴趣，鼓励学生主动参与是课堂教学环节中至关重要的问题。教师是"教"的主体，发挥着主导作用，按照教育教学规律组织教学活动，对学生进行引导和启迪，促进学生在知识与技能、情感、态度与价值观等方面的发展。总之，教师的"教"是为了促进学生的"学"。在课堂教学中，教师的主导作用与学生的主体地位是不可分割的有机统一体，正确发挥教师的主导作用是充分调动学生学习主动性、积极性的前提，而充分发挥学生的主体性又是充分发挥教师主导作用的重要标志。和谐课堂教学要求坚持"以学习为本"，就是要确立学生的主体地位。教师是学生学习的组织者、引导者和合作者，学生的"学"离不开教师的"教"，学生的主体地位是在教师引导下逐步确立起来的。教师主导作用的出发点必须是"学"，课堂教学所追求的结果也一定由"学"体现出来。因此，教师的主导作用必须从发挥学生的主体作用出发，只有这样，教师的主导作用与学生的主体地位才能统一起来，才能将学生的主动性、积极性调动起来。

（二）实现"教"与"学"诸方面的统一

"教"与"学"包括的方面很多。

第一，"教"与"学"的目标要统一。目标一般是指人们从事某项活动所要达到的预期结果。目标可以激发学习者的学习兴趣，端正行为动机及要求学习者要达到的目的或结果。教学目标就是指教学活动的预期结果所要达到的标准。教学目标是教学活动的出发点和最终归宿，对教学活动有指导作用、激励作用和标准作用。在课堂教学中，教师要把自己的教学目标与学生的学习目标统一起来，使师生产生共同的心理追求，相互激励和学习，为了一个共同的目标而努力奋斗。因此提出了三维目标教学，即知识和技能，过程和方法，情感、态度和价值观。教师要把这一教学目标努力转化为学生的学习目标，让学生了解三维目标含义和意义，这样有利于学生的自我激励、自我调控和自我检验，有利于教学目的的实现。

第二，"教"与"学"的思维要统一。在课堂教学中，如果教师和学生的思维活动趋于同步，课堂教学就能收到较好的教学效果。教师应该充分了解学生的认知特点和认知水平，尝试着从学生的角度观察和思考问题，从学生的角度来设计问题。在课堂教学中，教师要创设问题情境，激发学生的求知欲。创设问题时应注意问题要小而具体，要新颖、有趣、有适当的难度、有启发性。让学生自己开动脑筋，经过思考，反复推敲，直到得出结论。这样就把教师的思维活动与学生的思维活动联系到一起，经过教师适时适当的启发诱导，师生共同向一个方向思考，某些知识和解决问题的方法就由主导一方传授给了主体一方，教师"教"的过程就变成了学生"学"的过程，学生主体性得以体现，教学目标也能够顺利完成。

第三，"教"与"学"的方法要统一。"教"与"学"是教学过程的辩证统一的两个方面，因此，教法与学法属于"同源之水，无本之木"，是一个问题的两个角度，教法是从如何教的角度来研究的，学法是从怎样学的角度去探索的。教法的本身就包含着学法，渗透着学法指导。教师如果深入了解学的规律及影响学习的可变因素，并以此去指导学生的学，就会发现许多有效的教法。学习是学生自身的认知活动，学生只有采用了符合自己的认知水平和认知规律的学法，才能有效地促进自身知识和智能的发展。当学生掌握了适应终身学习的方法后，他才能学会认知、学会做事、学会共同生活和学会生存，即实现教育的四大支柱。因此，教师要树立"以学定教"的教学方法观。学是教的根据，教法要适应学法，教的规律要符合学的规律。教师的教法不能脱离学生的学法，应主动让自己的教学去适应学生，以学法定教法。

五、建立和谐的课堂教学评价体系

课堂教学评价是对课堂教学质量的综合评定，即以教学目标为依据，对课堂教学设计、施教过程以及教学效果给予价值性的判断，以提供反馈信息，使教师努力优化自己的教学过程，完成教学目标。随着新课程改革和素质教育在全国范围内的不断深入展开，传统课堂教学评价的弊端日益暴露，教师只注重"是否完成认知目标"，忽视学生综合能力的发展；只关注教师在课堂中的具体表现，忽视学生的表现；教学设计过于强调统一性，缺乏灵活性；过于依赖量化评价方法，忽视对质性评价方法的认识与实践等。新课程改革明确提出要改变课程评价过分强调甄别与选拔的功能，发挥评价促进学生发展、教师提高和改进教学实践的功能，建立促进学生全面发展的评价体系和促进教师不断提高的评价体系。和谐的课堂教学需要和谐的课堂教学评价，和谐的课堂教学评价应该体现新课程理念，形成发展性课堂教学评价，促进师生关系和谐、生生关系和谐，促进学生发展和教师提高。

建立和谐课堂教学评价体系不是一件容易的事，它是一项系统而复杂的工程。首先，确定评价体系的主要维度。传统课堂教学评价只把眼光盯在教师的具体表现上，使得公开课成为教师的表演秀，忽视了学生的主体性，忽视了学生在课堂上的表现。和谐课堂教学特别强调突出学生的主体性，注重学生学习过程的参与性。因此，确定评价体系的主要维度为：学生、教学过程和教师三个方面。其次，确定一级指标体系。一级指标是指整个课堂教学评价的总体框架内容。可以从教学目标、教学过程、教学方法、教学媒体、教学活动的氛围、教师个人素质等方面去构建和谐课堂教学评价体系的框架。对教师要进行全面评价，不仅要对显性行为（教师在课堂教学中的具体表现），而且要对隐性行为（如教师的职业道德，专业水平，人格力量等）进行评价。最后，确定二级指标体系。二级指标是一级指标范围内的详细规划，这是整个体系的重点。要以新课程理念为指导，遵循学科特有的教学规律，统筹考虑各方面的因素。

（一）评价目标多元化

新课程改革提出多元化的评价目标，针对学生的评价，其目标应是多元的，而不是单一的。至少应包括以下几个方面的功能：反映学生学习的成就和进步，激励学生的学习；诊断学生在学习中存在的问题，及时调整和改善教学过程；全面了解学生学习的历程，使学生主动参与学习；使学生形成对学习积极的态度、情感和价值观，帮助学生认识自我、树立信心。

（二）评价主体多元化

教学过程是师生、生生互动的多主体参与的过程，因此，在评价时要改变单一由教师评价学生的状况，让学生也参与评价过程。学生自评和学生互评，是实现评价主体多元化的方法之一。让学生参与评价过程与结果的分析，主要是为了让学生通过自我评价增强自主意识、反思能力与学习积极性和主动性，从而更加有效地促进其发展。同时学生自评和互评也是一种非常有效的学习方法，它根源于建构主义学习理论，体现学生的主体性。

（三）评价内容多维度

传统教学评价主要限于学生的学习成绩，和谐课堂教学评价要求以多维视角的评价内容综合衡量学生的发展状况。不仅关注学生的学业成绩，考察"认识"或"概念"等认知层面，同时关注"表现"等行为层面，情感、态度、价值观等情意层面，创新意识和实践能力等能力层面，心理素质、学习兴趣等心理层面的考察。尊重个体差异，注重对个体发展独特性的认可，给予积极评价，发现和发展学生多方面的潜能，了解学生发展中的需求，帮助学生接纳自己、拥有自信。

（四）评价方法多样化

应针对不同学段学生的特点和具体内容，选择恰当有效的评价方法。对学生知识技能掌握情况的评价，应将量化评价和质性评价相结合，情感与态度方面的评价则主要通过教学过程中对学生的参与和投入等方面进行考查。考试作为一种有效的评价方式，应根据考试的目的、性质和对象，选择不同的考试方法，如辩论、产品制作、论文撰写等开放动态的测评方式。打破将考试作为唯一的评价手段，要求重视和采用如行为观察、情境测验、成长记录档案袋等质性评价方法。还要将诊断性评价、形成性评价和终结性评价有机结合。只有通过这些评价方法的结合才能准确、公正地评价一个学生，保证评价结果的信度和效用。

第六章 互联网背景下高职语文课程教学

第一节 互联网与高职语文课程教学融合的内涵

一、互联网课程整合的基本概念和问题分析

（一）整合的基本概念

教育教学中的整合就是运用系统科学方法，在教育学、心理学和教育技术学等教育理论和学习理论指导下的教学资源和教学要素的有机结合。在整合过程中要协调教育教学系统中教师、高校学生、教育内容和教学媒体等教学诸元素的作用、联系和相互之间的影响，使整个教学系统保持协调一致，维持整体过程或结果，从而产生聚集效应。整合的目的就在于通过充分有效地发挥互联网特别是网络技术在学习过程中所独具的开放性、自主性、交互性、协作性、研究性等特点与优势，以推动互联网与课程及学科教学的深度交通，促进互联网在学科教学中的应用水平的提高，凸显学习内容综合性和以高校学生的发展为中心，从而帮助教师在有关理论知识的指导下，更符合规律地进行一系列教学活动，实现高校学生学习水平的提升。

（二）大学语文课程与互联网整合

"互联网与课程整合"和"课程整合"是两个不同的概念，有着各自的侧重点，但又联系密切。从理论上讲，课程整合意味着对课程设置、课程教育教学目标、教学设计、教学评价等诸要素的系统测量与操作，也就是说要用整体的、联系的、辩证的观点来认识、研究教育过程中各种教育因素之间的关系。比较狭义的课程整合通常指的是，只考虑各门课程之间的有机联系，并将这些课程综合化。还有一种整合是相对广义的，即课程设置的名目不变，但相关课程的目标、

教学与操作内容（包括例子、练习等）、学习的手段等课程要素之间互相渗透、互相补充，当这些互相渗透和补充的重要性并不突出，到了潜移默化的程度时，就没有必要专门提"整合"了。反之，就需要强调"整合"。互联网与课程整合是指互联网这一领域与其他学科的整合，或者说是将互联网"整合"于其他所有学科的教学过程之中，各个领域的研究和实践人员从自身的视角出发，对其做出了不同的界定。

互联网与课程整合是当前互联网教育普及进程中的一个热点问题，也有些学者将互联网与课程整合看作是当前推进教育信息化的一个突破口。这就从更高层次上要求广大教师和教育工作者深刻理解互联网与课程整合的本质和内涵，只有这样，才能使之更好地为我国的教育和教学服务。要更好地实施互联网与课程整合就一定要遵循既定的目标，下面就是教育部提出的互联网与课程整合要实现的宏观目标和具体目标。宏观目标：带动数字化教育环境建设，推进教育的信息化进程，促进教学方式的根本性变革，培养学生的创新精神和实践能力，实现互联网环境下的素质教育与创新教育。具体目标：培养学生具有终身学习的态度和能力；培养学生具有良好的信息素养与信息文化；培养学生掌握信息时代的学习方式，学会利用资源进行学习；学会在数字化情境中进行自主发现的学习；学会利用网络通信工具进行协商交流和合作讨论式的学习；学会利用信息加工工具和创作平台，进行实践创造的学习；培养学生的适应能力、应变能力与解决实际问题的能力。

对以上目标进行分析，我们可以得出以下结论：互联网与课程整合，就是在先进的教育思想和理论指导下，将以计算机和网络为核心的现代互联网全面应用到各学科的教学过程中去，改革教学模式，整合教学资源，变革教学内容的呈现方式、学生的学习方式、教师的教学方式以及师生的互动方式等。同时，为学生的多样化学习创造环境，使互联网真正成为学生认知、探究和解决问题的工具，培养学生的信息素养及利用互联网自主探究、解决问题的能力，从根本上提高学生学习的层次和效率，带动传统教学方式的变革。

互联网与课程的整合，不是一种被动的纳入，而是一个主动适应和改革课程的过程。互联网与课程的整合，将对课程的各个组成部分都产生变革性的影响和作用。确切地说，互联网本身不能自然而然地引发课程的变革，却是课程改革必不可缺的条件。正是互联网的快速发展，才导致了学习革命，诞生了知识经济，使人类迈入信息化社会。基于互联网的现代教育技术与课程的整合本身就要求变革传统的课程观、教育观、教学观以及学习观等，还强调要尊重学习者的独立性、主动性、首创性、反思性和合作性。互联网与课程整合有利于营造新型的学习型社会，创造全方位的学习环境。互联网与课程整合会带来课程内容的革新，随着互联网的高速发展，必将要求传统课程适应信息化社会的发展要求，并增加与互联网相关的内容（如开设互联网课程等），以及要求各门课程都必须根据时代的发展，革新原有课程内容。互联网与课程的整合也是课程内容革新的一个有力促进因素。

互联网与课程整合将带来课程实施的变革，革新传统的教学策略和理念。在今天的信息化环境中，教师作为知识传授者的地位正在逐步削弱，学习者的主体地位必将被充分体现。因此，互联网作为教学辅助工具和较强的认知工具，必将革新传统的教育教学理念。研究性学习、探究型学习等新型学习模式正在冲击着传统的课堂教学模式。

互联网与课程整合将带来课程资源的变化。随着互联网的飞速发展，网络资源的丰富性和共享性，必将对传统课程资源观产生冲击。课程资源的物化载体不再单纯是书籍、教材等印刷制品，还包括网络资源以及音像制品等。生命载体形式的课程资源将更加丰富，学习者可以利用互联网的通信功能与专家、教师等交流，从而扩大课程资源范围。

互联网与课程整合将有助于课程评价的变革和改善。互联网与课程整合后，将带来评价观念和评价手段的革新。互联网可以作为自测的工具，有利于学生自我反馈，也可以作为教师电子测评的手段，优化评价过程，革新传统的课程评价观与方法。

互联网与课程整合最主要的是带来学习方式的革命。网络信息的急剧增长，对人类的学习方式产生了深刻的变革作用。学习者将从传统的接受式学习转变为主动学习、探究学习和研究性学习。同时，数字化学习也将成为学习者未来发展的方向。互联网与课程整合，应把握住其主体是课程而非互联网的特征。切勿具有重技术轻教育的思想，更不能以牺牲课程目标的实现为代价，而应以课程目标为最根本的出发点，以培养学生的综合素质以及创新精神和实践能力为根本目的。要根据客观条件，选择合适的技术环境和信息资源，以提高学生的综合素质，尤其要培养学生的创新精神和创新能力，而不能按传统的教学思想设计环境与资源，使互联网仅仅作为传统教学的服务工具。

总之，互联网与课程整合的本质与内涵是要求在先进的教育思想、理论的指导下，把以计算机和网络为核心的互联网作为促进学生自主学习的认知工具与情感激励工具，以及丰富的教学环境创设工具，并将这些工具全面地应用到各学科教学过程中去。对各种教学资源、各个教学要素和教学环节，进行整理和组合，使之相互融合，在整体优化的基础上产生聚焦效应，从而促进传统教学方式的根本变革，达到培养学生创新精神与实践能力的目标。

基于上述原因，著者结合本书主题，认为大学语文课程与互联网的整合，是指以行为主义、建构主义等教育理论为知识基础，充分利用和发掘互联网的优势，在特定的信息环境中，按照大学语文的学科特色，推动信息资源与大学语文课程内容的深入整合，以协调完成大学语文学习任务的教学方式。

（三）互联网与课程整合的问题分析

在我国的教育教学中，特别是在风风火火地开展互联网与课程整合的过程中，出现了一些对于互联网与课程整合的片面理解，以致使互联网与课程整合走入一些误区，需要对互联网与课程整合过程进行问题分析，并针对性地采取完善和改进措施。总结起来主要有以下几点。

1.对互联网的片面理解

（1）联网技术就是计算机技术

在我国的教育教学中，特别是在风风火火地开展互联网与课程整合的过程中，出现了一些对于互联网与课程整合的片面理解，以致互联网与课程整合走入一些误区。在一定意义上，互联网就是计算机技术，特别是在现行的互联网课程中讲的主要就是计算机网络技术的原理和应用，但是互联网的内涵远远比计算机技术的概念广泛。从普及互联网教育的整体目标分析，互联网教育是要提高学生的信息素养，培养学生的信息意识、信息知识、信息技能和信息道德。从普及互联网教育的内涵上讲，除了要使学生掌握信息知识和技能，还强调互联网与各学科课程的整合。让学生学会利用现代互联网环境，进行有意义的学习，掌握终身学习的能力。即使单从物化角度考虑，除了计算机，多媒体投影仪、实物投影仪、数码相机、数码摄影机、扫描仪、光电阅卷机都可作为互联网，我们常说的互联网、有线通信网、无线通信网也属于互联网。实际上，利用各种互联网与课程进行整合，不仅要减轻学生的课业负担，更重要的是促使学生认知结构中的多学科知识的重新有机组合，从无序变有序，充分锻炼学生的多种思维能力。

（2）过分强调多媒体技术

这种观点是比较片面的。多媒体技术虽然可以使教学内容的呈现更丰富、更逼真、更形象，但是其本身对教学效果的提高也有限度，其教学效果取决于学科特点和是否恰当地运用了多媒体技术，而不是只要使用多媒体技术就必然提高教学效果。并不是所有的知识都适合用多媒体技术表现，多媒体技术比较适合于能够将抽象和难以理解的教学内容形象化和具体化的学科，如物理、化学、历史、地理、几何等。这并不是说其他学科不能使用多媒体技术，主要看知识是否能够形象化。如果是高度抽象、无法形象化的知识，就不适合用多媒体技术来表现。因此，无论多么先进的技术，能否提高教学质量和效率，还取决于运用这一技术的人的教育理念和教学思考，以及学习者的认知特点和学习风格等。

（3）运用互联网技术一定能提高教学效果，一定比常规教学优越

这种观点夸大了互联网在教学中的作用。运用互联网在一定程度上和一定条

件下会提高教学效果，但前提条件是必须能够科学地运用互联网。如果运用不当，教学质量不但不会提升，反而可能下降。现代互联网作为一种教学手段，是否比其他教学手段先进，要视教学内容和教师的讲课特点而定。在某些方面，运用"黑板+粉笔"的教学手段可能更加有效。

就教学手段而言，只有是否"适用"的问题，没有"先进"的问题，只要运用的技术手段适合当前的教学环境和内容，那么这样的互联网就是好的技术。当然，随着互联网的迅速发展，使其在教育教学中具有了非常广阔的应用前景。

（4）认为上课一定得用互联网技术才算互联网与课程整合

互联网与课程整合不应局限在课堂教学中，而应该自然而然地融入整个教学过程中，如教师查找资源、备课、写教案、制作课件、授课、考试、评价、教研等环节，都可以运用互联网。

互联网与课程整合并不排斥其他常规教学手段的运用。相反，在决定教学手段时，在某些教学环境中，如果能用常规手段达到最佳效果，就不必使用互联网。许多教师都有这样的体会，制作课件是一个很烦琐的工作，尤其是制作一个优秀的课件，需要花费大量的精力。当然，教学资源一旦积累下来，在下次使用的时候，就会大大减少重复工作量。另外，一些互联网确实能够大大降低工作强度，节省工作时间，提高工作效率，如光电阅卷系统就能大大提高教师批阅试卷的效率。

2.教育信息化和校园网的建设需要学校和政府相互协调

互联网与课程整合，硬件建设是基础，软件建设是前提，都需要政府的支持和协调。但是，所有的硬件和软件建设都是为了提高教学质量和效率，而不是单纯地树立一级政府或学校的形象。因此，要扎扎实实地进行实验和研究，而不是浮躁、急功近利地做表面文章，影响资金的利用效率和效果。

相当多的人认为，教育信息化是政府行为，基础设施的建设需政府投入，教师的培训需政府组织，教育资源库需要政府尤其是中央政府的协调，并成立由专业公司参与的专门机构来开发。有人曾呼吁，互联网已经有相当丰富的资源了，学校不要建什么网站，搞什么自己的资源库了，这是低层次的重复开发，劳民伤财。但实质上教育信息化应该是一项涉及政府、社会、教育、家庭乃至个人等方面共同参与的系统工程，它是国家创新体系的一个组成部分，单靠政府是远远不够的，尤其在软件的投入方面需要大家共同参与制作和积累。从资源这个角度来讲，信息资源是信息化的核心，信息资源的利用与互联网的应用是教育信息化的目的。毫无疑问，互联网上的资源是相当丰富的，虽然并非想象的那么完美，然而这是分布在世界每个角落信息点上的资源汇集而成的结果，正所谓众人拾柴火焰高，倘若大家都不去创造信息、不去积累资源，互联网岂不失去了意义？早些年曾有一种说法，提出教育部要集中人力、物力、财力开发教育的多媒体素材库，学校的电教教师很是为之兴奋，但多年过去了，仍不见踪影，这使教师们多少有些沮丧。不过，好在有许多专业公司开发了一些素材，尽管不是很完美，但不管怎样，教师可以从这里拿一点、那里用一些，以基本满足教或学的需要。

信息化是指加快信息科技发展及产业化，提高信息技术在社会各领域的推广应用水平，并推动社会和经济发展的过程。信息化以现代通信、网络、微电子技术、传感技术等为基础，为特定人群的工作、学习、生活提供帮助，与人们的日常生活息息相关并造福于社会。随着信息技术在教育领域的推广和应用，学校信息化建设已成为未来学校教育发展战略的制高点，成为学校现代化的重要特征。

学校信息化建设和信息技术的应用，为教师的专业发展、终身学习和学生的成长提供了技术支撑。学校的信息化建设是以校园硬件、数字化校园、数字化医院、教学信息化平台建设为重点进行的，学校信息化改变了师生的工作方式、学习方式、生活方式，为现代化的网络教学环境创造了条件。

教学信息化是管理信息化之后各高校优先发展的业务。各高校多媒体教室已成标配，近八成的高校采购了全校性网络教学平台。在教育部大型仪器共享政策的引领下，已有将近一半的高校建立了仪器设备开放共享服务使用网络化信息管理系统。现代高校信息系统的发展有两个特点，一是加强了数据安全管理制度的制定和落实，二是加强了信息系统之间的数据交换，减少因信息系统孤岛造成的学校统计数据不一致。

现代高校信息化建设的主要内容是转变信息化建设的战略思路，由"软硬件分离"建设思路向"一体化战略"转变，以学校战略发展目标为指导，以业务流畅性为准绳，建立在共享数据之上，融合软件、硬件、服务，面向用户提供简单易用、明确统一的集成化服务，这也是未来高校信息化建设的奋斗目标。

3.当前基础教育体制尚未为互联网与课程整合提供必要的支持

当前，"以教师讲授为中心"的教学模式不可能在短时间内改变，对"以学生为中心"的教学模式则应积极探索和研究，不但要从教学内容、教学方法方面去探索，还要通过国家的政策和体制方面的调整去适应21世纪对教育的要求。因此，互联网与课程整合的顺利进行，需要基础教育体制的支持。

二、互联网与大学语文教学整合的定位、策略和形式

（一）互联网与大学语文课程整合的设计定位

互联网与大学语文课程整合的设计定位就是要求在先进的大学语文思想的指导下，把以计算机及网络为核心的互联网作为提升高校学生对语文学习兴趣的认知工具与情感激励工具、丰富教学环境的创设工具，并将这些工具全面地运用

到语文教学过程中，使各种教学资源、各个教学要素和教学环节，经过组合、重构，相互融合，在整体优化的基础上产生聚集效应，从而促进传统的以教师为中心的教学结构与教学模式的根本变革，从而达到夯实基础知识，培养高校学生人文精神的目标。

此外，互联网与大学语文课程整合意味着在课程的学习活动中结合使用互联网，以便更好地完成课程目标，它是在语文课程教学过程中把互联网、信息资源、信息方法、人力资源和课程内容有机结合，共同完成课程教学任务的一种新型的教学方式。而且，互联网与语文课程整合强调互联网要服务于大学语文教学，强调互联网应用于语文教育，从宏观目标来看可以定义为建设数字化教育环境，推进大学语文教育的信息化进程，促进学校语文教学方式的根本性交革，培养高校学生的创新精神和实践能力，实现互联网环境下的素质教育与创新教育统一。但是，每门课程都有自身学科特色，所教授的内容也是不同的，所以互联网与大学语文课程整合应该有其独特的目标，即培养高校学生的动手、观察、认知、想象等能力，让大学语文在互联网的支撑下，在活泼可爱的高校学生手中真正地"活"起来，使教师教起来更容易、高校学生学起来更起劲。

（二）互联网与大学语文课程整合的关键策略

互联网与语文课程整合是一种信息化的学习方式，其根本宗旨是要培养高校学生在信息化的环境中，利用互联网完成语文课程学习的目标。因此，互联网与语文课程整合教学模式和教学策略的研究尤为重要，它应符合以下几点要求，即要求学习是以学生的个体需要为中心，以有关语文知识的问题为关键，以交流讨论为基础，以培养学生的创造性为目的。

互联网与语文课程整合的基本策略包括学习环境和资源创设情景的信息化，高校学生的思维观察动态化，利用信息化学习环境和资源，利用其内容丰富、多媒体呈现的特点，培养高校生自主发现、探究学习等诸多方面的能力。

（三）互联网与大学语文课程整合的基本形式

1.把互联网作为学习对象

目前，高校开设了信息网络技术课程，将大学语文知识加入课程教学中。在深化互联网内容的落实中，全面融入大学语文课程。现在，许多高校互联网课程教材都注意到了这一点。例如，在信息网络技术课程中学习汉字输入，可以融入语文课的拼音练习和组词练习；学习绘图软件可融入几何知识和美术知识学习；搜索引擎可涉及网上检索语文学科专题信息练习等。总之，信息网络技术课程与其他各学科课程有着广泛的整合切入点，并可成为各学科知识综合运用的园地。这种整合方式由于主要落脚点是信息网络技术知识和技能的学习，对其他学科来说是副业，所以对各学科不能进行系统整合的教学设计。

2.把互联网作为教师教学的辅助工具

这种方式就是指教师把互联网与教学相融合，令其在课堂上发挥作用。在这种方式中，最常用的模式是"情境—探究"模式。该模式的基本内容是建构特殊的大学语文教学环境，帮助高校生在自主思考中加深对语文知识的认识，深化运用语文知识发现问题、分析问题、解决问题的能力，并在这个过程中促进自身人文素养的发展，情感态度价值观的优化。

3.把互联网作为高校学生学习的认知工具

互联网的独特优势可以使其在运用中，结合为大学语文课程学习内容和学习资源的基本工具，如作为情境探究和发现学习的工具，作为协作学习和交流讨论的通信工具，或者作为知识构建和创作实践的工具，作为自我评测和学习反馈的工具。总之，是高校学生自己主动选择利用互联网工具，去完成学习的各个环节，达到学习的目标。根据互联网作为认知工具的应用环境和方式的不同，又包含基于建构主义的自主学习模式、基于网络的语文研究性学习模式、基于互联网的校际远程协作学习模式、基于专题研究的开发型学习模式等。

三、互联网与大学语文教学整合的应用价值

（一）互联网推动大学语文教学改革的深入

互联网已经在各个高校实现了广泛的推广，这一点从学校的互联网相关的设备情况可以反映出来。互联网的普遍推广使用，促进了高校教学各个方面的改革，也对语文教学环境带来了极大的改观，这些改观突出表现为基于计算机网络的语文多媒体教学模式的应用。基于计算机网络的语文多媒体教学模式为教师和高校学生同时提供了一个非常开放的多媒体网络环境。信息化网络教学使语文学习具有广阔性、丰富性和多样性，给高校学生以全方位刺激。高校学生在学习的过程中，可以就读、听、说、写等方面的问题在交互式的网络平台上自由地与其他高校生进行讨论、互相帮助、互相启发、相互评估、开拓思维、激发学习兴趣，共同提高语文应用能力。总体上，多媒体技术的迅速发展推动了语文教学的改革，其特征表现在以下几个方面：

1.便利信息存储的利用

以信息为基础的多媒体网络，具有信息存储、提取、双向传输等非常方便的优势，因此特别适用于教育，更有利于教学的信息传播机制的建立。

2.促进发散性思维的培养

互联网具有非线性、非结构性，存储扩展想象任何功能的特征，其更加符合人类思维的特点。在互联网环境下，学习者通过非结构、非线性材料的信息状态下的自我学习，可以通过发散性思维来解决问题或学习，实现创造性思维提高灵

活运用知识的综合能力，因此互联网对教育的影响特别大。

3.促使学习个别化的实现

互联网有利于实现个人的学习目标价值。由于每个高校生的需要、学习经验，以及在互联网方面存在差异，同时在教学的多层次、多角度的信息的背景下，没有一套模式化的学习目标和学习路径，学习者可以根据自己的需要，选择适合自己的学习路径、学习内容。良好的人机界面的导航机制，交互式网络系统，让高校学生充分发挥其能动作用，积极参与到学习过程之中。此外，高校学生还可以自行选择学习内容、控制学习的步调和速度，因而可以做到因材施教，实现了个别化教学。互联网网络教学模式，一方面利用图片、文字来表达各种不同的动态内容，另一方面通过声音模拟教学和设置一系列多维教学元素，提高效率和教学质量。

（二）互联网推动大学语文教学方法的创新

一些高校学生因为自身的语文基础较差，所以在对层次相对较高的大学语文内容的认知中存在着较大的困难，以致失去兴趣，产生畏难情绪，令语文学习成为单调、沉闷、枯燥无味的代名词，导致整体语文水平很低。为激发学习的主动性，调动高校学生学习大学语文的兴趣，教师可以利用互联网创设情景，使高校学生如闻其声、如见其人，仿佛置身其间、如临其境，师生就在此情此景之中进行情景交融的教学活动。欢快活泼的课堂气氛是取得优良教学效果的重要条件，高校学生情感高涨可促进知识的内化和深化。为了强化高校学生的语文听说技能，大学语文教师可充分利用多媒体，针对教学内容开展辩论、课本剧表演等实践性强的课堂活动，从而使演的和看的高校学生全部进入角色，在轻松欢乐的气氛中增长知识，提高口头表达能力。

（三）互联网推动大学语文教师的专业成长

在互联网背景下，教师课堂教学技能渗透了互联网要素，并由此产生了新的变化，因此其培养的方法应该是现代方法与传统方法的统一。例如，导入技巧、语言艺术、提问技能等的提高，既要注重传统的方法如操练、训练、老教师的言传身教，又要使用现代手段（微格教学、语音复读、电视摄像、录音、计算机课件等）来提高课堂教学技能，其主要有以下四点作用。

1.推动学徒制发展，提高示范教师的指导水平

学徒制活动是一种古老的教育教学活动。它往往是在真实的生活生产实践中进行的。在现场的活动情境存在真实的教与学的信息，师徒可以深入沟通。"学徒可以通过顿悟和直觉习得那些难以言传但可意会的技能，可以习得未被师徒双方明确意识到的重要的信息。"现今，学徒制活动已被赋予新的形式和内容。例如，为学徒的领悟提供方便，教师可以借助思维描述来展现自己的思维路径。在

这个过程中，师徒可以用角色扮演和角色互换来增强学徒的学习效果。通过一个熟练掌握了互联网、具备较高课堂教学技能的师傅——教师，传授课堂教学技能给其"徒弟"，体现了指导教师的榜样作用，既对学习者的学习态度和动机产生良好影响，又直接促进其对这种技能的颖悟。

2.奠定技术支撑，完善教学子技能的掌握

加涅认为，智慧技能由简单到复杂包含四个层次，即辨别、概念、规则和高级规则。高一级智慧技能的学习须建立在对低一级智慧技能的掌握之上。这说明，互联网环境下，课堂教学技能可以分解成许多子技能，子技能之间形成一种层级关系。根据加涅的理论，在掌握低一级的技能后再学习高一级技能是学习课堂教学技能的关键。

3.营造良好环境，形成积极情感信念

情感在学习中很重要。互联网环境下大学语文的教学技巧形成过程是一个情感沟通的过程，是语文教师的价值观念不断播散的过程。在已获得的课堂教学技能中也应蕴含着丰富的个人情感，只有蕴含着丰富的个人情感的课堂教学技能才能稳定、巩固下来。

4.促进教学反思，提升教学效能感

反思在教师专业发展中颇受重视，它有助于教师成长。波斯纳曾提出一条教师成长公式：经验+反思=成长。反思要做到坚持创作与高校教学过程教学密切相关的日志，对优秀教师的教学过程进行观摩考察，对自身的教学体验进行实践升华。②教学效能感是教师根据以往经验及对教育理论的了解，确认自己能有效地完成教学工作，实现教学目的的一种信念。教学效能感影响教师在工作中的情绪、努力程度、经验总结和进一步学习，影响教师学习和工作的积极性。

（四）互联网推动大学语文教学硬件的优化

电教手段能使语文教学变得生动、形象、直观、有趣，能充分激发高校学生的学习兴趣，能调动高校学生学习的主动性和积极性，能强化高校学生对知识的记忆，有利于知识的巩固和提高。由于高校学生把主要的精力投注于自身未来发展关联性密切的专业技术课程，而语文对高校学生来说相对乏味，并且从其角度来看与就业关联不大，所以，很多高校学生认为学语文没有什么价值。此外，很多高校生基础知识较差，开始学语文还有些兴趣，随着专业课比重的提升，语文学习难度的增加，越来越感到困难和乏味。在这种情况下，信息化教学就显得更为重要，因为它能够为语文教学建构学习知识的氛围。在这样充满交际性的环境中，高校学生在课堂上便能够全身心地投入大学语文课程的学习过程。高校学生一旦与所学知识产生积极互联，就会激发其产生成功感，学习动力也就有了不竭的源头，主动性和积极性也被调动起来了。并且，由于直观性主要作用于高校学生的视觉器官，把教学的内容以画面的形式演示，使其集中注意力，培养其观察能力和思维能力，同时借助这样的方式传播知识印象深刻，能给高校学生提供大量的色彩鲜明、真实生动的视觉形象，有利于加深教师传授知识的印象，方便教学。教师和高校学生之间可以开放性、全时空地沟通，通过这样极具现场性的沟通方式，长久地坚持下去，高校学生的语感就会大大提高。

四、互联网与大学语文课程整合的实践路径

（一）互联网与大学语文教学环节的整合

1.运用互联网提升备课质量

互联网可以运用到备课中，具体看来就是以大学语文学科和高校学生自身的特点为基础，综合运用互联网搜集与大学语文教学有关的素材，如诗歌、散文、戏剧等，并以此为基础形成课堂教学预设的各个环节。运用互联网将自己准备的诸多内容，以幻灯片等信息载体的形式表现出来，还可以利用互联网将与大学语文教学有关的内容进行网络共享。

2.运用互联网课堂改进授课效果

语文教学方法有很多，教师试图将语文知识传递给高校学生的整个互动过程称为大学语文课堂讲授。传统语文教学多以教师为知识元的一维灌输，由于其趣味性不高以致高校学生感觉索然无味，学习效果大打折扣。然而，当大学语文教师将现代互联网整合进课堂之中，依靠多媒体和网络形式多样的特色，发挥多媒体信息量丰富、图文并茂、快速方便的技术优势，帮助高校学生学习字词、了解语言、分析文章，便可收到事半功倍的效果。

3.运用互联网盘活第二课堂

第二课堂活动指的是为了延展大学语文课内教学所安排的各项学习效果，从而将部分内容位移的过程，常见的第二课堂活动有辩论、专题性突破等形式。将现代互联网融入教学活动中，目前最受重视的还是网络课题式学习。高校学生学习的内容被划分为一定的学习单元后，他们可以选择适当的课题，从网络资源中自行寻找问题与解答方法。高校学生成为自主的学习者，以主动积极的方式探求知识，不但学到了自行寻求资源解决问题的态度与方法，使学习过程变得活泼生动，而且自主认知的知识令高校生印象深刻、不易遗忘，这样便可以更好地盘活第二课堂。

4.运用互联网优化高校学生评价

评估是指学习课程内容结束后的表现，即高校学生所进行的评价活动，包括实施过程的评价和评估结果。评估方法包括使用软件统计数据、分析图表等互联网手段，根据分析结果以便教师调整教学内容及进度，以加强学习效果。

（二）互联网与大学语文教学方法的整合

1.具象文本内容，提升综合素质

大学语文新教材中，有许多文质兼美的经典传世之作。对于这些古今中外的诗词文赋，咀嚼鉴赏，高质量的诵读是最为直接、最为有效的办法，这比任何枯燥而空洞的分析解说要好得多。此时给文本配上合适的声音和图像会令意境全出，在美的氛围中更能体味文本的内涵和美。这是一种惬意的诗化的教学境界，在这种境界之中，高校学生的文化品位和审美情趣就会日渐提高。

2.整合多元资源，奠定知识基础

现代互联网打破了只有教师占有资料的统治局面，教师的资料可以借助多媒体分享给高校学生，高校学生可以随时从网上获取一些相关的资料，如作家作品介绍、时代背景、写作情况等。这不仅有利于高校学生知人论世，加宽加深对作家的认识、对作品的理解，而且有利于高校学生进行研究性的学习，逐步培养其做学问的良好习惯和善于钻研的科学精神。

3.营造联想意境，激活高校学生思维

语文的主要凭借是文字，而文字是实际生活的反映，所以注意调动多种艺术手段将文字与具体的事物进行转换，更能显示两者之间的关系，从而激活高校学生的思维。例如，一种秋天的思绪，马致远用"枯藤老树昏鸦"等文字来表达，那么多媒体可用一首乐曲、一幅图画等方式来表现；人物的音容笑貌、言行动作，小说家用文字来描绘，那么多媒体可以用演员表演来体现，让高校学生有更加直观的感受。多项的艺术联想与转换增设了教学情境，强化了教学效果。

4.丰富对话渠道，改进师生互动

交互性是现代互联网的重要特征之一，多媒体和网络的使用，大大地拓展了高校学生讨论与交流的渠道，使小组活动、班级活动更易组织。师生之间、高校学生之间的交流更为广泛和便捷，尤其是可以不受课堂时空的限制，通过网络与外班、与外校交流。这样，相互间的信息反馈也更为及时，便于教学的调控，便于互相促进，真正能够做到在交流中增进合作、在合作中加强交流。

（三）互联网与大学语文教学内容的整合

1.阅读教学整合

在阅读教学中，要完成教学目标，关键是要让每个高校学生都能全身心参与学习过程。在互联网环境中，高校学生有充分的时间主动感悟、搜集和分析相关的信息，对所学的问题进行思考、讨论，提出各种假设并努力加以验证，再经过引导步入新的境界，使学习主体参与教学，形成发现问题—积极探究—追求创意的模式，促进学与教的优化。

2.作文教学的整合

写作教学一直是大学语文教学的一大难题。与传统写作教学相比，把互联网引进写作教学，明显提高了写作教学的质量。经过研究，我们创建了"双主作文教学模式"，这种模式既突出了教师的主导作用，又突出了高校生的主体作用。这种教学模式是由以下几个环节组成的。

第一，创设写作情境。通过多媒体和网络为高校学生创设一定的情境，从而激发高校学生写作的热情和冲动。写作的兴趣始于视听的冲击和心灵的感触。因此，写作文前如果有意识地把高校学生外出活动的情景、生活中的画面、大自然的美景录制下来，在课堂上根据需要播放画面，使高校学生通过感悟形象，从而心灵有所感触，就会激发高校学生的创作热情。

第二，铺设写作素材。运用互联网进行作文教学时，学生可随机调用计算机提供的相关资源或到网络上寻找素材。这样的作文教学方式，使高校学生的主观感受得以表现、内心情感得以流露、个人智慧得以展现，激发了高校学生的求异思维，使高校学生的想象力由再现想象向创新想象发展，为高校学生的个性发展提供了空间，使作文课成为欣赏课，从而实现了"要我写"到"我要写"的巨大转变。

第三，优化创作过程。高校学生通过键盘把自己构思好的内容转化为书面语言，输入电脑中，并对文章的不当之处进行修改加工。

第四，创新文后评价。高校学生互评、教师点评后，让高校生修改自己或别人的作文，并传送到校园网上发表。传统的作文教学，往往是把高校学生的作文，上交给教师批改，使高校学生的作文缺乏交流、互改作文层次不一、能力提高慢，利用高速校园网就可以克服这一不足。在不侵犯隐私的纯学术背景下，高校学生将作文以移动工具或电子邮件的形式上交给教师，也可以保存在自己的文件夹中，这样就可以让所有的高校学生在网上共同阅读。高校学生在浏览其他同学的作文后，以小组形式讨论，互相批改，写出批改评语。然后，教师有的放矢地对修改后的部分作文进行点评、总结。这种修改方式方便快捷，提高了反馈作文的效率，真正实现了资源共享和广泛互动交流。

3.综合性学习的整合

（1）细心设计问题，推动高校学生思考

这个阶段是教学设计的准备阶段。教师应根据高校学生本身的学习能力和知识背景，依据大学语文学科的特点，为高校学生选择具有挑战性的或高校学生比较感兴趣的问题。所给出的问题要具有选择性和灵活性，所选问题最好与高校学生的知识、经验结合起来，使他们可以根据已有的知识基础，利用网络和其他相关资源就能够解决问题。教师在设计问题时要认真分析高校学生现在知识水平与实践能力，紧紧围绕教学目标，要明确高校学生在课前需要具备哪些知识、在课程结束时需要掌握什么知识和具备什么技能。

（2）耐心点拨高校学生，有效利用资源

今天的互联网已经为全人类所拥有，每天都有新的网站加入、移动或删除。目前，谷歌的搜索引擎能浏览上亿个网页。全球最大的中文搜索引擎百度最近更新了数据库。为了使高校学生不会迷失在信息的海洋中，教师应当给其提供解决问题的学习资源或进行导航，其中包括相关的网络地址、参考书目、文献索引以及其他多种媒体资源。教师还应该向高校学生介绍当前有效的网上信息检索、发布的工具软件或站点，以便于他们查找信息，从而减少查找信息资源的盲目性，少走弯路。同时，要注意筛选、分析、加工信息，在具体落实中，高校学生以小组的方式阅读、筛选、分析、讨论所获得的信息，要对这些信息进行甄别、选择与问题相关的信息，同时对信息的来源和原始信息做好记录。然后，高校学生将收集到的信息进行分类，及时收集更多信息来进行补充，将信息按类别组织、形成纲要。在此过程中，教师应明确地告诉高校学生要完成任务需要的时间是多少，并对学生在信息的收集、整理、分析过程中可能遇到的问题进行答疑。教师应随时监督高校学生学习的过程，同时要鼓励高校学生积极评价所收集到的资料的实用性，并删除错误的或误导的信息，最后对符合的信息、按照事理之间的逻辑性进行组织。高校学生之间的相互交流基于网络这一资源，它是保证学习效果和质量的一个重要因素。学生可以面对面地探讨问题，还可以利用互联网提供的交互手段进行学习交流，使交流变得开放和随意，可以做到"畅所欲言"，学生之间可以相互启发、相互帮助、开拓思路、共同提高。

（3）精心构建体系，适当予以评价

评价是教学设计开发的一个重要环节，它包括高校学生在资料查询期间的形成性评价和资料整理后的总结性评价，还有小组之间和高校学生之间的互评和自评。形成性评价是资料查询阶段的反馈过程，它的目的在于不断调整和修正高校学生分析、思考的要点，为高校学生得到合理答案提供正确的指导方向。总结性评价是在高校学生对查到的有用信息整理分类后，用工具或页面将其条理清晰地呈现出来。高校学生作为"教师"讲述他们从查询信息中得出的结论，而教师在听高校学生讲述的过程中，可以随时根据展示内容提问，在听完高校学生的讲述后，从准备资料是否充分准确、发言是否条理有序、结论是否科学合理等几个方面对其学习成果进行评价。另外，可以将高校学生个体的自评同教师、其他高校学生的他评结合起来，这样使得到的结论更加真实。教师还应当与高校学生共同回顾概念形成或问题解决的过程，分析学习过程中运用和发展了哪些信息技能、掌握了哪些知识、有没有更好的捷径等，通过分析利弊利于高校学生信息收集处理能力的形成。

4.互联网与大学语文教学模式的整合

把传统的教育教学模式与互联网结合起来，探索提高教育教学质量的新途径，同样是课程整合的有机组成部分。在把互联网与大学语文教学模式进行整合方面，具体的整合教学模式有以下几种。

（1）呈现式教学模式

所谓呈现式教学模式，就是指教师事先利用各种教学软件，制作好教具，然后在教学过程中按照教师的意图进行播放，依次来展示给学习者，促进学习者的认知的教学模式。这也是最常用、最简单的教学方式。

（2）自主学习教学模式

素质教育提倡"学生为主体"的教学思想，提高学生主动思维的空间。把互联网整合到大学语文学科教学当中，就是培养高校学生主动参与学习的思维意识。

（3）研究型教学模式

研究型教学模式，就是运用网络信息资源对当前学科教学问题进行探讨与研究。这种模式可以用来扩展知识，培养高校学生的自学能力。大学语文教学中要涉及语言的自身规律和相应的社会环境、风俗习惯、民族心理、历史文化等，这些东西对高校学生来说是不太容易理解的。教师可采用研究型教学模式，根据大学语文课程的教学内容，利用互联网提供的"加工工具"将所呈现的学习内容进行收集、加工、分析、处理，整理成多媒体、超文本的学习资源，或者使用网络，为高校学生创设一种直观形象、生动有趣、便于理解记忆的语言环境和语言交际情境的场面，让高校学生在学到课本知识的同时，视野得到扩展，使能力强的高校学生能学到更多的知识。在某节整合课上，教师带领学生进入了关于主人公的一个网站，让他们自由查询关于作者的内容，帮助他们顺利找到了大量关于主人公的介绍。传统的阅读准备课程往往是教师准备大量图片或文献资料给高校学生口干舌燥地讲解，一黑板的文字更令学生感到索然无味，但是采用网络及多媒体的教学手段，这堂课变得充满乐趣，有助于加强高校学生对学习内容的理解和学习能力的提高，还进一步培养了学生的探索精神和创新能力，教学效果更加明显。

5.互联网与大学语文学科特色的整合

从语文学科的特点来看，学生所学的语文知识不仅是前人创作的结果，还是当代人思考的结晶。学习这些知识必须通过自己思考、自己感知、自己体验，把他人的思维结果转化为自己的知识结构。中国著名语文教育家吕叔湘指出，学习语文的正确方法是实行"再创造"，也就是由学生本人把要学的东西自己去发现或创造出来。作为教育者要突破传统方式，以现代教育理论和教育媒体为依托，不断探求以学生为主体的教学模式，以达到有效地实现知识训练能力的价值。互联网的应用可以帮助教师"描述"思维过程，但不能"再现"思维过程，因此在语文教学中应用互联网，教师必须进行两方面的分析。一是分析高校学生。在这里尤指分析高校学生的语文思维发展水平，它包括高校学生的认知发展水平、非智力因素的养成两个方面。对于教师所要讲述的问题，高校学生经过深入思考能否内化成自身的认知体验，还是绝大多数人不能解决抑或绝大多数人都能很快解答，他们对这一内容是否感兴趣，这些分析对教师如何应用互联网起着决定性的作用。二是分析教材。在这里要强调分析教学内容中是否存在一些用常规的教学媒体无法表现或不能很好表现的地方，进而分析计算机媒体所擅长的动态演示，图、文、声并茂的功能对此处的教学是否有利。有了这两方面的思考，教师才有可能在教学中更好地应用互联网，通过各种手段，包括适时、适量的讲解来暴露思维过程。运用现代互联网，依据高校学生的思维特点和阅读习惯，激活教学内容，再现知识的进展过程。

6.互联网与大学语文教师技能的整合

课堂教学技能作为一门教师职业技能，是由十个要素组成的，它们是导入技能、语言技能、讲解技能、提问技能、变化技能、板书技能、反馈技能、演示技能、结束技能、课堂组织技能。这些技能各有侧重，是构成课堂教学技能的基本要素。这些技能在互联网环境下渗透了互联网要素。下面对四种有代表性的课堂教学技能在互联网环境下的特征进行分析。

（1）导入技能

导入是教学进入新课题时的教学行为。导入技能的基本任务是引起高校学生的学习兴趣，形成学习动机，以及为产生教学过程的动力创造条件。传统导入方法有上课时的开场白、实物演示、实验和提问等。在互联网环境下，语文教师可以通过播放课件、视频、音频材料、计算机模拟演示、上网查询调查等复习旧知识、导入新课。多样、巧妙的导入技能，更易于引起高校生的学习兴趣，形成学习动机。

（2）语言技能

语言技能是指使用语言传播教育教学信息的一种技能，该技能的获得与教师的语言能力、训练情况等有关。在互联网环境下，可以利用现代互联网手段培训教师的语言技能，更重要的是可以借助互联网手段如电声教学媒体，以语言为载体传递教育教学信息。语文教师使用扩音设备教学的技能、使用互联网网络进行语言教学的技能、使用语言实验室的教学技能，都是语言技能在互联网环境下的扩展。

（3）板书技能

传统的板书技能主要是指用粉笔在黑板上书写教学内容的技能，包括文字的书写、板面的布局、文字书写的先后顺序等技能。在互联网环境下，由于黑板不再是书写教学内容的唯一地方，课件、PowerPoint演示文稿、网页等都是教学内容呈现的载体，字体字号的选择、页面的布局、教学内容呈现的先后次序等都是互联网环境下语文教师课堂板书技能的重要内容。

（4）课堂组织技能

传统环境下，课堂教学组成要素是高校学生、教学内容和教师。在互联网环境下，课堂教学组成要素增加了一项重要内容——教学媒体。教学媒体与课堂亲密接触，使课堂教学组织形式出现了新变化，即在课堂上何时使用教学媒体、使用多长时间为宜，在网络环境下如何组织教学，这些为课堂组织技能添加了新的内涵，使语文教师的课堂教学技能呈现新的特征。

第二节 互联网背景下高职语文课程教学的体系

一、网络化大学语文教学系统的构建

（一）网络化大学语文教学系统

网络条件下大学语文教学新模式不是对传统教学模式的否定和颠覆，恰恰是利用现代信息技术来弥补和完善传统教学模式中的不足，同时让传统教学模式中宝贵的教学方法和经验得以延续，是传统和现代并存的两种教学模式的结合，两者相互促进。

新模式下的教学系统实际上由两部分组成，即传统的课堂教学系统和基于网络多媒体的网络教学系统。前者一般包括教师、学生和教材三个要素，后者还包括媒体这个要素。对于传统模式下的语文教学，在我国语文教学中一直使用着，人们对此模式十分熟悉，故本书对此不做进一步说明，本书将详细探讨网络教学系统。

网络教学系统主要是由教学模块和一些辅助模块构成，是开展网络教学的前提条件和要求。其中，教学模块中包括诸多子模块：管理模块、课程概况、教学模块、交流社区、工具资源、课程资料、单元测验、期末考试。辅助模块由电子邮件系统、FTP服务、聊天室等组成。

管理模块。这是顺利开展网络教学的主要保证，应该包括对师生账户、学习记录、教学管理等各个方面的管理，是教师对学生自主学习监督检查的重要途径。

课程概况。这是对本课程的教学计划、目标要求、学习方法和策略、测试与考核、答疑解惑等方面的具体描述和说明，是学生开展自主学习前应该明确了解的部分。

教学模块。这是网络教学系统的主要内容，应该包括所有的教学内容，涉及语文教学中听说读写四个方面。教师选定的教学内容和任务将通过PowerPoint讲稿、Word文档、图片、音频、视频、动画、网页等方式呈现给学生。授课将不再被限制在师生面对面的交流中，学生可通过对教学主页的访问和浏览完成，并且不受时间和空间地点的制约，只要能访问到教学主页就能随时随地进行。

交流社区。该模块包括学生与教师、学生与学生之间的讨论。教师可以预先提出问题，学生根据要求作答；也可以是学生在学习中提出问题，教师给予回答。学生间的讨论可以由个别学生提出观点或问题，以此引发其他学生的讨论，既可以是随机根据相关话题展开讨论，又可以是针对某一个主题或话题进行深入探讨。

工具资源。为了便于学生使用相关的教学软件，可集成一些常见的音频、视频、图像、解压缩、录音、电子词典等在网络学习环境中必要的工具，使学生不会因为使用网络资源存在工具方面的问题而耽误学习。

课程资料。课堂教学的内容是有限的，教材的容量也是有限的，为了让学生更好地拓展知识，拓宽视野，应该在模块部分增加与学习主题密切相关的各类学习资料，这样能更好地满足学生个性化学习的需要。

单元测验。为了有效考察和评价学生在平时的语文学习情况，避免一些学生因未完成学习任务而临时突击学习的情况，可利用网络不受时空限制的特点，让学生自主进行单元测试。这不但可以督促学生按照相关教学计划要求的进度进行，检验学生的阶段性学习成果，而且便于教师根据学生的学习情况对教学做出适应性的调整。

期末考试。作为对某一个教学阶段学生的总体学习效果的检查，可以从与教学内容相关题目组成的题库中随机抽取，教师可以根据考核要求选择题型，确定分值。

以上就是网络语文教学系统的基本组成部分，通过上面的功能可基本完成教学任务。为了延伸语文教学的维度和空间，有条件的院校还可以提供辅助模块，其中包括电子邮件服务、FTP服务、聊天室、笔友栏等功能，使学生的语文学习空间拓展到校外，甚至国外。

（二）网络化大学语文教学模式的操作程序

在明确网络教学系统的组成后，下面就探讨这种教学模式的操作程序。模式是实践的产物、现实的抽象，我们所理解的模式是以一定的理念为指导、在行为实践中建构形成的某种事物的结构样式。我们在教学实践中所要建构的语文研究型教学模式是一种在教师指导下，以学生为主体、问题为中心、课程目标、计划、教学内容付诸实践的过程。运作流程是否科学决定着教学质量的高低。

基本流程是贯穿网络环境语文研究型教学模式的基本框架，而具体实施环节的设置及其组合，视语文学科性质、单元教学内容与对象的特点及其运作状况的不同而有所不同，也就是说上述模式流程结构组合是多元的、灵活的、动态的，而不是一成不变的。

1.创设情境，发现问题

教师在教学的初始环节起着组织者的作用，教师的备课活动及教学安排需要提前做好。教学设计、学习内容、相关学习资料等都以多媒体、立体化方式镶嵌在网络语文教学平台上，教师根据教学计划对整体教学的实施进行具体的安排和要求。这是网络条件下语文教学得以实施的一个非常重要的环节。教师利用多媒体网络软件声、色、动画与文字相结合的优势，创设疑难情境，在教学内容和学生求知的心理之间创设一种"不协调"。设疑寻导，使学生产生较强的求知兴趣和参与需要，这是让学生全神贯注地投入语文教学活动、产生真实问题的前提。学生由感兴趣开始引起内在兴奋，教师在情境中引出学习课题，提供参与机会、示范指导、参与方法等。在这个阶段，学生初次参与，兴奋由内转外，将参与欲望外化为参与教学活动的行为。

2.启发思考，自主探究

教师组织学生结合情境阶段提出问题，积极参加讨论，将学生划分为若干小组，每组6~8人不等，由小组长负责。教师对小组的讨论、合作交流做出必要的指导与调控，让学习主体自由畅述、相互启发，更投入、更积极地发表见解，交流意见，加深对问题的理解，获取更深入的体验，形成良好的合作学习气氛，确定每个小组要研究的主题，各组围绕自己的研究主题开展自主探究。

在此阶段，教师除了参与讨论，还要及时了解学生开展研究活动的情况，有针对性地进行指导、点拨与启发。可通过组织灵活多样的交流、研讨活动，帮助他们保持和进一步提高学习积极性。对有特殊困难的学生或小组要进行个别辅导，或创设必要条件，或帮助调整研究计划，充分发挥学生的独立性和自主性，给他们提供自我联想与想象、自我创造空间的可能性，使学生参与自主探究。学生在自主体验中质疑问难，在自主感悟中发表见解，并从不同的角度审视别人的观点，这种个人意见与群体观点的相互碰撞与融合，对学生的研究能力和合作能力是很好的促进。

此外，学生的学习过程，必然需要熟悉网络条件下教学模式的基本特点和课程学习要求。这样就可以在网络上按单元结构对学习内容进行自主学习，并通过单元测试，以检测对所学内容的掌握情况。如果学生未能通过单元测试，应继续学习和巩固，直到通过课程要求。如果顺利通过单元测试，可以接受教师的面授辅导。之后，学生可以开始新的单元学习，按照这样的顺序完成教学内容。

总而言之，网络环境下的语文模式的操作程序实际上是学生个性化的自主学习过程。这是整个网络条件下语文教学最为关键的环节。在相关教学条件和设施齐备的前提下，学生就可以通过在线的网络教学平台学习。在教学系统里，教师和学生应该有各自不同权限的用户账号，这是在网络条件下展开教学的前提。教学中，师生分别通过自己的账号登录系统，学生学习的时间、内容及进程等由管理系统记录，如果是安排在正式的网络课堂上，学生则可在规定的时间和地点去学习；如果是课堂之外，学生可以随时随地进入网络系统学习。学生可以完全按照教师和教学系统设定的教学进度和要求来安排自己的学习，也可以根据自己个人的具体情况来确定学习。

3.指导求新，展示成果

经过一系列的讨论和研究，学生得出了较成熟的结论，这时教师要积极组织学生总结研究成果，形成报告。体现研究性学习成果的形式由学生自主选择，可以是一篇论文、一份调查报告、一场主题演讲、一本探究日记、一个多媒体课件、一项活动设计方案等。因此，展示成果时，可以在课堂上面对面进行，由小组代表宣读自己的论文；也可以在网上发布研究成果。汇报的过程又是学生展示自己成果和学习他人成果的过程，这一过程可以培养学生创造性思维、语言表达能力、当众演说能力以及运用信息技术的实践能力，这些能力正是大学语文教学的目标要求，也是信息社会的人才所必需的素养。

4.激励创新，效果评价

组织学生积极参与全班讨论，提出上述展示的研究成果中的优点和不足。教师点拨、启发，学生进行学习总结、巩固知识，教师给予鼓励性的评价。对其中的不足需要在汇报后继续修正或补充，以使研究更加完善，也为指导今后的研究性学习打下基础，最重要的是研究性学习的评价目的不是"区分"，而是促进"发展"。评价是为了帮助学生找到自己能力的增长点，从而增强自信心，更好地改进学习；评价的作用需要通过学习者的自我反思和主动改进而实现；评价结果的表现形式是各个学生不同潜能的开发和对未来学习的建议。

二、网络化大学语文教学体系中师生关系的构建

在网络环境下，语文教师的教学活动和学生的学习活动都发生了巨大变化，所以他们各自角色也发生了转变，有了新的内涵，我们必须对此进行再认识。

（一）网络语文教学模式下的语文教师

1.教学地位"从主体到主导"

"以教师为中心、以课堂为中心、以教材为中心"，在这样一个模式下，教师是主动施教者，学生是被动的外部刺激接受者即灌输对象，教材则是灌输的内

容。课本、粉笔、教案和黑板是教师开展教学的主要工具。所以，教师被认为是教学中至高无上的权威，是教学过程的主宰者，是知识的控制者。很多语文教师往往习惯于考虑如何将知识更有效地传递给学生，如何精心地组织教学内容、合理地组织教学过程结构。其中，设计"如何教"是教学的核心问题和关键环节。然而，在信息时代，大众传媒的多样化导致教师作为信息源的垄断地位不复存在，同时随着网络教育的发展、网络教学模式的逐步确立，教学更加倡导以"学"为中心，将"教师为中心"变为"以学生发展为中心"。具体讲，就是教师由"权威者"变为"合作者"和"指导者"，将学生从"吸收者"变为"主动参与者""创造者"。因此，语文教师的角色由单纯的知识传授者向多元角色转变。在网络教学中，语文教师由传统教学中的主宰者变为学生自主学习的指导者；由传统教学中知识的传授者变为学生建构自身认知结构、发展认知能力的帮助者；由传统教学信息资源的垄断者变为学生获取学习资源的导航者；由传统教学中单元媒体、简单教具的制作者和使用者变为以计算机、网络教学资源为工具的合作开发者和使用者。

2.网络环境下语文教师必须具备良好的信息素养

一般语文教师的信息素养主要体现在信息意识、信息应用能力、信息道德等方面。首先，语文教师应具有信息意识。语文教师要对信息具有强烈的敏感性，能够敏锐地感受信息，尤其是对新的和有重大价值的信息的感悟能力。网络教育是以信息为基础的学习方式，也是"信息本位教学"。语文教师只有具有强烈的信息意识，对信息和信息技术保持强烈的敏感性，才会积极主动地挖掘信息、搜集和利用信息，有效地获取信息，包括快速找出显性信息并能够通过这些显性信息寻找出隐含其中的隐性信息，通过优化信息获取策略而快速地获取信息，从而将其有效应用到教学实践中去。

其次，语文教师面对网络海量的信息，应具备网络信息检索和处理能力，以及对新信息的创造开发和传递等一系列的综合能力。能从大量的信息海洋中筛选获取有用的信息，对获取的信息进行组织加工，为当前的教学服务，是网络教学环境下语文教师必备的一项技能。

再次，语文教师应该具备信息交流能力和协作意识。网络给人类社会带来的贡献之一就是信息共享和高效信息交换。每一个人在共享他人的信息的同时，有义务将自己的信息与他人共享，否则，网络资源将面临匮乏和枯竭的境地。所以，网络环境下语文教师必须具备信息协作的意识。信息协作包含两个层面的意思，一是与他人的信息交流与协作，从而达到共享信息、提高信息的利用功效；二是与他人合作，共同挖掘信息、生产信息，达到更高层面上的信息开发和共享。同时，明了网络中发生的经济、法律和社会问题，遵守法律，尊重他人的知识产权、维护社会公德和网络安全，是每一个信息使用者的基本信息道德。

3.网络环境下语文教师的能力结构

（1）较强的网络教学设计能力

网络教学的一个重要特征就是突出学生创新精神的培养。在网络教学中，语文教师的职责并不在于传递多少知识，而在于通过精心的教学设计，激励学生思考，鼓励学生自主学习，在语文教师的引导下，实现学生知识的建构和具有创新精神的教学设计能力。网络教学模式以信息技术为教学媒介，"以学为中心"，所以教学设计与以往相比发生了很大变化。网络环境下的教学设计是在先进教育理念的指导下，以网络为基本媒介，以设计"问题"情境以及促进学生问题解决能力发展的教学策略为核心的教学规划与准备的系统化过程。网络教学设计的目的是激励学生利用网络环境协作进行探究、实践、思考、综合运用、问题解决等的高级思维活动。语文教师要进行教学目标的分析、学习问题与学习情境设计、学习环境与学习资源的设计、教学活动过程设计、教学媒体的制作以及教学过程的评价设计。网络教学设计理念要强调充分发挥学习者的主动性和创新精神，一切教学的设计从学习者的需求与特点出发，改变以往教学设计注重"如何呈现知识、如何讲授知识"及教学中普遍存在"满堂灌"、学生被动接受、缺乏原创精神的现象，强调案例学习、参与学习、体验学习等"驱动"式学习。当然，也要注意教学设计中被信息技术牵着鼻子走，出现"机灌"代替"人灌"的现象。

（2）协作型教学的能力

在现代社会，协作能力日益重要，协作也是网络教学的重要能力。例如，无论是基于网站的教学，还是网络探究教学，都是通过学生个体之间的相互影响、互相协作达到解决问题的目的。一个语文教师必须具备与他人进行成功协作的能力，这是语文教师培养学习者合作能力的重要素质和经验背景，这样才能把合作信息通过自身有效地传递给学生。同时，网络教学环境打破了传统教学中语文教师劳动的个体性和封闭性。语文教师之间通过网络等通信手段可以进行超越时空的协作，打破了以往封闭自锁视野狭窄的局限。因此，语文教师利用信息技术可以建立更为便捷、有效的协作关系，而且可以实现经验、智慧的共享，获得更广泛、更有力的教学支持。例如，可以实践网上教研，和其他教师一起讨论教学设计，得到反馈信息修改完善自己的设计方案。

（3）较强的"导学能力"和"促学能力"

网络教学模式倡导"以学生为中心"，把学生当作学习的主体，但是由于学生长期习惯于被动地接受知识，突然让他们主动地去学习，有些学生就会感到不适应，不知怎样去学，感到无所适从，这时语文教师的"主导"作用凸显。所以，网络环境下的教学，其成败关键在于语文教师是否真正发挥了"主导"作用，以及"导"得如何。这就要求语文教师要成为网络环境下学生自主学习的导师，即语文教师要成为学生学习的帮助者、交流者和协作者，来促进学生的学习。这种能力不是单纯传递知识的能力，而是为了使学习者自身能够积极探究知识进行有效帮助的能力，强调通过语文教师有效的"导学"和"促学"，帮助学习者建构知识体系。这是一种新的能力意识，还需要摸索探究。

（二）网络语文教学模式下的学生

在网络环境下，学生的地位从被动向主动发生转移，成为学习的主体。这对学生的基本素质要求与传统教学环境下也是不同的，学会学习、学会交流、学会协作便成为学生的关键技能，是学生学习能力的革命。

1.信息素养的要求

互联网已经成为最大的知识资源的宝库，学生面对的是一个信息的"海洋"。网络学习能否成功，关键在于学生是否具备良好的信息素养。对学生来说，信息素养是指对信息进行识别、加工、利用、创新管理等各个方面基本品质的总和，包括信息知识、信息意识、信息技能、信息道德以及社会责任、信息创新等几个方面。信息素养不仅包括利用信息工具和信息资源的能力，还包括对知识信息需求的阐明能力，对各种类型知识信息的查找能力，对所获知识信息的组织、选择能力，评估、批判能力和吸收、利用能力，以及对知识信息进行交流的能力等，而且随着社会的发展，后者更加重要。例如，在语文教学中可以训练学生在短时间内对大量信息的快速浏览能力，把握文章重点的能力，提炼主要观点的能力，评价、分析、综合、表述的能力，下载、发布信息的能力等。总之，信息素养可以看做一种高级的认知技能，是学生进行知识创新和学会如何学习的基础。具有良好信息素养的人不仅懂得如何学习，还具有终身学习的意识、习惯和能力。

2.探究学习能力的要求

网络教学的目标是培养学生的创新精神和实践能力，网络学习强调的是学生的主体性、能动性和独立性，学习更多地成为学生发现问题、提出问题、分析问题和解决问题的过程。学习过程从灌输转变为自我探究，要求学生要形成善于质疑、乐于探究、勤于动手、努力求学的积极态度，在解决问题的过程中不断发现问题。

3.自主学习能力的要求

在网络教学模式中由于学生主体地位的确定和回归，强调教学中发挥学生的主体作用，同时网络教学环境给学生的学习提供很大的选择自由度，学生可以自主选择学习的时间、地点及方式。面对虚拟自由的网络教学环境，学生必须培养自主学习的能力。学生可以根据自己的兴趣、水平，自主选择合适的学习起点、学习目标、学习内容及学习策略，不断进行自我评价和激励，以此充分培养和发展自主学习的能力。另外，通过自主学习，学生有所收获，从中发现自身所蕴藏着的巨大学习潜力和能力，重新认识了自我，自信心得到增强，所以自主学习既能培养能力，又能促进学生情感的良好发展。与此同时，由于网络教学在中国尚处于开展阶段，网络教学环境下学生自主学习的能力有待进一步提高。因此，其网络自主学习的意识需要强化，在实践过程中需要逐步训练自主学习的能力。

4.协作学习能力的要求

互动性是现代教学理念的一个重要内容，主要体现在师生之间的交流和学生对教学的参与性。网络环境为师生交流和学生的主动参与提供了技术支持，使其成为可能。网络环境下的语文教学可以使师生充分运用留言簿、聊天工具、聊天室、BBS等方式进行交流互动。而在一些教学过程中，还可以让学生参与到教学设计中来，如选择学习内容、设计学习程序和设计学习策略等。网络教学的这种交互性、合作性对教学过程具有重要意义，改变了传统教育单向信息传递的模式，有利于发挥学生的主体作用。网络环境下的协作学习，是指利用计算机网络以及多媒体等相关技术，由多个学习者针对同一学习内容彼此交流互动和合作，以求对教学内容有比较深刻的理解与掌握。在网络教学环境下，强调以学生为中心的协作学习，学生在具有极大自由度的同时，也要具有协作意识。多媒体网络教学为学生协作提供了广阔空间和多种可能，使个性化学习成为现实。学生可以自主、自助从事学习活动，根据自身情况安排学习，而且可以通过交流商议、集体参与等实现协作学习，并在协作中提高学习兴趣和学习效率，通过贡献智慧、分享成果，进而学会协作。协作性意味着生生之间、师生之间通过电子邮件、讨论平台、视频会议等多种方式进行多元、多向交流互动。从学生之间合作关系来看，多媒体网络教学为学生合作提供了广阔空间和多种可能，使个性化学习成为现实。学生可以自主、自助从事学习活动，根据自身情况安排学习，而且可以通过交流商议、集体参加等实现合作，通过贡献智慧、分享成果，进而学会合作。"独学而无友，则孤陋而寡闻。"在网络课堂中，师生、生生间的互动大大增加，可以形成一种跨越时空的、开放的、广泛的、交互的、平等的讨论，相互启发，集思广益，师生、生生间的合作学习成为一种必然，课堂成为一个真正的沟通、交流、学习的场所。

（三）网络语文教学模式下的师生关系

因此，通过对网络语文模式下的教师和学生的分析，我们可以总结出，在新模式中，教师在传统教学中的权威性角色受到严重挑战，"传道、授业、解惑"的角色，被赋予了新的内涵。在网络教学模式中，教师要为学生提供知识服务、信息服务、技术服务、答疑解惑等，这要求教师不仅要有扎实的语言功底，还要有娴熟的计算机操控能力，教师既是学生学习的指导者、监督者、研究者，又是教学软件开发的参与者和学习活动的协调者。为了保证学生的充分参与和自主学习，教师在学习过程中，要为学生提供各种信息资源，确定所需资源的种类和每种资源在学习过程中所起的作用。这就要求教师不仅要掌握多媒体技术以及相关的网络通信技术，对各类资料进行分析研究、过滤精选、归纳整合等，还要研究学生的知识结构、学习动机、学习风格等。教学中，教师要引导帮助学生确定适当的学习目标，选择达到目标的最佳途径和方法，指导学生高效地学习，掌握学习策略，培养学生自我调节、自我监控等能力，形成良好的学习习惯，避免学生迷失在信息的海洋中。教师要随时关注学生的需求，及时解答有关问题，做好学生学习的向导。面对丰富的网络教学资源，教师要平衡网络学习资源和教科书的关系，做好对学生浏览网站和学习内容的有效监督，让学生在教学要求的范围内进行自主学习。同时，教师要根据教学大纲、教学要求和学生个体差异将现代信息技术和课堂教学整合起来，配合课件及信息技术人员为学生设计出基于情境、体现个性、形式多样的学习任务，以开发学生的发散性思维、培养学生探究式的学习方法，充分调动学生的学习积极性，促使其高效学习。教师作为协作者，在组织协作学习，建立良好、和谐的师生关系，组织、监督学生间和师生间的交互方面发挥着很重要的促进作用。

在以学生为主体的教学模式里，学生从传统的知识接受者变为意义的主动建构者。在教师的引导下，学生可以根据自己的水平，自主选择适合自己的起点、进度、学习内容、学习目标及学习方法；课堂外可自主选择学习的时间、地点，自主参与协作讨论；自主建构新的知识以及自主评价等。学习过程中，学生既是语言学习材料的准备者，又是使用者，他们的自主能力、创新能力、实践能力和继续学习能力得到了良好的培养和锻炼；他们的潜能得到了发掘，个性得到了培养，创意也得到了鼓励。因此，学习成为一个快乐的探索和创造过程。在这个探索和研究的学习过程中，他们创造了一种完全属于自己个性的学习方式和学习策略，并不断突破、不断获得新知识、不断发展自己的研究能力。同时，这种模式最大限度地调动了学生的学习积极性。在进行自主性、探究式学习时，学生还可以和同学、朋友及教师等进行交流和沟通。

综上所述，尽管网络化语文教学模式已经在许多方面展示了其无可比拟的优越性，然而由于它自身的特点在师生关系方面遇到了一些矛盾，就是说相比较于传统的语文教学模式，它增加了师生之间交流的障碍，拉大了教师与学生甚至是学生与学生之间的距离，进而不利于教师和学生之间的感情沟通。网络化语文教学模式主要依靠教师—网络—学生的渠道来进行教学活动，这就减少了教师与学生之间、学生与学生之间面对面的沟通。在这样的网络化语文教学模式下，语文教学中很少再有教师富有感情的讲解，也没有学生积极配合教师回答问题的声音，课堂变得死气沉沉、了无生机，教师与学生之间、学生与学生之间的沟通交流没有了。这样的网络化语文教学模式没有了人文主义的关怀，没有发挥教育本应具有的社会化特征，不利于学习者社会化的培养，不能培养学生的情感道德，不利于调动学生的学习积极性，也就不利于开展有效的语文教学。由此看来，网络环境下的教学是教师主导作用与学生主体作用相结合的过程。在强调教师主导作用时，不能忽视学生的主体作用，因为如果没有学生积极主动地参与学习，教师的任何教育措施将无法落实，教师的主导作用就无法实现。反过来，我们在强调学生主体作用时，也不能忽视教师的主导作用，毕竟教师的学识和能力对引导网络环境下的学习是必不可少的。怎样让网络化语文教学模式中的师生沟通和实际的社会沟通交流方式更好地衔接起来，构建教师、学生以及网络资源之间互相帮助的完善的教学模式，是网络化语文教学模式探索的重中之重。著者认为，只有将教师的主导作用与学生的主体作用有机地结合起来，才能充分调动学生积极参与教学活动，实现教学效果最优化。

三、网络化大学语文教学评价体系的构建

网络条件下大学语文教学模式，打破了地域和时空的限制，实现了双向交互，延伸了语文学习的内涵，更新了学习的方式，而且能更好地培养学生自主学习的能力，也锻炼了学生创新思维、解决问题的能力。为了全面看待这种教学模式的效果，必须采用相关方法对其进行评价。

（一）形成性评价、诊断性评价和总结性评价相结合

学生是学习的主人，学习本身是一个动态发展的过程。网络环境下的情境创设、知识的意义建构以及人与人的协作关系都是随着时空的转变而变化的。因此，在网络教学中，我们要充分利用网络反馈及时、管理方便、省时省力等特点，对整个教学过程作跟踪监控、检测、指导。所以，要更多地采用形成性评价，关注教学活动中学生的学习兴趣、学习状态、学习态度、应变能力以及影响学生学习的各种因素的变化，从中发现问题，及时反馈给学生，并提出建议和补救措施。此外，为了使网络教学更有针对性、预见性，还需对学习者进行诊断性评价。它一般被安排在教学设计前，是制定教学目标、组织教学内容、选择学习策略的依据。而总结性评价则是关注整个阶段的教学结果，是为了获得教学工作总效果的证据。在整个教学过程中，应将这三种评价方法结合起来，以便更客观地对网络条件下的大学语文进行系统化的评价。

（二）以自我评价为主，结合教师评价、小组评价等多种评价方式

基于网络环境下的教学模式，以建构主义为指导，主张自主学习，鼓励学生积极参与学习、研究，发挥首创精神，实现自我反馈。学习者每一次实现对原有认知结构的改造与重组，就是完成了一次自我肯定、否定、再否定的辩证评价过程。网络教学强化了学习的自主性，为自我评价提供了强大的"硬件平台"，如集成化的学习环境、具有交互功能的学习资源等，有利于学习者明确具体的学习目标、培养个性化的习惯和方法，使学生由评价客体成为评价主体，提高了学习

的参与性，增强了学生的评价能力，使学生和学习结果之间有了更直接的联系。

（三）根据评价目的和标准制定评价指标体系

教学模式的优劣、教学效果的好坏必须有合理的评价指标体系来评判。作为一种规范，评价体系是明确的、可测量的和可被观察的，其的确立是和教学目标相一致的，而且操作性要强。对于网络条件下教学模式的评价，应包括学生、教师、学习情境、协作、会话等方面。学生方面，要看其运用信息技术探索、学习和研究的能力是否得到了提高；是否具有团队精神，是否具有在网上相互交流和信息共享的协作学习能力；是否提高了创造性解决问题以及知识外化的能力。教师方面，要看制定的教学策略、教学方法是否有针对性，是否能有利于学生的自主性学习和综合能力培养；能否具有用现代教育技术对学习进行监测、管理、指导的能力。当然，教师评价和小组评价的作用也不容忽视。教师评价为学生对知识的意义建构提供了一种引导，而学习者之间的相互交流、协商、评价，可能引起各种层次和类型的文化碰撞、价值观的碰撞以及思维的碰撞，这有助于他们在认知层次上达到协同，从而提高教学效果，将三者有机结合在一起，可以使评价更科学、更合理、更客观。

四、网络化大学语文教学体系下的教学策略

网络条件下大学语文教学中，教学策略的核心是如何发挥网络环境和传统课堂教学的优势。一方面，要最大限度地发挥网络环境下语文学习的效率，强化学习的效果，让语文听、说、读、写等技能得以全面均衡的发展，培养学生自主性的学习能力；另一方面，不放弃传统课堂教学的优势，让教师讲授成为真正吸引学生兴趣、引发学生积极思考、培养学习能力的一个重要环节。

（一）要树立网络教学的理念

教学中，要以现代教育理念为指导，充分利用现代信息技术，优化教学效果；重视对学生个性需求的满足和自主学习能力的培养。在学生学习语文知识的同时，能够全面培养其自身的个性、人格、道德、社交及其他能力等。教师对教学内容的选择和安排要以突出培养学生的能力为出发点，体现出网络教学人性化的特点，对学生的要求和管理也要以人为本，充分尊重学习者自己的选择。

1.加强文本意识

所谓"文本"，对语文课堂来讲，就是以"文"为本，以学会阅读、揣摩、运用语言文字为本。在网络环境下语文研究性教学的开展中，要加强文本意识，具体到文本模式中，就是引导学生开拓教材的研究价值。

在本模式的阅读教学实践中，著者具体设计了以下几种研究性学习模式。一是就一篇文章，通过问题设计铺设台阶的方法，开展语文研究性学习。因为一个人在学习中一旦向自己提出了某个问题，就会产生解决它的强烈愿望，就能够更

敏锐地感受和觉察到与该问题有关的各种信息。在问题设计上，我们既可以一文多题，也可以一文一题。二是就几篇文章进行比较，开展比较式的研究性学习。比较本身就是研究，就是一种思维方法。比较的过程就是研究的过程，就是培养思维能力的过程。比较是选取两种或两种以上的文字材料，可以是内容之间的比较，也可以是表达方式、语言技巧方面的比较。通过比较，鉴别出它们的异同或高下，从中找出事物之间的联系，找出作品好在哪里，提高分析和评价的能力。在比较研究中，除了同类文章可以进行比较，异类文章也可以进行比较。三是选择一组文章，围绕一个中心，开展专题性的研究性学习。著者认为要培养学生持久的研究兴趣和纵深的研究能力，最好是开展专题性的研究性学习。

2.创设一定的问题情境

创设一定的问题情境是语文研究性教学的重要环节，因为语文研究性教学重在提高学生对文本所反映的生活或现实生活思考和判断的能力，发现并确定具有探究价值的东西。教师通过充分利用形象，创设具体生动的问题情境，能有效激发学生的学习兴趣和学习热情，引导学生充分地理解和运用语言，提高学生的语文能力和审美情趣。当然，在本模式中，大部分探究的问题是由学生来提出，但是教师在研究性学习中创设情境的导向作用是毋庸置疑的。教师所创设的问题情境一般可分两种：一种是真实的，一种是虚拟的。由于受教学环境的限制，上课所创设的情境往往是虚拟的。另外，创设问题情境还可以结合课文内容来确定。学生在语文学习中，往往会遇到大量的问题，教师和学生可从中筛选一部分问题去研究。

在本课题的研究实践中，著者具体是从以下几个方面创设情境的。

（1）图画再现情境

即充分利用插图、电影片段等，为学生提供鲜明生动的画面，以图导文，图文合一，启迪学生的思维，引发学生的想象，引导学生在图文并茂、情景交融的氛围中细细品味文字，大胆质疑。

（2）生活显示情境

生活是语文学习的最好教师。语文学习的外延和生活的外延相等，创设生活情境，一方面可以把生活引入课堂，在这种思考中去感知教材的情感和道理，去发展学生的时空想象力，以收到"他山之石，可以攻玉"的奇妙效果；另一方面是将学生引入大自然、引入社会。引导学生结合教材内容领略他们能观察到的大自然的方方面面。这不仅可加深学生对教材的理解，还可以培养学生热爱自然、热爱家乡、热爱生活的深厚感情。

（3）音乐渲染情境

音乐是人类共同的语言，很容易引起学生感情上的共鸣。借助音乐语言，再现教材提供的情境，可紧紧抓住他们感情的动情点，以情入手，以情导情，情理兼顾。用音乐渲染情境，不仅有助于学生对教材的把握，还对培养学生健康的审美情趣起到至关重要的作用。

（4）扮演体会情境

就是师生共同扮演课文中的不同角色，去体验作品中的角色。扮演实际是一次再创造，学生在扮演过程中必须实现角色的转换，必须细细揣摩作品人物的每一个神态、每一个动作、每一丝心理波动，才能用丝丝入扣的感情、恰如其分的语言绘声绘色地将其朗读出来，给人一种如见其人、如闻其声、如现其情的身临其境的感受。

（二）处理好接受式学习与研究性学习的关系

学校教育的重要功能之一就是传承人类文明。知识是文明的重要载体之一。在知识传授过程中，接受式学习发挥着极其重要的作用。在新经济时代，创新精神、实践能力得到空前重视，这是社会政治、经济、文化发展对教育的需求，是经济一体化的必然结果。但是，这并不等于说接受式学习就已经过时。教师要明白把研究性学习引进语文课堂，并不是放弃教师的责任，更不是视知识传授为敝屣。每一种学习方式，自有它存在的合理性与认识功能。学生在求知过程中是需要思想和情感相互激荡的，能直接交流的接受式学习还是有它的独特魅力的。引进研究性学习并非要否定接受式学习，或贬低其功用，而是为了丰富语文课堂教学的模式，提高学生的综合素质。在网络环境下的语文研究性教学模式中，应让研究性学习与接受式学习有机融合，科学地将二者渗透于整个教学活动中。

第七章　深度学习背景下高职语文课程教学

第一节　深度学习与高职语文课程教学融合的内涵

一、深度学习的内涵

深度学习是一种在理解的基础上的学习，是一种对新思想和新知识的批判性学习，是一种将新知识与原有认知结构相融合的学习，是一种将众多思想关联起来的学习，是一种在新的情境中进行知识迁移的学习，更是一种做出决策并解决问题的学习。国内就深度学习的概念、内涵、特征、应用等开展了一系列学术研究。提出深度学习具有如下几个特征：一是注重批判理解。没有批判性的理解，就不是真正意义上的理解，也就没有真正意义上的深度学习。二是强调信息整合。没有经过整合的信息是零散而无用的，不能有效地促进学习。三是促进知识建构。知识只有不断的结构化，才能具有丰富性、实用性，体现其价值。而深度学习的过程，就是一个知识网络和结构不断建立、优化的过程。四是着意迁移运用、面向问题解决和提倡主动学习、终身学习。毫无疑问，能积极地将知识进行迁移和运用，坚持问题导向，主动而持续学习，应是深度学习的题中之义。深度学习的核心特征是高阶思维，发展高阶思维有助于促进深度学习。

综合国内外学者对深度学习的研究可知，深度学习是与浅层学习相对应的概念，同时根据认知领域学习目标分类对应的六个层次——记忆、理解、应用、分析、评价及创造，浅层学习主要是知识的简单描述、记忆或复制，其认知水平仅仅停留在"记忆、理解"两个较低的层次，是一种低级认知技能的获得，涉及的是低阶思维活动；而深度学习不只涉及记忆，更注重知识的应用和问题的解决，其认知水平则对应"应用、分析、评价与创造"这四个较高级的层次，是高级认知技能的获得，涉及的是高阶思维。高阶思维是深度学习的核心特征，高阶思维能力的发展有助于深度学习的实现，同时深度学习又有助于高阶思维能力的提升。由此可以得出这样的结论：深度学习是指学习者在理解学习的基础上，批判性地接受新知识，将经过质疑、批判、深入理解而获得的新知识、新感受、新感悟有机融入自己已有的认知结构之中，并能迁移到新的情境中，通过新的探究来提升学习层次、强化学习能力并生成新的能力的综合性学习方法。深度学习是一种以促进学习者批判性思维和创新精神发展为目的的学习，不仅强调学习者积极主动的学习状态、知识整合和意义联结的学习内容、举一反三的学习方法，更注重学生高阶思维和复杂问题解决能力的提升，深度学习不仅关注学习的结果，也重视学习状态和学习过程。

二、深度学习的主要特点

深度学习在知识呈现方式、学习目标、学习状态、学习结果的迁移等方面都与浅层学习有着明显的差异。通过比较分析可以得知，"浅层学习是一种被动的、机械式的学习方式，即把信息作为孤立的、不相关的事实来被动接受、简单重复和机械记忆，忽视对知识的深层加工、深度理解及长期保持，更无法实现知识建构、迁移应用及问题解决。"相较而言，深度学习主要具有以下特征。

其一，注重质疑和批判。深度学习是一种基于理解的学习，注重于知识学习的批判性理解和接受。学习者对任何学习材料必须持有批判或怀疑的态度，对新知识必须批判性地看待，在深入思考之后纳入原有的认知结构中，并且要求学习者在理解事物的基础上进行质疑辨析，通过质疑辨析加深对深层知识和复杂概念的理解。

其二，强调学习内容整合。这种整合既包括对内容本身的整合，也包含对学习过程的整合。内容的整合则包含多学科知识和多渠道信息的整合，以及新旧知识和信息的整合。深度学习提倡将新信息与已知概念和原理建立联系，并整合到原有的认知结构中，从而引起对新知识信息的理解和长期保持及迁移应用。而浅层学习则是将信息看成孤立的、无联系的单元来接受和记忆，因此无法促进对信息和知识的理解和长期保持。

其三，追求知识建构反思。所谓建构反思，是指学习者在知识整合的基础上通过新旧经验的相互作用实现知识的同化和顺应，调整原有认知结构，并对建构产生的结果进行审视、分析、调整的过程。这不仅要求学习者主动地对新知识进行理解和作出判断，运用原有的知识经验对新概念或问题进行分析、鉴别和评价，实现自我对知识的理解，建构新知序列，而且还需要不断对自我建构结果进行审视反思，吐故纳新，对学习积极主动地进行检查、评价、调控与改造。可以说，建构反思是深度学习和浅层学习的本质区别。

其四，重视迁移运用。深度学习重视对所学知识的迁移和运用，要求学习者对学习情境的深入理解，对关键要素的判断和把握，可以在相似情境中做到举一反三，也能在新情境中分析判断差异并将原则思路合理迁移运用。如不能将所学知识运用到新情境中去解决问题，那么学习者的学习就只是简单复制、机械记忆和肤浅理解，仍停留在浅层学习层面上。深度学习强调的就是将学习者已有的知识迁移到新知识中，有效运用并能解决现实问题，以此培养学生的高阶思维和综合实践能力，进而开阔学生的自主创新意识，提高其学习水平。

第二节 深度学习背景下高职语文课程教学的作用

"深度学习不是表层学习、浅层学习，不是机械学习，不是死记硬背，不是'知其然而不知其所以然'。我们所说的深度学习，必须满足以下几个条件。深度学习是教学中的学生学习而不是一般的学习者的自学，必有教师的引导和帮助；深度学习的内容是具有挑战性的人类已有认知成果；深度学习是学生感知觉、思维、情感、意志、价值观全面参与、全身心投入的活动；深度学习的目的指向具体的、社会的人的全面发展，是形成学生核心素养的基本途径。"深度学习中学生通过对事物、现象和问题的积极思考、深入探究，通过活动和体验等的全身心投入，在深层次理解中，透过事物的表面现象深入问题本质，对客观世界形成合理认知，进而逐步形成科学的价值观，不断促进学生在思想认识和行为取向上做出理性的价值判断和抉择，从而避免浅层学习后形成的片面和狭隘的价值观。由此也逐步渗透性地培育学生形成积极的情感态度，在学习活动中表现出自信乐观、团结协作，信念坚定、意志坚强等健康向上的品格，逐渐将多变的兴趣、浅显简单的目标转化为稳定的学习动机和深层次的目标体系。大学语文教学如何打破知识传授的桎梏，怎样使语文学习从肤浅抵达深刻？深度学习的提出，为我们的语文教学改革提供了强有力的理论支持。

一、深度学习有益于加深大学生的语文审美体验

心理学认为，人的心理、意识都是在活动中形成和发展起来的，通过活动认识周围世界，形成人的各种个性品质。而人的活动的基本形式有3种，即游戏、学习和劳动。每一种活动都是由目的、动机和动作构成的，具有完整的结构系统。学习活动同样具有一定的学习目的、学习动机和学习行为，需要学习者的主动参与。体验是通过自己的感觉器官和行为对人物或事物进行了解和感受，是获得对客观世界的感受性认知的实践方式，作为人类的基本生存方式之一，既是一种图景思维活动，也是一种震撼心灵、感动生命的魅力化育模式。体验需要亲身经历，需要用自己的生命去验证和感悟，学习体验注重的是让学生全身心地投入到学习活动和学习过程中。深度学习恰好可以实现二者的融合，有利于更好地实

现学习者为主体、教师为主导的教学过程。在深度学习理念的导向下，教师不再单纯传授知识，而是引导学生运用感官和行为深刻体验，在体验中产生学习的冲动，形成一种质疑、探寻、讨论、答疑的有效学习模式。因此，在深度学习理念观照下，教学不再是停留于表面的理性思维活动，而是一种有情感的、有温度的、深层次的体验活动。

审美体验是一种对象化的自我享受。大学语文教学中的审美教育必须诱发学生对审美客体的喜悦感、自由感、质疑感、惊异感，只有这样，才能真正调动审美主体——学生的审美潜力，产生审美激情，进而获得深刻的审美体验。在大学阶段，教师将从古至今的经典名篇作为语文教学内容，使大学生徜徉于意美、情深的文字海洋里，享受美的饕餮盛宴，获得无比丰富的滋养。

大自然中的景观，常具神奇之美，使人惊叹，使人心动，经过文人艺术化、抒情化的文字描摹，似一幅崭新的画卷呈现在学生的眼前，活灵活现、美不胜收，无不引起学生对美好自然的深情依恋与无尽向往。

文辞优美、情感丰富、思想深邃的文学作品，在教师的引领下，让学生多用心灵去感知，万物皆成为有情有义的生命之物，这时产生的感受才是真正的审美感受。同时，文学作品不但能让学生领略到自然之奇、物象之美，还能使学生得到人生启迪、思想升华，即透过文字和物象，在欣赏美的同时，感悟作品所蕴含的哲理，体验作者所寄寓的情感，最终获得心灵的震荡和情意的神会。古往今来，优秀的文人往往都洋溢着回旋喷涌的生命激情，都胸怀"济苍生，安黎元"的雄心壮志，善于以游说辩驳、借古讽今等方式，将自己对历史、社会、人生的深沉思考寄寓于文字之中，以此传达个人的理想以及对社会、对人生的责任和使命。只要品味其作品，欣赏其文辞，自然能体察作者丰富的内心世界、政治思想以及价值取向。古圣先贤们的磅礴气势、高蹈道义、博大胸襟、坚定节操，透过诗文表现出来，深深感染着学生而令人难以忘怀。这是大大超越单纯的语言美而震撼人心灵的强烈的精神美，每一句诗都是铸炼学生灵魂的烈火，都是滋养学生精神的力量，必然带来学生思想上的升华。

长期浸润在美妙语境中，不断接受高尚情感的熏陶，能使学生在潜移默化中加深对作品以及作者情感的理解与体悟，并产生相似性情感，对优美文辞、美好意境的不断体验，不仅可以使学生的个性得以张扬、灵魂获得"诗意的栖居"，提高学生的审美能力和美感修养，更能促进学生高尚品格的养成和人生境界的提升。

二、深度学习有益于提升大学生的语文学习层次

每一个大学生都经历了基础教育阶段十余年的语文学习，基础教育尽管在不断地改革，但至今没有逃脱应试的藩篱，语文教学亦是如此。以对语文的基础知

识系统学习和科学训练为主，重在引导学生如何应对考试，如何在考试中以高分取胜的中学语文教学，虽然也会涉及人文性和审美性，但主要还是侧重于其工具性和基础性。多年来，学生进入大学后的语文学习与中学语文学习大同小异，没有摆脱字、词、句、段、篇的流程化文本阐释及其求证逻辑，教师侧重于一般层面上的语文知识讲解，学生的语文学习始终停留在知识符号的表层。这样的教学模式在一定程度上束缚学生认知心理的发展，影响学生的学习兴趣，在引导学生加强对文本的深层次解读方面作用有限，不利于学生思维、情感的培养和对母语文化的传承。长此以往会使语文学习变得枯燥、乏味，毫无生气与灵性，课堂效率低下，甚至使语文课程地位日渐尴尬、不受重视。大学语文教学该如何改变传统的语文知识传授模式，怎样使语文学习从浅表抵达深刻，这一问题就这样鲜明地被提出来了。

深度学习理念的提出，为大学语文教学改革提供了契机。深度学习是与浅层学习相对的概念，是学习者在理解学习基础上的一种批判性学习，是需要学生的感觉、知觉、思维、情感、意志等全面参与的活动，是超越表层知识符号、进入知识的内在逻辑形式和意义领域的学习；是在教师的引导下，能够启迪学生的智慧和引发学生深入思考的学习。

语文的深度学习，是通过对语文知识的学习，在掌握文本内容"是什么"的基础上，进入更深层次的思维，了解"为什么是这样"，从而探究文本的内蕴，实现思维训练、情感培养、德性养成的有效统一；是通过超越表层的符号学习，而把握知识的内在结构，既能受到情感熏陶，又能受到思想的启迪和价值的引导，不仅能培养学生的思维方式、审美情趣，还能完善其道德品质的学习；是正确引导学生世界观的确立和价值观的形成，从而提高其整体素质的学习。

三、深度学习有益于生成大学生的语文创新能力

深度学习不是机械地对知识的描述和复制，不是简单地掌握孤立的知识点或记忆事实性知识，而是将经过质疑、批判、深入理解而获得的新知识、新感受与新感悟有机融入自己已有的认知结构之中，将其迁移到新的情境中，并能解决实际问题的学习。从布卢姆的教育目标分类学来看，深度学习是对知识的应用、综合、分析和评价，是一种高级认知技能的获得，"是在教师的引导下，根据当前的学习活动去联想、调动、激活以往的经验、知识，以融会贯通的方式对学习内容进行组织，从而建构出自己的知识结构"。是"强调学习者积极主动的学习，强调学习者批判性的学习，强调学习者将在某一情境中学习的内容迁移应用于另一新情境"的学习。

曾经以及当前的一些语文教学中，对文本的理解在很大程度上是教师怎么说，学生就怎么理解和接受，教师是知识的传递者，学生是知识的被动接受者。

在整个教学过程中，学生的主动性不强，参与度不高，而其学习积极性及对语言文字的兴趣多被统一的、标准化的唯一答案所遏制。深度学习则要求学习者对所学习内容予以深度加工，主动去体验、去感受，并敢于进行批判、质疑，需要学生与学习内容之间建立一种紧密的灵魂联系。

语文教学的内容是文质皆美的名篇佳作，学习者的首要任务自然是对文本内容的掌握，只有掌握了文本的基本内容，才能使学习走向深入。但语言符号形式的文本内容学习只是一种背景性和支撑性的学习，是表面的、肤浅的学习。因此，真正的学习必须思考符号表征背后的逻辑形式，挖掘其隐含的深刻意义，避免浅尝辄止的"浅阅读"，做到"虚心涵泳，切己体察"。比如诗歌的学习，要实现有价值的文本意义生成，就得关注创作的背景、作品中的词语意义以及组合关系、读者视域与作者视域的融合；就得以品味和揣摩语言为基础，然后通过语言这座桥梁去发现隐藏于言语背后的抒情主体，进而结合个人经历与创作背景感悟诗歌的魅力。这一循环过程，就是从文字符号走向文本内容，从文本内容走向隐含意义的深度学习过程。

第八章 职业核心能力背景下高职语文教学改革策略

第一节 写作能力提升为视角的高职语文教学改革

一、高职语文写作教学现状

对于当前的高职学生来说，书面表达是学生必须具备的一项技能。写作是提高学生书面表达能力的重要方式。从当前的高职语文教学来看，仍然有很多教师采用传统的写作教学方法，这一教学方法存在很多问题。因此，就必须对教学方法进行改革。网络技术的发展给我们的生产生活提供了很多便利，也有效推动了教学的改革发展进程。但是，语文教师在应用网络技术进行写作教学时，还是出现了一些问题，有的语文教师过分注重信息技术的应用，忽视了写作基本特点的教授，导致语文教学效率低下。学生在进行写作时，教师一定要抓住重点，要注重培养学生考虑问题的能力、表达能力和分析能力。在培养学生能力的过程中，一定要循序渐进、反复进行。因此，在对信息化时代下高职语文写作教学存在的问题进行分析和研究后，提出了高职语文写作教学的新模式。

二、高职语文写作教学模式

（一）构思、积累过程

构思的主要目的是提高学生的认识能力和分析能力。在这个过程中，教师可以利用微信等一些网络信息平台与学生进行练习，向他们下发写作题目以及要求，同时为他们提供资料及评价准则，供其思考。教师还可以事先通过一些网站以及交流平台查找范文，发送给学生，让学生通过阅读提升自己对题目的了解和认识，拓宽他们的写作知识面和写作范围。通过网络平台为学生搭建一个关于文章主题的虚拟情境，在帮助学生理解的同时，激发学生的写作热情，让学生主动去看、主动去写。此外，教师还可以利用自己的经验适当地向学生讲述一下自己的经历以及对题目的看法，从而在专业的角度上去引导学生，帮助学生进行写作，但是需要注意的是，一定要将学生放在主体位置，不能完全抑制学生的想法，更不能让学生完全按照自己的意思去做、去写。最后，还要要求学生将自己每天的学习感悟和认识记录下来，也可以在网络平台上与其他学生分享、相互讨论、共同学习，虽然经过这个过程的培养，学生对于写作还不能完全认识和掌握，但为日后的写作已经奠定了良好的基础。

（二）练笔过程

练笔的主要目的是提高学生的交流表达能力。从以往的教学情况来看，大部分教师会采用文章示范法或范文分析法来进行练笔教学。但是从效果上来看，这些方法并不实用，对于学生的交流表达能力的提升起不到明显作用。这就要求教师要对教学方法进行改革，要在表达环境的设立、表达对象的描述、书写的结合、表达活动的开展等多方面进行完善和突破。

网络信息化的发展为教师的教学工作提供了很大的便利。上课前，教师可提前在网上查找一些范文或者优秀文章，然后将这些文章分享给本班的学生，让学生先对范文进行了解和阅读。通过这一方式，可以最大限度地节省时间，还能为学生营造良好的课前预习环境。在课堂中，教师可以以图片、文字、声音、视频为载体，将写作和阅读有效结合起来让学生对学习产生浓厚的兴趣，从而全面提高语文教学效果。当学生借助网络平台进行写作时，教师应该循序渐进，先设置一些比较简单的题目让学生练笔，然后让学生通过互相沟通和评阅的方式找出自身的不足之处，加以修改，从而提升自己的写作能力。

（三）成文过程

成文的过程也是学生处理能力的养成过程。在以往的教学中，教师是学生的最终评价者，也是唯一评价者。但是由于教师的日常工作繁多，经常会出现学生写作结束后，教师没有时间进行批阅或评阅不及时、评阅不具体的情况。这种现象导致学生无法及时得到回馈，直接影响了学生写作水平的提升。针对这一现状，教师可以将网络信息技术巧妙地运用到写作教学中。它可以使教师快速地完成学生作文的评阅工作，还可以让学生之间进行相互评阅，有效地提升学生的处理能力。在这个过程中，学生不单是写作者，更是一个评阅者，他们可以听取别人的意见，也可以互相提出意见，教师只是起到一个辅助的作用，师生之间处于平等地位。此外，学生还可以通过评阅，学习到别人的长处和写作的优点，积累更多的好词佳句，从而提升写作水平，写出更优秀的作品。

三、高职语文写作教学改革策略

（一）写作理论通俗化

写作是高职语文教育专业必修课。长久以来，写作理论与写作实践难以统一的问题一直困扰着写作教学，影响着人才的培养。在教学中，写作并未作为一种技能本领来培养，往往形成"眼不高，手还低"的尴尬局面。写作基础篇主要讲解写作理论，第一章写作准备包括三节内容：提高素质、培养能力、掌握规律。素质、能力和规律，在学习者来说都是难以企及的，内容纠缠复杂，目标太高，任务太重，实现的可能性太低。学生最痛的体会就是十二年的中小学写作体验，因为素质的养成、能力的培养、规律的掌握都无法短时间见效，而且写作具有综合性的特点，与写作者的思想品德、性格趣味、情感思维的表达方式、经历悟性都密切相关，而高职语文教育专业的学生在进入专业学习之前，学情复杂：整体素质较低，语文基础薄弱，在听说读写四种语文能力中，写最薄弱，甚至反感去写。

写作理论通俗化的教学策略，目的是让学生成为写作经验的学习者、继承者和践行者，写作是我们人类生命的方式，生活的内容和生存发展的技能，每一个人都是写作的主人。

（二）写作教学生活化

写作教学生活化，是将教学内容与学生的学习生活广泛联系，写作为生活而写，写作是生命活动，写作可以成为谋生手段。在具体的教学中，师生可以设计一些趣味的小话题，来思考配合写作理论的学习与实践。

写作教学不仅仅在课堂，也可以在大自然，带学生走出课堂，游学写作，培养学生敏锐的感知能力，张打油的雪诗和柳宗元的雪诗应该没有好坏雅俗之差，引导学生观察生活感悟自然；儒家的水"逝者如斯夫"和道家的水"上善若水"也不矛盾冲突，一年四季，各有轮回。写作教学灵活机动，也让学生充分体验写作是生命活动，认识世界，寻找灵感，积累写作素材，激发写作欲望。

写作是生活，是生活的内容，是生活的技能，沟通与交际的最好最实效的方法。所以我们不要把写作看作是一种高雅的行为，可以看作是人类高级高尚的生活行为，我们要复兴人人想写作、人人能写作，让写作成为工作的必须、生活的习惯，当然，当务之急就是要通过高等学府的专业学习培养写作人才，所以一门写作课程重任在肩。

（三）写作教师示范化

良好的师生关系对于学生的重要影响，良好的师生关系能使学生拥有良好的情绪和心理去面对学习。"亲其师，信其道"，能让学生亲的教师，不仅是教师的思想品德，还有教师的本领能力，教师的示范作用就是榜样的力量，言传身教、上行下效，这些传统的观念在写作教学中举足轻重，我们不能要求教师像作家一样写作品，但作为写作老师也应该出口成章、下笔成文。眼高手低是写作教学的软肋，要想教好写作，写作教师要有写作的能力和本领，或者爱好写作、热爱生活，用写作的方式去生活、教学，把自己写作的成果给学生示范，这样学生才会尊重教师、热爱教育、喜欢写作，在写作教学中，身教言教并重。教师示范的不仅仅是语言文字，还有教师的知识结构，情感的浓淡度、品德的高低度、思维的方式、感知的能力、关注的热点焦点、观察的角度、思考的方向等，写作是写作教学的情趣、情绪和情结。生活即写作，写作即生活，写作能力是生活能力的一部分，高职语文教育专业培养人才的方向是小学语文教师，小学语文教师是孩子的启蒙老师，他有责任把"写作是生命活动"这粒种子播种在学生心田，这样的传递与传承，仅仅靠语文教师讲述是不够的，所以每一个语文教师都要历经教学相长的历练，教学—运用—传承，所以写作教师示范身肩重任。孔子之所以被尊为万世宗师，因为他是德思言行的表率，他提出"工欲善其事，必先利其器"，一个工匠要想做好他的事，就一定先有锋利的工具；那么一个教师要想教好写作，那他自己要有写作的本领或能力，否则亦如孔子所言"己所不欲，勿施于人"。

语言是思想情感的外化，所以我们要充分地发挥语言的作用，语文老师就应该在语言方面极富表现力。因此，我们要好好学习语言，更好地运用语言表达思想、抒发情感、传递知识、传承文化、沟通信息。可见，教师示范，学生模仿；教师赋诗，学生放歌。

写作教学示范化，对教师的素质和品德提出了高要求，是教育的需要与期待。"教育改革大潮呼唤造就一代文武双全的教师。学校光注重盖楼不行，一流的学校不光要有一流的校舍，还要有一流的实验室建设及仪器设施配套，更需要有一流的文武双全的教师。从中小幼课程教材改革的目标、要求和课程内容来看，越来越注重对学生的实践能力和创造能力的培养，因此，培养教师一专多能，鼓励教师发展差异，形成有个性的创造风格，增强教师的动手能力。是一个当务之急的课题。"

（四）写作实践个体化

高考写作的弊病，在一定程度上扼杀了学生对于写作的生命需求，作文在高考中所占分数较高，对于学生而言是分数、是命根，所以就有了高考作文的作法写法套路秘籍。同题作文的写作者具有个体差异，每个学生的性格兴趣、爱好追求、理性感性、读的书、喜欢的文章类型等都不相同，一届高考下来，就高考作文而言，有的学生考完后觉得难，有的学生觉得容易，有的话题对胃口，有的不对胃口，有的学生思路打开，有的学生完全没有思路，诸多情况的存在使人深思，写作的出路在哪里？特别是进入大学后，对于学习汉语言文学专业的学生来说，写作是作为一门课来学，还是作为一种技能来学呢？如果又进入同题作文、应试作文，重走老套路，学生没兴趣学习，也打不开学生作为个体鲜活生命写作的初衷，也不可能有能力的提高，这对于培养人才来说是一种时间上的荒废，更是对人才的一种伤害。

对于这些问题的思考，我们提出写作实践个体化的策略，以学生为主体，尊重学生个体的思想情感意志，尊重学生思想的深浅度，情感的浓淡度，思考的角度，个体生命感动、感受、感触、感悟的不同梯度，特别是深挖个体生命的生活经历种种。写作课上的个体化写作，形式上看是自由写作，而训练的实质可以让学生表达出自己真实情浓的独特感受。不设约束不等于随便，因为没有约束，学生的情感思想状态是灵动鲜活的，是有源之水，源源不断，滔滔不绝，如激发学生每天写个体日记、读书笔记、社会焦点热点的读后感、影视观感评论等。

个体化作文在具体实践操作时也应该是个体的，因为学生不同，教师也不同，个体的差异是写作的魅力所在，没有个体就没有写作的需求和价值，写什么、怎样写的每一个个体，正如那句名言，世界上没有两片相同的叶子，怎样操作，需要写作教师通过他的教学能力进行教学设计、教学管理、教学交往。同时，写作教学还要吃透学生的能力水平、兴趣爱好、想法要求等。写作实践的个体化，可以使"三主"教育理念在写作教学中得到落实，以学生为主体，以训练为主线，以教师为主导。为实现个体化的策略，具体操作可以有以下几种：

同题作文不限文体字数；话题作文，张弛自由，联想想象，比喻象征；自由作文，写所读所见所闻所感；讨论（针对热点焦点），采访（学校里任何一个人），训练口头作文；课堂开展读书活动，教师开经验书单；校园写生，捕捉意象。

第二节 职业能力提升为视角的高职语文教学改革

一、职业能力的定义

当前，职业能力尚未形成一个统一、权威的定义，各研究人员存在观点差异，例如有些研究人员认为职业能力是某项职业必须拥有的，为该职业日常工作中体现出来的各项能力之和，并非一种能力，也并非毫无关联的各项能力的叠加，而是各项能力相互结合、相互作用的统一体；也有些研究人员认为职业能力是把自身的经验、知识、技术等运用在某个职业岗位中并将其归纳分类的能力；还有些研究人员认为职业能力是通过职业实践活动完善优化的，它直接决定职业活动的水平。具体而言，职业能力的含义多元化，研究人员自不同层面对职业能力进行了界定。职业能力在社会大众职业生涯中是最核心、最根本的能力，指的是大众在接受教育的时段就已获得的从事某项职业必须拥有的基础知识、专业技能与心理素质，并于工作活动中不断实验、归纳与提高，让自己全面拥有符合职业要求的各项素质之和。

二、高职语文教学进行职业能力培养的重要性

在高职院校的教学工作中，语文课程是必不可少的。高职语文教学正处在转型期，其中涉及职业能力的培养。语文改革可以有效融合职业能力培养，有利于提高学生的日常交流技巧、语文写作水平，获得岗位信息的技能与创新思维。语文教育和学生的日常生活具有密切相关性，所以在推进课改措施时，院校需要更加注重交流技能培训，增强学生团体合作意识与协助能力。随着社会的快速发展，高职院校的语文教学也要紧跟时代脚步，在新课改要求下进行改革，将精力聚焦在培养学生的职业能力上。高职院校致力于为社会与企业培育高水准、高素养的实用型人才，所以高职院校教师要最大限度地保障学生受教育内容的前沿性，使学生具备更高的职业竞争力。因此，语文教学改革中加大对学生职业能力的培养，既能够增强学生的文化素养，又可以推动学生的全面进步。另外，通过语文教学提高学生职业能力，需要教师根据学生实际学习水平、兴趣特点与专业来安排有针对性的教学课程，还可以将语文教学与专业特征有效联系起来，提高学生学习语文的热情，从被动变成主动。

三、基于职业能力培养的高职语文教学改革的策略

（一）转变教学观念

院校教师应深刻意识到语文学科的重要价值，转变教学观念，着重培养学生的职业能力，丰富学生文化知识，提升学生的专业技能。首先，语文学科需将培养学生的职业能力作为教学起点。语文教学具备人文、工具的特征，其教学目标是为社会输送更多的优质人才，高职教师要充分利用语文教学中包含的人文价值，使学生具备岗位责任感与团体荣誉感。其次，教师还要培养学生的表达能力与交际能力，让学生能够掌握职场用语。不同专业的语文教学存在差异，教师必须了解这种差异，使教学内容突出专业特征，实现专业与语文的结合。尤其是高职理科学生，对语文知识缺少了解，需体现专业特征，提高教学质量。例如建筑专业的语文教学，可结合建筑文化内容，选用《登楼赋》等相关文章作为选读篇目，可使学生在阅读中感悟文化，也可使学生通过文章了解古代建筑，提升学生的学习热情。最后，增强对教师的专业系统培训，多观摩新课改教学视频，转变观念。强化语文教学管理，尤其是教学设计过程。围绕新课改进行教学实践活动，如教学分析、交流新课改的体验等。

（二）改革教学内容

新课改要求教学以学生学习需求为主，对教学内容进行科学合理的设置，因此，高职院校语文教学过程中教师应注重激发学生的学习兴趣，同时落实能力培训目标，在满足学生学习需求的基础上对学生进行职业能力的培养。多元化的教学内容既能满足学生的学习需求，还能在一定程度上提升课堂活力，在发挥语

学科教学功能的基础上提升课堂教学的效率，也有利于提高学生的职业能力。以问题为引导、拓展内容的教学方式是教学内容改革的有效途径，能够有效激发学生学习的积极性。在室外开展课堂教学，组织学生参加院校组织的语文实践活动，能够有效激励学生的积极性与主观能动性。然后，学生可以交流内心的感悟，并记录相关内容；学校需加强院校广播电台、报纸、杂志的创建与管理，并侧重于增加优秀的文学作品、画作。采用这种方式能够多渠道拓展高职学生的文化知识。丰富的语言构建了多彩多姿、以人为本的学习环境，营造了良好的语言氛围；学生还可在校园活动中掌握语文知识。生活是天然的教育书籍，学生认真考察与感悟生活，会学到更多的知识，学生还可以利用节假日与周末参加实践活动。在评价国内职业课程时，既要评价教师对学生进行有效引导的能力，又要评价学生实际学习水平。

（三）以学生为中心

以学生为中心，指在教学中最大限度发挥学生在课堂上的主体作用，激发学生学习的积极性。传统教学理念下的语文课堂教学多以教师为课堂主体，以讲解知识为主，教学方式单一。教师要转变语文教学观念，以学生为课堂中心，改变传统教学中以讲为主的方式，将引导作为教师的主要任务，辅助学生进行探究式的学习。教师在教学过程中应侧重于培养学生的阅读能力、语言表述能力、思维拓展能力与实际写作能力。项目教学方法是采用小组的方式，学生协同实践完成项目，提升职业能力。为培养学生的表达能力，课堂教学时可将班级学生均分为若干小组，利用演讲、朗诵、辩论、主持、求职、面试等多种比赛形式，有效发掘学生的主观能动性，锻炼学生的表达能力。有些院校尽管已购进多媒体设备，但部分教师仅用其播放视频、PPT，而学生在学习过程中难以集中精力，导致教学质量不高。语文教师要活跃课堂气氛，改革语文教学方式、完成课堂实践教学。教师要结合社会对人才的具体要求，了解学生的专业，对学生展开有针对性、具体化的教学。重视实践教学的内容，使学生融会贯通，实现学习与实践的无缝衔接使课堂实践教学有效地激发学生的兴趣，达到了事半功倍的效果。

（四）培养职业道德

高职院校教学重点不仅为培养学生的专业技能和实际动手操作能力，也需要培养学生的心理素质与道德意识。语文是富有教育价值的学科，应充分发挥学科的教育功能，促使学生在学习过程中进行客观思考和自我提升。职业道德是教师在教学过程中基于学科教育对学生进行的道德培养。教师在开展教学活动的过程中，可以定期组织思想道德培养。同时，教师应引导学生明确职业能力与职业道德之间的相互作用。此外，语文教育内容要结合学生的实际能力，在进行课堂教学的过程中，教师要依据不同专业学生对语文学习的不同需求，进行更具体的课程规划，从而让学生在就业后将专业知识更好地运用到工作中。学科教师需共同努力，在专业课堂教学中、课内或课外，对学生开展职业道德教育，将职业道德教育贯穿教学的各个环节。

第三节 就业导向提升为视角的高职语文教学改革

一、高职语文教学和就业之间的关系

对于高职院校的学生来说，其专业能力是今后入职的基础。但是随着我国现代企业的不断发展，大多数企业不仅对高职院校学生的专业水平提出要求，同时对于其具备的语文能力也具有一定的要求。高职学生在毕业之后，面临的是应聘工作，具有一定的语言能力能够充分展现出自我才华，使得企业对其录用。由此可见，高职语文教学和学生今后的就业有着密切联系。经过笔者的仔细调查，发现目前大多数高职学生语文知识较为薄弱，在求职时欠缺技巧，这对于高职学生今后的发展产生了一定的副面影响。因此，在这种形势之下，高职语文教学和就业两者结合就显得格外重要。

二、高职语文教学以就业为导向的必要性

（一）语文教学的性质决定其必须以就业为导向开展教学

"教学是否成功在于是否有明确的标准"，这句话出自美国一个著名教育家之口。从这句话中，可以直接看出教学的有效性和教育目标达成之间有着密切的关系。高职学校的办学理念以及社会对于高职学生的相关要求，都迫使高职语文教学必须以专业知识和技能培养作为主要目标。以就业为导向的高职语文教学其实就是指在传授相关语文知识的同时结合企业对于高职学生的相关要求，寻找两者的契合点。在专业教育上不仅仅要注重专业未来的发展，更要以语文教学为基础，充分地培养学生相关专业技能，使得学生今后成为一名合格且具有潜力的工作人员。

（二）学生的认知决定了语文教学必须突出就业导向

高职学生目前都存在一个通病，非常注重学习专业技能，导致对于语文知识不够重视，甚至忽略学习语文知识。加上高职院校的考评体系，主要以专业技术为主，间接致使学生偏向于专业技术课程，对于语文教学认知存在不足。因此，教师在开展课堂教学时，非常有必要以就业为导向进行语文教学。

三、高职院校语文教学存在的问题

（一）语文教学定位不明确

从整体来说，我国高职教育逐渐倾向于市场化的发展方向，高职院校主要以

培养技术型人才为目标，以专业前景作为学生今后就业的倾向。换句话来说，职业教育就等同于就业教育。在这种形势之下，高职语文教育缺乏准确定位。以目前各大高职院校的情况来讲，大多数高职语文教育定位非常模糊，在教材的选择上也存在着较大的差异。由于教材存在差异，导致高职语文教育整体发展存在一定的制约。加上一些院校以培养技能型人才作为目标，导致高职语文教育进一步被弱化。

（二）课堂教学方法单一

高职语文教材的相关理论研究相对来说是比较落后的，因此也间接的导致语文教材鱼龙混杂，教学基础十分薄弱。目前大多数高职语文教师也不能改变这一现状，加上教师课堂教学方法单一，致使目前高职语文教学的发展陷入了瓶颈期。由于受到长期单一教学方法的影响，导致高职学生在语文学习中陷入了"盲从"这一境地。加上高职语文课程教学课时较少，通常需要几节课来讲解的内容浓缩成了一节课进行讲解，这样教师在课堂中只能够简单的分析课文本身，没有时间拓展相关就业知识内容，和高职语文培养目标存在较大差距。

（三）学习积极性不高

目前大多数的高职学生在中学时代语文基础就不是很扎实，在进入高职院校之后，自身思想上更加松懈，对于高职语文学习没有太大兴趣。加上在学生毕业后，岗位之间竞争日益激烈，学生的就业压力也随之加大，因此多数学生将有限的时间放在了专业课程中。学生的学习积极性不高，导致语文教学发挥不了实质性作用，还需要教师不断对其探索。

四、以就业为导向的高职语文教学改革策略

高职语文教学改革必须紧扣学生"就业"二字，要以"就业为导向"实现教学改革，这是目前社会和用人单位的需要，也是高职教育改革的需要。

（一）更新教育理念，精准定位

高职院校的语文课程，对于学生的人文素质培养起到了重要作用。应该引起学校相关领导以及全体教师和学生的重视。语文课程和专业课程都具有重要的意义，因此课程安排比重应该相当，不应该以此来削弱语文教学在高职教育中的地位。高职院校应该组织教师研究高职语文教学改革，深入做好产教融合，对课程有机整合。同时，应该将高职语文纳入技能课程之中，促使语文以就业为导向不断的改革。同时，还应该改变如今的高职语文课程体系，让学生在了解到企业的真实需要的情况之下，积极主动地学习，从而提高学生的语文能力。

（二）采用多样的教学方法

教学方法是开展教学的一种手段，其教学结果和教师的教学方法之间有着非

常紧密的联系。因此，高职院校语文教学的改革，应该从转变教学方法做起。要从教学方法中突出以就业为导向的语文教学改革，通过多种教学方法，不断地将学生今后的就业和语文教学紧密联系起来。

1.丰富语文教学活动

传统的语文教学主要是依赖于教室这一场所开展教学，要想以就业为导向开展语文教学改革，就必须改变现状，让语文教学走出教室。对此，在高职语文教育中，可以定期开展丰富的语文教学活动，让学生走出教室，通过实践来提高语言表达能力，这对于学生今后的就业求职都有着积极的作用。

2.实训教学

实训教学的开展可以帮助学生模拟工作情境，加大今后的就业竞争力。其主要是根据学生的专业工作流程，策划出真实场景，让学生进行语文能力训练，将目标放在就业需求中，将其和专业紧密联系，达到学以致用这一效果。例如服装专业的学生，可以模拟如何向客户推荐自身的设计作品；教师扮演客户，展开实训教学。通过实训教学，可以有效地加强师生之间的关系，充分体现以就业为导向的高职教学改革。

（三）完善教学考评模式

传统的高职语文教学考评主要是以考查学生的记忆和理解能力进行评价。许多高职学生主要是为了应付期末考试，死板地背诵知识要点。在考试过后，这些知识又会直接被遗忘。这非常不利于语文学习习惯的养成，对于学生语文水平的提高也丝毫没有帮助。除此之外，传统的考评模式不能够有效的调动高职学生的学习积极性，对于学生社会适应能力的提高也没有任何好处。对此，高职院校应该改变传统教学考评模式，同时语文教学也应该纳入考评之中成为一个重点。加强对于考评方法、手段的改革，改变传统的单一的考评主体，让考评主体不断朝着多元化发展，从而切实地促进语文教学的整体改革。

第九章 职业发展背景下高职语文师资队伍培养与发展

第一节 高职语文教师教学能力与特征

一、高职院校教师素质与教学能力综述

高职教师素质是师德水平、知识水平和能力水平的综合体现，是开展职业活动的前提和有效教学的基础。高职教师教学能力是完成教学活动的智力智慧、个性心理和发展特质，是直接或间接影响教学活动质量和效率的关键。

（一）高职教师素质

"素质"一词本是生理学概念，指人的先天生理解剖特点，主要指神经系统、脑的特性及感觉器官和运动器官的特点。各门学科对素质的解释不同，但都有一个共同点，即素质是以人的生理状态和心理实际活动为基础，是以其自然属性为基本前提的。个体生理的、心理的成熟水平的不同决定着个体素质的差异。因此，对人的素质理解要以人的身心组织结构及其质量水平为前提，素质是人的能力发展的自然前提和基础，素质加修养构成人的素养，素养是由训练和实践获得的技巧或能力。高职教师应努力由先天条件和后天学习与锻炼中获得从事教育工作的素质与修养。

关于高职教师的素质，一般来说，是指高职教师在教学活动中表现出来的决定其教学效果并对学生身心发展有直接影响的思想观念、学识能力和心理素质的总和。做好一个高职教师，要有理想信念、道德情操、扎实学识、仁爱之心，要把自己的温暖和情感倾注到每一个学生身上，用欣赏增强学生的信心，用信任树立学生的自尊。做好一个高职教师，还要有过硬的专业知识与教学水平，有精湛的职业技能与技艺，拥有能培养出适应行业需要的高素质技术技能

型人才的能力。

（二）教师教学能力

教师教学能力隶属于心理学范畴，是教师在教学活动中顺利完成教学工作并直接影响教学活动效率和效果的个体心理特征，也是教师个人智力智慧及从事教学工作所需的知识、技能而建构的一种职业素质。

1.教师教学能力含义

"能力"一词在不同领域具有不同含义。心理学家给出的定义为：能力即为顺利完成某种活动的个性心理特征。能力是完成某一具体活动所必需的生理、心理素质条件，是完成活动的本领和力量。对应于教学能力，则表现在有效支持教学任务的完成。能力总是和人完成一定的活动联系在一起的，离开了具体活动既不能体现出人的能力水平，又不能提高人的能力。

能力按其发挥作用领域的不同又可分为一般能力和特殊能力。一般能力是个体从事任何活动都必须具备的能力，其核心是智力；特殊能力是顺利完成某种专业活动所必备的能力，如，音乐家的音乐听觉能力，画家的色调辨别能力等。关于教学能力的定义为："教学能力是教师为达到教学目标，顺利从事教学活动所表现的一种心理特征。"这种心理特征总要通过一定的教学行为方式来体现，通常将教师完成特定教学任务的行为方式称为教学技能。因此，一个教师的教学能力是通过其在顺利完成教学任务过程中所运用的教学技能来体现的，是在一定的教学思想、理念支配下，在掌握教学知识、教学技能的不断实践过程中形成的。

2.教师教学能力性质认识

由于研究者对教学过程、教学活动行为的认识及所做微观考察程度的不同，因而对教学能力性质的认识也有所区别。目前，人们对教师教学能力性质的认识及分析主要有以下几种基本思路。

（1）与人们对智力和能力的认知联系在一起

人们对教学能力性质的认识是与人们对智力和能力的认知活动联系在一起的，即教师教学能力在本质上是否包含智力成分的问题。随着现代心理科学关于智力、能力研究的深入发展，人们对教学能力的性质的认识愈益明朗和深刻。

目前大多数专家学者明确区分了教师智力与教学能力两个概念，将教学能力界定为以认识能力为基础，是一般能力和特殊能力的合理整合和特殊发展。一般能力主要指教师的智力，而特殊能力是指教师在设计、组织和实施具体的教学活动中所具有的能力。以智力为基础发展起来的一般能力和特殊能力的结合是专家学者对教学能力的性质所持的普遍观点。

（2）与人们对教学活动形式的认识联系在一起

人们对教学能力性质的认识是与人们对教学活动的认识紧紧联系在一起的，即从教育目标、教育活动的实施过程，以及教育的方法和手段的运用角度进行分析，侧重的是知识性和技能性的因素，并且将落脚点放在能力的表现形式上，由此构建出"一般性和群体性"的教师教学能力体系。

所谓教学能力主要是指各科教师应当普遍具有的运用特定教材从事教学活动、完成教学任务的能力，它具体包括：掌握和运用教学大纲的能力、掌握和运用教材的能力、掌握和运用教学参考书的能力、编写教案的能力、选择和运用教学方法的能力、因材施教的能力、实施目标教学的能力、组织课堂教学的能力、教学测试能力、制作和使用教具的能力等。从教学实施流程的视角，认为高校教师的教学能力由四个维度组成：教师具备良好的专业技术知识、课程设计的能力、与学生沟通交流的能力及教师进行教学实施和教学管理的能力。

（3）与教书育人的过程联系在一起

人们对教学能力性质的认识是与教书育人过程紧紧联系在一起的，即从教育学、心理学、社会学的角度对学生进行思想品德和职业道德教育能力的培养。教学是以知识、技能和伦理道德规范为媒介的师生之间的双边活动，教学能力则是教师思想品格、心理特征、行为规范和道德准则的综合体现。"学高为师，身正为范"，态度和意识对于教师教学非常重要，教师如果缺乏高度的责任感，教学态度和行为就会失范，严重制约教学能力的发挥和发展。

大学教师发展的内容包括三个方面：学术水平——基础理论、学科理论、跨学科的知识面；教师教学知识和技能——教育知识，教学能力；师德学术道德、教师教学道德。因此，高职教师教学能力是以其心理、道德和语言素养为基础，结合职业和社会认知，对高职学生进行全面的素质教育而体现的。高职教师必须具备全面了解并正确评价学生的能力、寓德育与职业教育于教学之中的能力、教师"身教"的能力等。

（4）与教学问题的解决过程联系在一起

人们对教学能力性质的认识是与教学问题解决过程联系在一起的，即把教学能力看作是教师在"操作解决一个教学问题"的能力。这方面的早期研究基本上是从"技术"或"胜任"层面来研究教学能力的，把教师当作"技术人员"，认为教师只是一个"教书匠"，只是教学手段、技术与目的的中介人，是一个用别人设计好的课程达到别人设计好的目标的知识传授者。但随着认知心理学的迅猛发展，对教师所扮演的角色已不再停留于"技术人员"这一看法上，更多的是把教学过程看作是一个解决问题的过程。如忻耀群认为，教学能力是指在有限的时间里高质量、高效率地完成教学任务。教师能否把问题解决作为教学的重要目标会导致其教学行为大不一样，带给学生的影响也就大不一样。教师发现问题、分析问题和解决问题的能力对教师搞好教育教学工作至关重要。因此，近年来，国外的教师研究专家、学者在肯定以前的研究成果的基础上，突出了教师完成教学任务所必备的基本知识和技能，把重点放在了教师的观察、分析、解释和决策等反思能力的研究上。

3.教师教学能力与素质关系

素质与能力是对人格同一层面不同侧重点的表述。一般来说，素质重在存储与积淀，"位势"的变化只表明量的增减并不代表质的改变，只有当外因发生作用时，素质才能释放能量，故条件是素质"物化"的前提，它更多地具有静态"势能"的形式与特征。而能力重在内化与运用。当主体行动时就会释放能量，故过程是能力"物化"的情境，它更多地具有动态"动能"的形式与特征。

素质是能力形成和发展的自然前提，离开了这个前提就谈不上能力的发展。素质本身不是能力，也不能决定一个人的能力，它仅能够提供一个人能力发展的可能性，只有通过后天的教育和实践活动才能使这种发展的可能性变为现实性。素质与能力不是一对一的关系，在同样的素质基础上可以形成各种不同的能力，同一种能力可以在不同素质的基础上形成，这完全取决于后天的条件。即使在某种素质方面存在着一定的缺陷，也可以通过机能补偿，使有关能力发挥出来。高职教师素质与能力的关系，从某种意义上说，就是势能与动能的关系，在一定条件下可以相互转化。对高职教师教学能力的定义，既要从心理学角度进行审视，也要从教育学、社会学等学科视野进行理解。经过比较研究和实证分析，本文从能力内涵和外在构成两个方面，对高职教师教学能力描述如下：

高职教师教学能力是由教师个人智力、智慧及从事高职教学工作所需素养、知识和技能建构而成的职业素质，由教学活动中培养和表现出来的、直接或间接影响教学活动质量和完成情况的个性心理特征，以及由实践中发展起来的、促进教师教育教学发展特质所构建的一种能力体系。

（三）高职教师素质与能力的决定因素

高职教师素质与能力由社会与市场发展环境、高职教育教学过程特色及高职教师职业生涯发展要求所决定。

1.由社会与市场发展环境决定

高等职业教育这个特殊类型是由社会发展阶段决定的。当今社会发展需要四种人才支撑：一是学术型人才，从事科学研究、发现规律、创造理论；二是工程型人才，从事将科学原理转化为工程设计、工作规划、业务决策；三是工艺型、执行型的技术型人才，或称中间型人才；四是技能型、操作型人才，在生产建设一线或工作现场，从事将工程设计、工作规划、业务决策转化为社会物质形式或工作成果。前两者需要有较好的学术修养和较强的研究能力，后两者需要有较好的技术修养和较强的职业岗位适应能力。后两种人才需求催生高等职业教育，催生了一个以实践为载体、以能力为本位的教育类型的产生，客观上要求教师的素质与能力与其相对应。

2.由高职教育教学过程特色决定

高等职业教育是在高等学校教育的框架下，融入产业、行业、企业、职业和实践五个要素，以培养实际操作能力为核心，面向生产、建设、管理和服务一线的高素质技术型专门人才为目标的一种职业教育类型。高等职业教育教学目标的职业性、教学内容的实践性决定了教学过程的特殊性，即教学过程与生产过程交互、教学环境与工作环境交互、教学效果与工作任务交互。这种教学过程的特殊性，决定了高等职业教育教师素质与能力的特色性。

3.由高职教师职业生涯发展决定

在整个职业生涯发展中，专业水平、业务能力、人格魅力是高职教师素质与能力的重要方面。指导学生解决未来岗位的实际问题是检验教师专业能力的重要尺码；把工作领域转化为学习领域，学习情境为工作情境服务，使学生真懂、真会、能做，体现了教师的教学业务水平；而人格魅力主要体现在教书育人的结合上，将优良的道德品质、职业责任、职业精神状态等通过教师的潜移默化传达给学生，促进学生的综合素养的提升。所以，教师的素质、能力与教师的职业选择、职业发展是紧密联系在一起的。

（四）高职教师基本素质

19世纪俄国教育家乌申斯基曾说："教师个人对青年人心灵的影响所产生的教育力量，无论什么样的教科书，无论什么样的思潮，无论什么样的奖惩制度都是代替不了的。"教师是教书育人、影响人生、铸就灵魂、培养未来的职业者，其言与行、品与德、学与识、才与能等方面都要符合相应的要求，合格的高职教师至少应该具备以下几个方面的基本素质。

1.具有高尚的道德

德乃师之灵魂，是教师素质的第一要素。师德是教师教学能力提升的道德基础，教师需要具备一定的教学情操，具有较强的责任感与义务感。

首先，高职教师的仪表要端庄，一定要注意自己的形象。讲台是神圣的，教师承担着最威严的使命。高职教师既要威严，又要有亲和力，自敬自重而不轻浮狂躁，仪容、举止得体适当，尤其是谈吐要温文儒雅。其次，高职教师要具备人格魅力和学问魅力。高职教师人格魅力表现在有颗仁爱之心，敬业爱生、爱生如子，这是高职教师爱的根本。教育家陶行知曾指出：要人敬的必先自敬，重师之自重。高职教师要恪守师德、正人先正己，修身先修心，做到为人师表，言行如一。高职教师要治学严谨、显示师范、展现学问的魅力。既能向学生展现学科专业知识与技术的神奇魅力，又能使自己课堂教学效果达到最好、学生最满意。再次，高职教师要有良好的意志品质。高职教师要做到态度谦虚谨慎，气量大度容忍，具有强烈的进取精神和合作精神，善于与他人沟通，擅长调整人际关系，自我调控和调节的能力较强。高职教师还要做到守得住清贫，耐得住寂寞，淡泊名利，不为名利所动，不受社会逐利影响，并以园丁的身份、蜡烛的精神、春蚕的行为、人梯的态度、黄牛的品格、蜜蜂的技能去培植、去燃烧、去吐丝、去铺路、去耕耘、去酿蜜，切实做到"临难勿苟免，临财勿苟得"。

2.具有广博的知识

师者，传道授业解惑也，广博的专业知识、较高的专业技术与能力水平、良好的职业教学态度和职业教育认知结构是高职教师从事教育教学工作的基础，是很好地履行教书育人职责的看家本领。

（1）高职教师知识储备要丰富

高职教师要不断丰富自己的学养，要广泛涉猎包括社会科学、自然科学等多领域的相关知识，做到既广又深，使自己成为专才中的通才，通才中的专才。教师只有具备广博、深厚、扎实的文化知识，才能在教学中达到融会贯通、深入浅出的境界。专业知识是高职教师从事高质量教育活动的基础，高职教师必须做到专业理论精通，掌握专业理论与技术前沿动态，不断丰富自己的知识储备。

（2）高职教师知识更新要快

随着知识经济时代的到来，知识海量的剧增和知识更新速度的加快，高职教师必须主动适应社会发展与时代进步，不断加强知识与技术的更新，教师一方面要奉献出自己的知识储备，另一方面又要像海绵一样，吸收一切优良的知识，然后把这些全部贡献给学生。这是对教师不断进行知识创新必要性的最真实、最生动、最形象的反映。同时，面对当今学科专业相互交叉渗透、应用技术飞速发展、新学科新知识大量涌现的趋势，高职教师要主动学习专业、行业中最新知识，补充完善原有知识体系，不断地拓宽专业知识渠道，加快专业技术更新速度，用最科学、最前沿、最先进的理论知识体系武装自己的头脑。

3.具有丰富的教艺

美国的一位教育学家说过："认为只要掌握了学科知识，就自然具备了教学资格，这是一种陈旧的观念。"教育界有两句行话说的是："教师好不等于好教师，教师老不等于老教师。"所以，教师教学能力的核心问题就是提高教学艺术与方法，具有精湛的教艺。

所谓教艺就是教师在长期的教学实践中形成的，在其教学中普遍使用的，能体现自身教学特点的教学艺术与独特的教学风格。有位老教授曾对不同层次老师的要求用一个字来表述：助教首先要讲得"对"，如果讲错了，那是谬传，误人不浅；讲师要讲得"清"，要条分缕析、层层剥茧，讲得非常清楚；副教授要讲得"精"，应该以简驭繁，让学生能够举一反三；教授应该讲得"妙"，旁征博引，妙语连珠；大师则是讲得"绝"，炉火纯青，让人拍案叫绝。有位知名的教育专家从业务的角度总结了教师教学的四种情形：浅入浅出型、深入深出型、浅入深出型、深入浅出型。浅入浅出型的教师学识浅薄，自己懂的知识不多，能教的知识也不多，教出的学生自然水平不高；深入深出型的教师，自己钻得很深，然而却讲不明白，囫囵吞枣地传授，学生同教师一样也是云里雾里；浅入深出型的教师，是把最简单的问题复杂化，不讲时还明白，讲完倒迷惑了，故弄玄虚、误人子弟；深入浅出型的教师能把深奥的东西简明化，只需轻轻一点，便云开雾散，使人豁然开朗，这是好教师应该具备的素质。

高超的教艺是一名好教师的必备特征，缺乏基本教艺的人就无法从事教师职业。教艺不仅反映了教学的艺术和方法，还体现为一种教育的感召力或感染力，一种教育、宣传、鼓励、组织学生有效学习，焕发学生学习兴趣与知识欲望的技巧或策略。良好的教艺能使教师从认知心理学角度，通过爱心、引导、尊重、真诚、激励等行为方式对学生进行学习心理、学习动机和学习热情的激发与开启，有效激发学生对知识的渴望、期待与探究之情，并通过运用语言艺术、信息传递艺术、环境调控艺术、方法应变艺术和情境创设艺术等提高教学效能。

4.具有精湛的技艺

高职教育是培养技术技能型人才的教育，技术技能型人才的培养需要教师具有真正成熟的技艺。这就对从事高职教育的教师提出更高的要求，使其不仅要成为理论知识的传授者，更要成为实践技能的拓展者，成为行业技术与专业技术的引领者。因此，高职教师要真正提高技艺能力，就必须走出校园，到行业企业中去学习和锻炼，在进行工学结合的实践中实现自己技艺的发展。

5.具有创新的意识

创新是人类进步的阶梯，创新是前进的动力。创新是高职教师的必修课，也是新时期教师所承担的社会责任所在。教师一句创新的语言，都有可能成就一位伟大的科学家。没有创新的教学，所教出的学生是没有前途的学生；没有创新的教师，就不是合格的教师。因此，创新是高职教师的基本素养，是必备要求。高职教师创新的意义就在于引领社会创新，引领创新的未来。所以高职教师要敢于质疑，勇于挑战，精于突破，善于超越，不断提升自己的创造力与创新能力。

（1）高职教师教学观念要创新

所谓观念创新就是要摒弃一成不变的传统观念，从而确立能适应新时期发展要求的新观念。对于高职教师来讲，观念创新有很多方面，如教学中教师主体和学生主体的置换，以教为主向以学为主的转化，以知识传授为主向以能力培养为主的转变，以理论传授为主向以动手操作为主的转换等一系列教育教学理念与观念的创新。

（2）高职教师教学方法要创新

教学方法的创新是提高教学质量的重要保障，很多教师在实际教学中都曾尝试过教学方法创新，也从创新中尝到了不少甜头，取得了很好的效果，但也存在一些问题。例如：有的创新只是停留在表面形式上，还没有涉及具体的内容，也没有长期坚持；有的创新只是部分创新，浅尝辄止，还没有做到完全彻底的创新。方法创新只有起点，没有终点，要长期坚持。

6.具有敬业的精神

敬业是对所有劳动者的要求，并不是教师的"专利"，但是对于教师来说，对敬业的要求、标准会更高。教师的职业是培养人才的职业，是生产不能带有"瑕疵"或"残次品"的职业，是一种良心"活儿"。高职教师敬业需要达到几方面的标准与要求，即对教育事业的热爱要胜过对自己生命的呵护，对学生的爱要超过对自己儿女的关爱，对教学质量的要求要严于对完美艺术品挑剔的苛刻，对岗位的责任要有刻骨铭心的印迹。高职教师敬业还表现为专注精神，即对教育的专注，对知识的专注和对教学的专注。有了专注精神，才能排除杂念，不受干扰，集中精力提高自己，搞好教学工作。

（五）高职教师教育教学角色要求

一个合格的高职教师，必须与其他类型的教师一样，要扮演好六种角色：精神文化的传递者、成长发展的导引师、知识技能的教授者、教学事务的管理者、活动的咨询者和职业的教练与师傅。

1.精神文化的传递者

这是教师职业角色中最具基础性的角色，也是教师职业得以产生发展并延续到今天的根本原因。正是借助教师这一媒介，人类社会积累的文明才会传递下来，使人类所创造的一切文化科学得以继承和发展，人类社会也得以延续和进步。也正是有了教师和教学，学生才在较短的时间里掌握了人类几百年、几千年所积累的知识和经验，形成自己的知识结构和技能、技巧，并获得了智慧的启迪、能力的发展和人格的陶冶。

2.成长发展的引导师

高职的学生多为学业上的弱势群体，分数较低，没有考上本科，大多存在很大的精神负担与思想包袱。同时，对职业教育认识不足或者缺乏心理准备，对前途比较迷茫，甚至不懂得职业生涯设计规划。高职教师的作用不仅是传授知识与技能，更应该成为学生未来职业发展的指路灯、导引师，给他们鼓劲、激发他们热情，帮他们设计、帮他们规划，成为他们人生道路上的良师益友；高职教师还应该扮演"人类灵魂工程师"的角色，负有传递社会思想道德的使命，教书育人，把一定社会思想意识、价值规范、道德规范通过教育内化成为年轻一代自身的思想品德，使其学会怎样做人、怎样敬业、怎样治学和怎样与他人共同生活，从而顺利地实现个体的社会化，成为适应社会生活的一员。

3.知识技能的教授者

这是教师职业中最具核心性的角色，很显然，课堂教学、传授知识是高职教师工作的中心与重心。高职教师最基本的角色还是知识教授者、传授者。高职教师要教学生文化理论知识、专业理论知识、实践技能知识和行业技术知识，要引导学生参与社会服务，开展专业应用服务。更重要的是还要教会学生在未来职业生涯中学会做人、学会做事、学会学习、学会生活、学会共处、学会发展的方法。

4.教学事务的管理者

教师不仅是教育教学活动的组织者和设计者，同时还是管理者，负有管理责任。一是对学生的管理，通过教师的教育、教学行为让学生既要符合规范标准又要获得个性的发展，遵章守纪、完成学习任务；二是对教学过程的管理，要进行教学设计、组织教学活动、完成教学项目、实施教学评价；三是对课堂教学管理，对教育教学活动进行控制，是教师的一项重要责任，缺少有效的管理，很难设想教师如何去完成教育任务。经验证明，一名优秀的教师一定是杰出的教学管理者，一个像父亲一样严而有度的教师，往往能把班级管理得井井有条，同时又受到学生的尊敬和喜爱。

5.心理活动的咨询者

当学生有了心理或生活上的疑惑和困难时，他们通常愿意向一位值得信赖的教师咨询，这就要求高职教师应有慈爱与宽容之心，做到和蔼可亲、平易近人，成为学生的朋友。教师应与学生和睦平等地相处，学生才愿意将自己的心里话和烦心事告诉教师，愿意向他们吐露自己的心声，教师才会成为学生心理卫生的咨询者和保健医生。教师应帮助学生形成积极的自我信念、克服一切障碍与困难的决心和勇气，鼓励学生勇于表现自我，引导他们学会理解与认可不同的意见和分歧，并适时提供一种谅解和宽容的心理环境，使其经常保持一种积极向上的精神状态，为其顺利完成学业、实现自我发展创造条件。

6.职业技艺的师傅

这是高等职业教育教师特定的角色。高职教师要像教练指导学员一样，像师傅带徒弟一样，要手把手地教会学生工作技能，完成由学生身份向企业员工身份的转变。高职教育要推崇"教练型"教师，倡导"师徒"式教学模式，"师徒"

式教学是职业技术获取与传承的主要途径之一。

二、高职院校教育教学的一般特征

为了培养技术技能型人才，许多高职院校构建了理论教学、实践教学和素质教育三大体系，提出了"以素质为基础、以能力为中心"及"知识复合、能力本位"的人才培养模式。

（一）高职教育人才培养模式的基本特征

高职教育培养的是面向生产和服务第一线的高素质技术技能型专门人才，他们不仅需要一定的专业基础理论与基本知识，更需要适应职业岗位群的组织管理及生产操作能力。

1.高职教育与其他类型教育的区别

高等职业教育是职业教育的重要组成部分。高职教育既以培养学生具有较深的理论知识和较宽的知识面而区别于中等职业教育，又以培养学生具有较强的实践动手能力和分析解决生产实际问题的能力而区别于普通高等教育。高等职业教育在人才培养目标、培养要求、专业设置、教学内容、办学形式等方面与普通高等教育有不同之处。

高等职业教育与中等职业教育的区别也是显而易见的，主要表现在两个方面：一是中等职业教育的职业技能和职业能力偏于单一，难度较低，而高等职业教育的职业技能和能力趋于复杂、综合，难度等级有较大提高；二是体现了职业的高层次。高职教育与中等职业教育培养目标的根本区别在于一个"高"字，学生更为重视专业知识和理论知识的学习，具有较高的知识素养，学生掌握理论和实践技术中的科技文化含量和水平较高，这也是高等职业教育属于高等教育的体现。中等职业教育培养的学生，其能力、水平均不能适应社会、经济发展对高层次技术型人才的需求。从企业实际调查也了解到，企业普遍认为高职毕业生较中职毕业生知识丰富、钻研力强、发展后劲大，他们的这一优势正是专业理论知识积累的优势。

2.高职教育人才培养模式的基本特征

高职高专教育人才培养模式的六条基本特征：一是以培养适应生产、建设、管理、服务第一线需要的高等技术应用型人才为根本任务；二是以社会需求为目标、技术应用能力的培养为教学主线；三是以"应用"为主旨，基础理论教学以应用为目的，以"必需、够用"为度，加强专业课针对性和实用性；四是实践教学的主要目的是培养学生的技术应用能力，在教学计划中有较大比例；五是"双师型"师资队伍的建设是高职高专教育成功的关键；六是产教融合、校企合作是培养技术应用型人才的基本途径。以人才培养模式的六条基本特征为指导，以专业教学改革为龙头，各高职院校对高职教育内容与课程体系进行了大量的实践探索，高职教育人才培养模式的基本特征已基本取得共识。

（二）高职教育课程体系的基本特征

高职教育课程内容和体系结构是人才培养的主体部分。其中，课程教学内容是培养目标的具体化，课程体系结构是人才培养模式的重要内容，是培养具有复合技能型人才的重要保障。

1.课程内容的基本特征

高职教育课程教学内容的开发、课程内容的把握和课程内容学时的安排上，必须着眼于区域产业结构和产品结构的调整，注重知识的横向拓展与结合，体现知识的先进性和应用性，体现高职教育的技术性特色。

在课程内容开发上，体现以能力为中心的教育教学目标取向，以"能力本位"取代"知识本位"。高职教育教学内容要以21世纪技术应用为基本特征，以职业岗位的实际需要为出发点，以培养技术应用型能力和基本素质为主线，根据职业岗位或岗位群的主要特点及未来职业发展的总体趋势，来设置相应的课程教学内容，使高职教育的课程教学内容直接依附于所对应的职业岗位，与职业岗位紧密对接。

2.课程结构的基本特征

"职业性"教学理念已经成为公认的、能够反映高职教育核心价值的重要理念，这一理念集中体现了高等职业教育的本质特征。高职教育应以社会需求为目标、以技术应用能力的培养为主线设计教学体系和培养方案，应以"应用"为主旨，体现高职教育"职业性"基本特点。为了适应职业（群）的需求，高职教育一般采用"职业分析—教学设计"连贯法。即根据具体职业活动，进行职业分析，然后根据教育规律和学生认知规律，以应用性与实践性为特征，进行教学设计，从而使课程与教学内容体系具有高职教学的系统性特征。这种系统性与普通高等教育的教学系统性不同，因为高职教育的课程体系结构是以培养职业能力为主旨来构建的，而后者是按照学科知识的"衍生"来设置课程的。

在设计高等职业教育课程的过程中，有一对儿矛盾是必须认真考虑的，那就是针对性与适应性的矛盾。作为导向就业的教育，它必须针对一定的职业范围；作为学校教育，它又必定不同于职业培训，学生须有较强的适应未来发展的能力。对二者都不能片面要求，只能依不同条件选择不同的折衷。因此，在高职教育的课程体系中，根据技术技能型人才的知识能力特点，协调基本素质、专业基础、专业核心、专业拓展四类课程的逻辑关系和比例，是优化技术技能型人才培养过程的一个关键性环节。专业技术知识直接反映当前职业岗位的工作需求，体现了教学的针对性。专业理论常常是相近专业的共同基础，能适应专业拓展的需要。基础理论是自然与社会的普遍规律，它是专业理论的基础，覆盖面更广。这后两类知识理论支持着技术型人才的持续发展。

（三）高职教育教学活动的基本特征

1.教学目标的针对性

现代意义上的职业教育是针对社会某一类职业岗位（群）而实施的专业教育，面向企业相关岗位培养人才。因此，职业教育人才培养目标的核心在于职业针对性和职业适应性，这是职业教育赖以生存和发展的基础。高职教育主要是面向区域社会经济建设的主战场，为区域社会经济发展和行业企业提供服务。随着生产力的发展和科学技术的进步，随着产业结构不断调整、转型、升级，职业分工及职业岗位技能要求在不断变化。因此，高职教师要能够因地制宜，根据区域产业结构的调整变化和区域经济社会发展对专门人才的要求确定教学目标，从而进行课程设置、制定教学计划及教学大纲、选择教学内容及教学方法，以充分满足职业岗位对专门人才的需要。

当然，我们也应当注意到，从高职教育的发展趋势来看，高职教学的目标不能单纯地仅仅针对职业岗位，而应扩展到学生的整个职业生涯，由狭义的培养职业技能扩展到提高学生的综合素质，使学生更好地适应社会发展的需要。

2.教学过程的复杂性

高职教学目标的职业针对性和教学内容的实践性，决定了高职教学过程的复杂程度。从教学形式上看，除有理论教学外，还有大量的培养学生综合职业能力所需要的实训、实习、设计等实践教学。实践教学必须紧紧围绕以培养学生的岗位职业技能来进行，要有计划地安排学生进行上岗实践训练，将学习和上岗紧密地联系起来，使学生毕业后就能够直接参与特定岗位的实际工作。从教学实施过程来看，随着对学生的主动学习、探究式学习的愈加重视，教师成了学习的指导者、促进者、组织者和管理者，为学生学习提供资料、咨询等方面的支持。而学生不再是被动接受者，而是主动探求者，使教与学成为双向式教学过程。这些既是提高高职教学质量所必需的条件，也是高职教学过程复杂性的体现。

3.教学场所的开放性

高职教育的办学目标及其与区域经济社会建设紧密结合的特点，决定了高职教育必须坚持开放办学，坚持校企合作、工学结合的人才培养模式，走产学研结合的发展道路。这意味着，从事高职教学工作的教师，其工作的时空范围不只局限于学校和课堂，还需要经常奔走于企业、车间和田野，这也是高职教学与普通高等院校教学相区别的一个显著特点。

4.教学手段的多样性

高等职业教育培养目标的多样性决定了其培养手段的多样性。从教学技术上看，计算机和多媒体技术的广泛应用，能迅速、高效地为高等职业教育教学提供各种所需信息。此外，信息化教学手段、网络在线开放课程学习等广泛应用到高职教学中，极大地提高了教学效率和教学质量；从在实施教育的参与对象上看，既有学校的专职教师，又有校外企业兼职教师和实习单位的指导师傅。

5.教学模式的职业性

工学结合是一种将学习与工作相结合的教育模式，以学生为主体，以职业为导向，充分利用校内外不同的教育环境和资源，把课堂教学和直接获取实际经验的工作有机结合起来。校企结合、工学结合是高等职业教育的基本属性，也是培养高技术人才最重要的手段与途径。"校企合作"成功与否关系到高等职业教育能否办出特色，从某种意义上说，也是高等职业教育成败兴衰的决定性因素。高职教师作为"校企合作、工学结合"的直接参与者和执行者，起着至关重要的作用。

（四）高职教育教学条件的基本特征

为了保证技术技能型人才这一特定培养目标的实现，必须有相应的培养条件作为保障。高等职业教育的办学条件，除各类教育都必需的物质与非物质条件及社会参与这一特殊条件外，主要是在师资队伍和设备这两方面具有明显的特点。

1.师资队伍

由于高等职业教育主要是培养技术技能型人才，所以其教师除应具备各类型教育教师的共性素质外，还应具备技术型人才的特殊素质，即"双师型"素质。即使是基础课教师也不例外，需要对技术技能型人才的培养目标及其与本课程的关系有明确的认识。所以，与普通本科学校相比较，高职教师的知识储备能力要更为全面，应有较高的专业实践能力，相关知识面要广，常识要丰富，同时还应具有较强的社会活动能力，善于同社会的有关单位及人员交际和合作。同时，教师队伍构成还要多样化，需较多地聘用兼职教师。

2.教学条件

高等职业教育的设备特征集中表现在实习和实训设备方面，教学设备要有鲜明的现场性、技术应用性、综合性和可供反复训练的特点与功能。

（1）现场特点

学生的实习场所要尽可能与社会上实际的生产或服务场所一致，由于校内往往不具备这样的条件，所以必须充分重视校外实习基地的建设。

（2）技术应用特点

为了适应技术技能型人才主要从事技术应用和运作的要求，高等职业教育的实习、实验设备应有利于培养学生的技术应用能力和分析、解决实际问题的能力，其重点不是为了理论验证。

（3）综合特点

技术技能型人才所从事的工作环境往往是多因素综合的，只有在错综复杂的场合才能锻炼学生多方位的思考能力，学会处理各种复杂问题。单一的实习条件难以培养出合格的技术技能型人才。

（4）可供反复训练的特点

因为许多能力的掌握都不是一次完成的，需要反复练习。所以，仿真模拟设备对于培养技术技能型人才具有特别明显的作用。尤其诸如钢铁冶炼轧制生产、电力生产与输送、化工工艺流程等难以现场观察，且又必须反复进行现场工作训练，特别是有关故障排除的训练，如果有了仿真模拟设备，虽然不能完全代替现场实习，却能比较接近于教学目标的实现。

第二节 高职语文教师教学能力培养途径

一、高职院校教师教学能力的现状

首先，教师教学能力的优势。目前，从师资队伍建设层面看，大多数教师拥有较高的学历层次，招聘的教师最低为硕士研究生，年龄上占据绝对的优势。他们普遍具备扎实的专业基础知识、较强的自学能力和与时俱进的思想。另外，这些青年教师往往具有很强的事业心，愿意在教育教学领域施展才华。其次，教师教学能力的劣势。第一，教学理念有待进一步提升。众所周知，高职院校是把培养学生的健全人格、培养综合性应用能力的技术技能型人才作为主要的教学目标。但是，这些青年教师往往受传统的教学理念影响，在教学观念上"重理论、轻实践"，偏重对理论知识的传授，忽视实践能力的培养。第二，教学能力结构性失衡。目前，高职院校的教师主要来自企业专业技术人员或是高校毕业生。对于企业专业技术人员而言，尽管拥有丰富的实践经验，但是缺乏相对应的教学知识和能力。对于高校毕业生而言，尽管具备了扎实的专业基础知识，但是却不具备实践经验，对于实践项目开发的相关课程内容，往往不能胜任。

二、高职院校教师教学能力提升的具体途径

在新时代背景下，结合山西管职院的做法，本文把高职院校教师教学能力提升的具体途径归纳为以下几个方面：首先，政府主导，为高职院校教师提供资源共享平台。要积极为高职院校的青年教师谋求更大的发展空间和挖掘更多的教学资源，通过制定高职院校教师培训管理办法，成立高职院校教师培训中心，来为高职院校教师教学能力的提升提供政策层面的支持和良好的平台。建立与发达国

家高等院校的合作机制，开展师资培训，邀请发达国家继续教育学院著名教师来国内高职院校进行年度培训。这些办法都为师资队伍建设提供了得天独厚的政策支持和师资培训资源。其次，以学校为主体，构建有效的校本培训机制。高职院校要结合具体的生源状况、教学基础设施等条件，构建有效的校本培训机制，切实提升教师的教学能力。可以说，量身定制提升教师教学能力的相关培训至关重要，如教学基本功培训、课程开发培训、教学信息化培训、教学软件操作培训、教学技能竞赛专项培训等。高职院校要建立有效的激励制度和运行机制，调动教师的工作积极性和主动性，才是解决问题的最有效办法。例如，在对教师的职称评审中，除了把教学工作量、教科研情况作为考核指标外，还要把教学质量、教学能力纳入考核范围内，让教学工作成为关乎教师切身利益的一个重要部分，这样才能够有效调动教师的积极性，进而达到提高教师教学能力的目的。再次，全方位丰富教师教学能力的提升渠道，为教师教学能力的提升保驾护航。第一，建立发展性听课制度。通过听课可以获得来自学习者或其他听课者提出的意见和建议，有助于切实提升教师个人教学能力，改进自己的教育教学工作。目前，我国已经有高职院校实施发展新教师听课制度，具体包括随机听课、同专业教师互听、教研室内部互听、公开课观摩等制度。第二，建立名师引领的青年教师导师制。大多数高职院校的青年教师，缺乏教学和实践经验的问题较为突出，加之一部分青年教师并非师范毕业，没有正规的师范教育训练，缺乏解决教学问题的对策。通过实施导师制，让青年教师与老教师结对子，青年教师在老教师的指导下，强化教学基本功和专业技能训练。老教师根据青年教师的个性化问题进行针对性的指导，提升青年教师教学能力。

第三节　高职语文教师师资队伍合作与建设

一、基于系统视阈的高职教育师资队伍建设机制研究

自高等职业教育作为一个相对独立的概念进入学术讨论之后，建设与之相适应的师资队伍的问题就成为人们讨论的重心。其中，"双师"素质、"双师"团队最为显眼。进入高等教育内涵发展阶段以后，建设一支高素质、高水平的师资队伍的重要任务便摆在我们的面前，人们又对"双师"素质、"双师"团队的问题进一步深化和研究，也有学者提出了"三能"教师队伍的构想，人们总是从美好的愿望出发，给教师从作为人类灵魂工程师的高度寄予了厚望，甚至希望成为万能钥匙。其实，相当一部分学者尚不知道，对于高等职业院校而言，教师数量不足、任务负担过重仍然是主要矛盾，研究高职教育的师资队伍必须从国家、社会、学校层面对教师个体进行更加具体的思考。

（一）学界和社会对高职院校教师队伍建设的种种期待

人们站在不同视角，对教师的素质能力和水平会有不同的要求，在事物发展的不同阶段，对教师的期待也会有不同的要求，但人们对职业院校尤其是高职院校的教师的期待和要求似乎是大致相同的，除了师德师风外，还需要成为教练型教师，当然，具体也有不同。

一是"双师"说。从人们关注研究职业教育或者高等职业教育开始，人们对其教师素质和能力要求的一个总特征就是"双师"素质，这种要求也明确地写入了《国务院关于加快发展现代职业教育的决定》等文件。也就是说，希望教师既具有从事教育教学工作的资格证书，并有相应的能力和水平，同时，又具有从事具体工作所必需的专业知识和操作水平。既是教师又是工程师是一个最为普通的说法，为了研究这个问题，有关部门不知立了多少课题、投了多少经费、出了多少"成果"，而且，相关培训机构，为配合这些政策要求和考核措施的到位，也举办了无数期培训班，发了相当多的证书。尤其是2011年以来，教育部为此组织了大量国培项目，有些直接就是按照"双师"型或者就是以取得"双师"资格而操作的。毫无疑问，其认识是正确的，措施也是对的，主要问题在于，怎样才算"双师"，不同领域、不同专业如何认证，而且学校专业课教师只是一部分，比例占多数的是公共课程和专业基础课程，这些老师既难以"双师"化，也不方便用"双师"标准去考核。对专业课有"双师"要求，对公共课程和基础课又该怎样考核。

二是"双师"结构（"双师"团队）说。在探索职业教育教师应具有"双师"素质并要求或具有"双师"证书的同时，人们也发现，对于同一个人而言，要求具有"双师"素质途径是比较困难的，甚至是比较苛刻的。中国工程院院士张尧学教授曾在千人大会上明确指出，应该提"双师"结构、"双师"团队，而不应不现实地要求"双师"素质。因为人的大脑是有分工的，有些人擅长于理论分析和逻辑思辨，而另一部分人可能爱好动手能力和实践操作，据此，我们只能要求学校有"双师"结构教学团队，也就是说，专任教师和兼职教师共同组成"双师"结构的教学团队，承担职业院校专业课程的教学和实训，也据于此，"双师"团队的建设一度得到前所未有的关注，甚至在国家级优秀教学团队评比中，也明确要求有一定数量的兼职教师。在这样的认识和思想指导下，人们一般都把师资队伍的建设目标定义为"专兼结合、双师组合、机制融合"，如果真做得好，这无疑是非常有意义的。

三是"三能型"教师说。在职业教育发展到一定阶段和一定水平，尤其是探索高等职业院校示范建设和可持续发展的过程中，一部分专家学者和管理工作者认为，高等职业教育具有高教性和职教性的双重特点，其作为高等教育，必须使教师有教师执业资格；作为职业教育，必须具有工程师、会计师等资格，即成为教学和实务操作"双师"型。而高等职业教育作为高等教育的重要组成部分，教师必须具有研发能力，能开展以"立地"为主要目标的研究，这样，高职院校的教师被要求为"三能型"或"三师型"，即能教学、能实践、能研发。笔者以为，从理想角度看，这无疑是非常好的，一个真正的高水平教师，应该达到这样的水平和境界，即具有研究和开发的理念、思想和本领，如果我们的高等职业院校有这样的一大批高水平教师，高职教育提高办学水平和质量、实现可持续发展就大有希望。

（二）当前高职院校师资队伍建设存在的矛盾和问题

教育与其他相比，一个重要的特点是积累效应，没有长时期的积淀，师资队伍在数量、质量、水平上难免有差距，就当前而言，主要问题如下：

一是教师数量总体不足。十年树木、百年树人，我们在充分肯定师资队伍取得成绩的同时，也必须看到，作为最基本的概念，师资队伍的数量不足仍十分突出，即使我们完全认同数据平台的数据，这一问题依旧比较严重。

二是教师准入机制不健全。应该说这是由多种因素引发的。第一，由于课程体系和课程门类的复杂性，再加上课程教学改革的多样性，有理论教学的、有技能训练的、有理实一体化的、有实训指导的，这就使得什么样的标准可以进入职教（高职）当老师难以认定，课堂有内外之分，有第一课堂、第二课堂、第三课堂之说，教师也有高下之分；第二，由于辅导员身份的特殊性，按照有关规定，辅导员应该落实双重身份、享受双重待遇、实现双线晋升，正因为这样，与此相关的同志有时也被编入教师队伍，并承担一部分课程和课时的教学；第三，由于相当一部分选修课、素养课、励志课、社团化课程的存在，使得参与教学的教师概念模糊，如心理健康、职业生涯规划、学习生活指导、创业教育等，本来是些十分严肃、专业性水准极高的课程，现在往往被随意化，谁都可以走上讲台，因而谁都可以获取课时，谁都可以成为教师，真实情况还不止这些，因此教师的准入难以把控，有效机制也难以建立。

三是教师在质量上亟待提高。我国高职院校虽然在队伍建设上花了很大力气，也投入了相当大的精力，但按国家加快发展现代职业教育的要求和着力构建具有中国特色、世界水平的现代教育体系来看，师资队伍尚有较大差距。第一，真正的"双师"素质教师较少。部分教师具有从业经历，但不一定有资格证书；部分教师虽有资格证书，但既具有较高理论素养，又具有较强实践能力，还具有执业资格证书的"双师"型教师十分鲜见；而真正高水平者，现有分配制度也未必留得住。第二，缺少具有较高科研和社会服务能力的大师级教师，也就是说能够承担"顶天立地"式的研究，能够接地气地进行各种行业（区域）

和企业发展规划，能够进行产品设计和市场设计，能够直接为企业带来经济和社会效益的高水平教师凤毛麟角。第三，结构性矛盾。相对而言，基础课、文化课教师数量尚可，而专业课教师相对不足，尤其是距离构建起一个与专业结构布局相匹配的专业课教师建设机制和体系，确实尚有明显差距，专业课教师主要依靠课时作为领取酬金的模式还难以改变。第四，团队建设更加滞后。高等学校以学科作为团队建设的主要抓手，而普通教育以年级和课程作为团队建设抓手。从理论上看，高职院校应以专业作为团队建设的主抓手，同时应当是专兼结合的教学团队，而在普通高校，由于博士点、博士后工作站、硕士点等基础在，团队建立相对方便，而高职院校虽可以专业带头人为首建立，但是由于没有有效抓手，往往各忙各的，团队成效明显不足。第五，兼职教师的不稳定性。兼职教师事实上缺乏有效的保障机制，很难真正纳入团队来有效运作，忙时应急、闲时无关的情况十分明显。

正因为这样，无论从数量、质量还是机制上看，我们必须切实重视和关注师资队伍建设，并努力把它提升到一个新的高度，从解决基本问题着手，加快解决水平问题、质量问题。

（三）基于高职教育可持续发展的师资队伍建设整体性策略

2019年教育部等四部门印发《深化新时代职业教育"双师型"教师队伍建设改革实施方案》，对创新发展高等职业教育、加强师资队伍建设提出了明确要求。结合高等职业教育师资队伍现状，笔者认为，应该借会议之东风，依托"部门协同前所未有"之势，从整体上把高职院校的师资队伍进行机制上的再设计和再创新，以支持和支撑我国高等职业教育实现可持续发展。

1.建立政府部门齐抓共管、各司其职的协同机制

师资队伍建设既是学校的事，也不仅仅是学校的事。从职业教育如何发挥市场决定作用和政府宏观调控共同作用的角度看，政府应该发挥作用；从职业教育尚是一种弱势教育而言，政府部门更应积极作为。主要建议如下：

第一，由教育行政部门和人力部门共同制定高等职业院校师资队伍建设标准。建立准入门槛，以便共同遵守和执行，也便于考核评价。第二，由人力部门会同财政部门和教育部门牵头出台兼职教师管理和激励办法。具体方法：设立专项、设置门槛、公开选聘、发放聘书，并把兼职授课纳入其正常工作职责，给予相应的政策津贴。定期评比职业教育优秀兼职教师，以进一步营造教师光荣、兼职教师合法的良好氛围，真正解决好兼职教师来源及可持续的机制问题。第三，由教育行政部门牵头建立，会同有关行业建立职业教育师资培训基地。其中，公共课和文化课可由教育行政部门单独牵头，委托有关高校进行，专业课教师则由教育行政部门委托有关行业完成。第四，由教育、人力、政府等部门联合制定推

进职业院校师资队伍建设办法和教师职业发展指引，真正使职业院校教师队伍建设有法可依。

2.学校将师资队伍建设作为重要工作来抓

随着办学规模的相对稳定，学校发展真正进入内涵建设阶段，内涵建设阶段要求在办学理念、领导意识、领导精力、学校财力分配、学校工作重心等方面都发生转变和转移，其中一项重大而持久的工作，就是抓紧做好师资队伍建设。具体思考如下：

第一，实施工程推动、项目推进的方法。按照突出重点、兼顾面上、关键推进的机制，用适当工程形式，以项目为载体切实进行师资队伍建设，有些学校以"一号工程"等载体来落实师资队伍的提高问题值得借鉴。如，山东工业职业学院提出以"杰出人才"理念，用"杰出人才培育计划"来推动，要求全校上下不仅要把"杰出人才"作为资金投入，更把它作为重要的工作理念，赋之于具体的"杰出人才培育计划"，正在不断取得成效。

第二，花大力气增加师资队伍的数量。适当的数量是师资队伍建设的重要基础，只有数量上够了，提高才有机会，才有可能让老师轮岗、挂职锻炼、社会实践和出国交流，也才有可能安排学术交流、实践交流等活动，进而推进师资队伍建设。增加师资队伍数量的形式也要积极创新，除少量招录应届硕士和博士毕业生外，从有实践经验和行业企业经历的大学生、研究生中选拔也是一条重要途径，当然也可引进劳动模范和技术能手进入学校教师队伍。

第三，创新高层次人才师资队伍建设理念。可以参照国家"百千万人才工程"的做法，也可以采用柔性聘请的方法，探索建立高层次师资队伍建设新机制，探索高层次人才共享共管机制，促进师资队伍整体实力的提高。

第四，注重专兼结合的教师团队建设。团队建设在师资队伍建设中的重要性不言而喻，它对提高教师队伍整体教书育人、科学研究和社会服务能力，对提高团队的整体社会影响力具有重要作用。从高职院校实际出发，应当以专业带头人领衔，建立教育教学为主体，融合科研和社会服务的团队建设机制，达到推动学校主要工作和整体工作的进步的目的。

第五，着力专业带头人的引进和培养。实践证明，一个好的专业带头人，会带动一个团队建设好高水平专业，引领和促进学校办出特色、办出水平。一所学校如能培育和造就一定数量的德才兼备的专业带头人队伍，学校就一定会兴旺发达、持续发展。因此，学校要通过用专项资金、改革分配制度等办法，千方百计引进、培育和留住高水平的专业带头人。

3.教师自身要不断增强教书育人能力，提高教师队伍整体水平

教师自身也十分重要，人们常说，教师是人类灵魂的工程师，既说明了教师

工作的崇高和光荣，同时也说明了教师的使命和责任。作为高职院校的教师应该在以下方面做出自己的努力。

第一，要有爱心。要做到热爱学生，热爱教育工作，只有有了爱，才会有奉献的精神，才会有提高的动力，才会乐于把教育教学工作做好。

第二，要不断提高。当今世界科学技术日新月异，知识更新速度不断加快。要做一个优秀的教师，必须自觉学习、加强学习、与时俱进、不断提高，充实和丰富自己。

第三，要自觉成为"双师型"教师。要根据专业特点，经常参加社会实践，了解实践情况，关注研究执业资格，以丰富的理论和扎实的实践技能成为一名优秀的"双师型"教师。

第四，要努力提高科研和社会服务能力。把教书育人作为第一职责，开展科研和社会服务亦非常重要，教师必须关注社会、关注发展，自觉增强其本领，争取多出和快出好成果。

第五，积极自觉融入团队。要增强团队合作意识，并在其中积极发挥作用，争取成为骨干，并创造机会成为带头人，为学校发展和教书育人多做贡献。

二、重视和加强高职院校师资队伍建设中的创新团队建设

有人说，"一个好汉三个帮"，这说明了团队建设的重要性；又有人说，知识分子之间容易相轻，这也说明了在学校里团队建设方面面临的困难。其实，教育行政部门历来都十分重视学校的团队建设，在全国职业教育质量工程中，曾经专门有优秀教学团队的评审，对学校团队建设起到积极的作用。但业内人士都清楚，就高等职业院校而言，离真正意义上的团队建设还有很大差距，跟我国的大学相比，除了缺少高水平学科和学术（专业）带头人，团队形成机制难、团队战斗力弱等因素仍是明显不足。无论从全面履行高职院校职能，还是从实现高等职业教育内涵建设和可持续发展看，都必须把团队建设放在更加突出和重要的位置上。

（一）重新认识高职院校团队建设的重要意义

对于团队建设的重要性，站在不同的角度，会有不同的认识。我们认为，至少可以从以下几个方面去理解。

第一，从社会学意义上看，团队象征着集体的力量。高等职业院校是一个由教师、学生等多方面要素组成的大集体，在大集体下又有其相应的中集体和小集体，众多人构成了集体，但这个集体能否发挥团队效应，则要看具体情况，通常所说的"一个和尚挑水喝，两个和尚抬水喝，三个和尚没水喝"，就说明集体不等于团队，多个人不一定胜于个体。我们要通过管理，进行有计划、有目的、有

组织的整合和培育，让集体成为团队，并提高团队的功能。

第二，从管理学意义上看，团队能产生结构协同效应。多人构建的行政或任务型集体并不等于团队，因而不一定能够产生结构效应。只有有计划、有目的地将一定数量的人构建成为团队，并赋予其相应的职责分工，才会形成合作效应。与此同时，根据事业和发展的需要，还应当有计划地扩大和吸收团队成员，培养结构性差异化团队角色，从而提升团队综合效应，以达到1+1＞2的功效。这就是团队建设的必要性。

第三，从教育建设视角看，我们需要团队化。学校是一个大集体，为推进有效管理，一般都实施校院或院系两级管理，同时，又以教研室（研究所）作为基层单位。在高职院校，则更多地以专业分设教研室，并相应建设党团工作机制，实现支部建立在专业上的要求，正是从这种意义上说，根据推进教育教学建设需要，为很好地完成工作任务，我们必须重视和加强团队建设。

第四，从职业教育特点看，我们还需要专兼结合的团队。从2011年开始，高等教育界有一个重要的概念称之为"协同创新"，大家都很重视，政府也在积极推动。其实，自"高等职业教育"作为相对独立的概念形成以来，高等职业院校也一直强调要构建"双师"型教师队伍，推进"双师"结构教学团队建设。这实际上就是要求通过专兼结合的教学团队建设，把开放办学、产教融合、校企合作、工学结合的工作落到实处，高等职业教育的团队建设尤为特殊。

（二）理性分析高职院校团队建设的现实困难

前面分析了高职院校推进团队建设的重要性，但我们必须看到的是，高职院校建设团队客观上有其困难和不足。

第一，高职院校没有硕士点和博士点。按照我国目前职业教育体系建设的规划，要构建中职、专科高等职业院校、应用型本科和专业硕士的通道，这是一个长远的计划和设想，而我国目前的高等职业院校主要是专科层次。正因为这样，也就不可能设立硕士点、博士点，教授和普通教师也没有指导培养研究生的机会，这样，因培养和指导研究生而形成的团队就没有条件。

第二，高职院校一般难有大的科研项目。项目是培育和培养团队的重要路径，在科研院所和高等学校，因为重大项目而建立运行的团队非常普遍，而高等职校一般既无机会也不太有能力承担重大科研项目，甚至连申报的机会都没有。因此，基于科研项目的团队也难以形成。

第三，高职院校的专业课程具有相对独立性。中小学教学不分专业，一个年级有多个乃至二十几个平行班，因此执教同一门课程的老师相对较多。而高职由于职业教育的属性，其明显的特点是其职教性，学生分专业实施教学，小的专业只有几十人，即使比较大的专业每届也不过200~300人。正因为这样，教师往往相对独立自主地执教某门具体的专业课程，与其他教师没有什么直接的相关性，这就使得专业课老师比较个体化，难以建设教学团队。当然，影响高职院校团队建设的因素还不止这些，这些分析，只说明了团队建设的现实困难。

（三）充分看到高职院校团队建设的有利条件

我们在分析和认识困难的同时，也必须看到，正是因为高职教育的某些特点，为高职院校团队建设带来了有利条件，在一定程度上推动着团队建设朝有利于师资队伍整体发展和提高水平的方向进行。

第一，高职院校一般以专业编制教研室（教学研究组织）。众所周知，我国的高职院校也参照高等教育，实行院系两级管理，而在系部一级，一般按照专业群而建立，通常为1~2个专业群，以下则按照专业为单位建立教研室，一个教研室通常在5~10人左右，最多不会超过20人，这种体制，对开展教研室也相对比较有利。一般而言，一个教研室就可以围绕专业建设团队，尽管这种团队有行政管理划分的因素，但确实也据此做好了教学与育人工作，在一定条件下，也正在做科研和社会服务，呈现出团队状态。

第二，高职院校专业带头人制度正在有序推进。本科院校尤其是"985""211"等学校大都实行学科带头人制度，以研究所为单位进行教师教学和科研团队划分，而高职院校则以专业为单位划分，专业一般都实行专业带头人（负责人）制度，在条件成熟的系部，一般也是专业带头人兼任专业教研室主任，这样，教学的行政管理与具体的教育教学活动、科研和社会服务活动，也就比较容易连接。更何况，这几年我们在省级层面、校级层面都在积极重视和推进这项制度，并制定了一系列人才培养措施和提高专业带头人薪资待遇的方案，这就促进了以专业带头人为核心的团队建设。

第三，高职院校的校企合作机制正不断健全。产教融合、校企合作、工学结合是高职院校创新办学模式和优化人才培养模式的重要特征，随着高职院校办学机制的日益健全和规范，校企合作正朝着规范化的方向发展，校企合作的规范化，必然推动专兼结合教学团队的形成。如，以专业为单位组建专业教学指导委员会，一个专业教学指导委员按"六个一"机制建立，即专业建设指导、学生学习基地、学生就业渠道、教师实践基地、教师服务基地、兼职教师队伍等。这样，专兼结合的教学团队、"双师"结构的教学团队就比较容易形成。

（四）推进高职院校师资团队建设的方略选择

高等职业教育已经或正在进入内涵发展阶段，在这一阶段，需要抓的工作有很多。如推进专业结构优化、深化校企合作、推动课程与教学资源建设、加强师德教风建设、推动学生学习的积极性、构建教学做一体的人才培养模式等，而师资队伍建设无疑是建设的重点。师资队伍建设，是以专业带头人为引领的团队建设。

1.重视专业带头人队伍建设

一所学校的建设和发展，离不开一批高素质、高水平的专业带头人；一个团队的建设，其核心和关键人物，即专业带头人非常重要。一个好的专业带头人会产生巨大的杠杆效应，引领团队成员敬业爱岗、开拓进取，带领整个团队全面履行岗位职责，切实做好教书育人、科学研究和社会服务工作，促进学校的发展。

对专业带头人的遴选，要广开门路、博采众长，建立长效机制。对专业带头人的待遇，要从优掌握，体现出工作业绩和实绩。对专业带头人要政治上关心，舆论上支持，生活上照顾，保证其充分发挥作用的各项条件，要在全国、全省、全院范围内形成崇尚专业带头人光荣的良好风尚，促进和支持专业带头人愉悦工作。

2.注重从机制上建设以专为主、专兼结合的教学团队

根据高职教育的特点和要求，要坚持做到从机制上建团队，让团队发挥好凝聚作用。具体特点是：一是数量适当。一个团队，要根据学生规模和专业情况，确定相应规模的专任老师，从数量上确保教育教学工作的顺利开展。团队中的每一位教师，要按照高等职业教育从事教育教学工作，有相应的进岗起点和达标要求，硕士学历、学工履历、企业经历是基本的三大条件。二是结构合理。从某种意义上说，结构也是质量，而且是重要的质量指标，老中青龄结构、专业结构、学历结构都属于我们研究的范围。重视专任教师建设的同时，我们还要从专兼关系分析教研室团队建设，从这一点而言，以下几个问题值得重视。一是专兼结合。既有数量适当、质量合格、结构合理的专职教师队伍，同时也有一定数量来自行业企业、相对稳定、相对固定的兼职教师。二是"双师"组合。这是说，兼职教师的重点要放在实践、实习、实训、实验上，面向操作和实际的应用性部分主要由兼职教师来承担。三是机制融合。这是说，专任老师和兼职老师应该把握好理论与实践之间的关系，形成教学做统一的一体，形成互补功效，避免两张皮。

3.要用项目管理办法推动优质团队的形成

推动和促进团队建设，应该也必须采用一定的激励机制和激励办法，这就是以项目为抓手的方法。一是以团队为单位推进课程建设。一个团队每个阶段围绕专业课程建设、教学资源建设和科学及社会服务能力建设，都应当有一个建设项目，以此来促进团队建设，凝聚团队建设的力量，具体方法可以多种多样。二是以团队为单位进行教研教改等方面的重大立项。例如，优质高等职业院校以专业建设为龙头的重点专业群建设立项，山东省正在实施的省级品牌专业群、高水平专业群建设立项等，都是重要的项目。三是以团队为单位进行的各种评先评优。

现在评先评优的项目在减少，这在一定程度上也影响项目的开展，从健全激励和奖惩机制角度看，评先评优，尤其以评选优秀教学团队、优秀科研团队、优秀社会服务团队助力团队建设还是有意义的。以上主要是从专业教学团队角度而言，在一些基础课和综合性课程中，仍存在纯课程型团队，我们也要兼顾。

三、重视和加强高职院校青年教师的培养和提高

青年是祖国的未来、民族的希望，也是一个单位、一个学校可持续发展的重要和关键的因素。由于高等职业教育这几年迅猛发展，增长很快，新入教师队伍的青年比例特别高，因此如何培养、培育和造就好青年教师队伍，形成师德高尚、师风端正、教育意识强、教学水平好、科研有能力、服务有路径的教师队伍，事关重大。从某种意义上说，这正是我们认真学习贯彻全国职教工作会议精神，创新发展高等职业教育，推进中国特色、世界水平职教体系建设的重要工作之一，本书对此做些探讨。

（一）对加强青年教师队伍建设重要性和必要性的再分析

学校工作以学生为主体，教师发挥主导作用，因此教师队伍的素质、品格、能力、水平对学生的培养和学校的发展起着十分重要的作用。在青年教师数量大、教学科研任务重的高职院校，如何在加强教师队伍建设的同时特别地关注和研究好青年教师队伍建设，意义非常重大。

第一，从数量关系看，加强青年教师队伍建设意义重大。高等职业教育作为一个新的类型，在世纪之交开始大规模建设和发展，迅速发展则是近十年间的事。为适应发展需要，各高职院校通过招聘高校老师，从应届大学生（研究生），或从有一定实践经验的企业技术人员（业务管理人员）中选调等路径扩大教师队伍，其中以招收应届大学生和研究生为主。正因为这样，青年教师在高职院校不断呈现出高占比的情形，据有关部门的统计和状态数据平台反映，多数高职院校40周岁以下的教师在2/3以上，部分学校甚至达到3/4左右。这说明，从数量关系看，青年教师真正成为学校教师队伍的主体力量，如果不加以重视和培养，一定会影响教育教学事业的发展和教育教学质量的提高。

第二，从青年教师现状看，必须加大培养力度。青年教师知识结构相对合理，适应性也比较强，但由于主客观因素的影响，也存在着不少不足，主要表现在：一是大部分为非师范类专业毕业，既没有做教师的思想准备，又没有教师经历和教育教学工作的基本训练，如何从教，事实上是一个新鲜事；二是大部分的教师接受的都是基于知识系统的普通大学和学术性研究生培养，对什么是职业教育、怎样从事职业教育、用什么样的模式和路径从事职业教育等十分困惑，需要革命性的洗礼和学习培训；三是青年教师大多从校门到校门，基本没有社会实践和从事具体职业岗位的工作经历，按照"双师型"教师队伍的建设要求和职业教

育的要求，确实存在着很大的差距。至于科研意识、科研能力、对教师岗位的理解等，自然也值得关注。

第三，从青年成才成长特点看，需要正面引导和教育。青年人的特点是知识结构相对完善，学习接受新事物快，然而也具有随意性和不确定性，正确的引导和良好的环境，能使青年教师朝着有利于学校发展的方向前进，适当的培养培训，有利于较快提高青年教师的能力和水平，从而较好地适应发展需要。必要的支持和倾斜，能产生较大的杠杆撬动效应，促进青年教师更快更好的发展。基于以上的认识和理解，如何营造一个积极健康向上的教育引导机制、体系健全的培训培养机制、奖惩适度的考评督促机制，对培养和造就高素质、高水平的青年教师队伍，是有非常大的意义的，也是十分必要的。

（二）青年教师队伍培养培训的重点和方向

重视和加强对青年教师的培养和培训，必须从高等职业教育的特点出发，针对青年教师队伍的现状而进行，既需要总体设计，又需要个体上的针对性培养，也就是一般和个别相结合，整体和特殊相协调。从整体和一般性角度看，主要应包括以下方面。

1.以爱校爱岗爱生为主要内容的师德教育

无论是以一名普通的大学生、研究生的身份还是从生产经营一线骨干岗位来到高职院校从事教育教学工作，是主动选择或是被动应对，对于每一位青年教师来说，品德过关都是最为重要的。在校爱校。这是一个人的品德所在。无论今后怎样发展，热爱所在的学校，争当学校的真正主人，自觉地把个人融入学校，把聪明才智贡献给学校，这是最为基本的品德。

爱岗敬业。这同样是一个人重要的品德。每一个人，无论学历有多高，水平有多高，都从事具体的工作岗位，干一行、爱一行、钻一行、成一行，就是这个意思。在岗位上闪光奋斗的贡献，应该是每一个青年人克服好高骛远之风气的关键和根本。

在校爱生。爱学生是教师的天职。对于青年教师来说，不论与学生年龄是否相仿，由于角色不同，都应该体现出教师关爱学生、教书育人的本职要求，自觉地担负起对学生的关心、关爱、关注、帮助、指导和教育之职，从帮助学生的发展和成长之中得到快乐和安慰，并以此为荣。当然，从宏观方面讲，树立正确的人生观、世界观，拥护中国特色社会主义、自觉践行社会主义核心价值观也是最重要和基本的师德。

2.以教书育人为主要内容的基本能力培养

教书育人是教师的天职，也是青年教师最为重要的本领和基本功。它至少包括以下几个内容。

一是把握高职教育特征和规律。高等职业教育既是高等教育的一个类型，也是职业教育的较高层次，具有高教性和职教性双重特征，是二者的复合体，它实施的对象是高中后教育，培养的人才规格是技术技能型人才，开放办学、产教融合、校企合作、工学结合、学做统一、知行合一等是基本的特征。在这些要素内研究专业课程、教学设计及人才培养方案，都是带有规律性的东西，作为专职教师应当有正确的认识和把握。

二是提升职业教学能力。最基本的要求是能够根据专业特点和自身条件担负起一门及多门课程的教学，并努力按照职业教学的要求建设成精品课程，包括充分利用信息化和多媒体手段建设教学资源，形成有高职特点的教学内容，建设立体化教材，使之成为学生最欢迎的课程之一。

三是提高带班能力。也就是说，要在一定时间内，争当一个称职的班主任老师，具体负责一个专业或若干班级的学生管理工作。这一点，对于一个教师来说，既是职责内的要求，也是责任性的考验，当然也是能力和水平的体现，而对于一个青年教师来说，更是人生重要的经历、最宝贵的财富，以及实现人生价值的重要路径。

3.以科研和社会服务为主要内容的拓展能力的培养

高等职业教育既是现代职教体系的重要组成部分，也是高等教育的重要类型。因此，必须全面履行高等学校的各项职能，尤其是在抓好面向应用的有特色的人才培养的同时，必须注重面向基层、面向一线的立地式研发，并建立服务区域、服务行业、服务中小企业的社会服务工作机制，当然，也要充分发挥技术技能积累效应和文化传承功能。具体要求如下：

一是要把科研当作一项基本功。高职院校的老师要不要搞科研，曾经出现过讨论，出现过争论。其实，这是不言而喻的事情。科研促进教学改革和创新、科研提升教学品位、科研彰显教师能力和水平，只要处理得当，一定会产生事半功倍的作用。因此，青年教师在抓好教学的基础上，必须强化科研意识，掌握科研方法，提高科研能力和水平，并力争多出成果，快出成果。

二是要把社会服务当作一项重要职责。高职院校的社会服务是一个广泛的范畴，纵向和横向的立体式研究十分重要，多种形式的立体式培训也尽在其中，教师如果能够从本人的优势和条件出发，结合学校的情况，开发开拓一些适当的力所能及的服务项目，既能体现教师本人和学校的价值，也能为社会做些力所能及的贡献，还能为学校创造相应的社会和经济效益，可谓是一举多得、利国利民，同时也能从中实现教师真正的人生价值。

（三）促进青年教师培养提高的方法和路径

青年教师的培养和提高，意义重大，功在今天，利在长远，对于促进高等职业教育的可持续发展和品牌建设极端重要，应该说，它既是一项常规工作，也是特殊工程。从中国高等学校的情况出发，我们还是应该积极作为、主动作为。

1.纳入党政议事日程，研究制定总体战略

要认真贯彻中共中央组织部、中共中央宣传部、中共教育部党组联合印发的《关于加强和改进高校青年教师思想政治工作的若干意见》和有关方面关于教师队伍建设的总体要求，将此作为学校党委和校长的重要工作内容，研究制定本校各个时期师资队伍建设尤其是青年教师培养提高的总体方略，切实采取有效措施加以落实。如，山东工业职业学院结合实际制订了青年教师发展三年行动计划，明确提出"常规发展多渠道、超常规发展有专项、特殊发展架专线"的理念，为青年教师脱颖而出营造环境和氛围，努力促进青年教师健康成长、快速成长。

2.设立专门工程项目，推动健康持续进步

青年教师的持续成长，既需要项目也需要政策，采用特殊和专门化的工程进行专门化的培养，自有其意义。山东工业职业学院近年来一直有针对青年教师的工程，如中青年骨干教师培养工程、青年技能名师培育计划、"种子"专业带头人计划等，目的就是用工程办法将40周岁以下青年教师进行专门资助性培养，为其开展科学研究、申报教学科研项目创造条件，并明确非竞争性纵向项目主要面向40周岁以下青年教师，真正体现了造氛围、给政策和有项目，较好地促进了青年教师进步发展。

3.构建激励考核机制，形成良好工作氛围

青年教师的培养，组织的重视、关心、培养及老教师的传帮带都十分重要，而个人的努力则更为迫切，全校上下营造一个良好的工作氛围也相当重要。一方面，我们要在舆论和氛围上为青年教师成才成长创造条件，真正做到鼓励先进、鼓励冒尖、鞭策落后、淘汰落后、能者光荣、能者为师；另一方面，要建立健全考核评价机制，努力做到干多干少不一样、干好干差不一样，在专业技术职务晋升和其他发展方面也要体现能上能下、能高能低。另外，也是极为重要的一点，就是要善于培养和发现先进典型，树立榜样，以榜样引领的方法促进青年教师队伍以点带面、以人带片，真正形成百舸竞发的良好局面，为高等职业教育提升社会影响力和促进可持续发展打下扎实基础。

四、高校教师团队间协作

高等教育是对学生传授知识、提高能力和培养素质的系统工程，高效的教育教学工作是范围广、多方位、相互交叉的系统性工作，教育教学工作的复杂性决定了相关工作之间的密切联系，须在知识相通、人力协同、资源共享、信息交流的大环境中进行协作。所以高校教师的教育教学活动自始至终都是团队性工作。

团队是由知识技能互补、承诺于共同行为目标、运用个性特征相互协作、以责任为纽带、以目标为载体组成的群体。团队在学校的各项工作中起着中坚作用，是推进学校发展的组织单元和战斗力。要建设高效的团队，除一定的外部条件和运行管理机制外，最主要的是团队成员的自身建设。

（一）高校中团队活动的概念

高校教育教学工作是全方位的团队协作活动。广义上讲，集体就是团队，团队有大有小，大至一个教学单位，小至几个人。学校的各部门、机构组成群体可以称为团队，学科、专业、教研组、研究室、实验室等的成员都可称为团队。在高校近年的建设发展中，在推动教育教学改革和科技发展的进程中，在主管部门的政策导向和支持下，涌现出一批以专业性命名的教学团队和科研团队，团队组成一般可达一二十人，这些团队在规模上有所不同，但在工作机制方面有着共同之处，即团队成员有共同的工作专题和目标，成员各有专长又互相配合协作，靠集体的力量完成个人不可能独立完成的任务，并使得工作效益显著提高，从而体现出团队的组织优势和战斗力。

（二）高校团队活动的主要形式

从目前实际情况来看，高校的团队组织主要有以教学为主和以科研为主的团队形式。它们在团队构成、团队工作目标及团队建设等方面有其特定的具体要求。

1.教育教学团队

高校教学团队是团队的主要形式，是面向教学、围绕教学而形成的团队，是高校开展教学活动的重要组织形式。以教学为主要任务的团队其一般为学科建设梯队、专业建设梯队、课程建设梯队、课题研究组等。一个教学团队的教学思想、学识水平、业务素质、道德规范、团队协作的整体水平，决定了其履行工作职责的质量，影响着学校相关教育教学工作的发展与水平，因此学校和学院重要的建设工作之一即教学团队建设，要培养高质量人才首先要建设高水平的教学团队。

（1）教学团队的构成和特点

教学团队原则上由具有相同学科专业背景、在同一教学范畴内的教师组成。理想的教学团队结构应在年龄、职称、学历、学缘等方面匹配合理。年龄结构应老中青结合，老教师有经验，中青年教师有活力，充分发挥老教师对青年教师的传帮带作用。职称结构应由具有教授、副教授和讲师等不同层次的职称组成，实现以高级职称教师为领航的学术传承。

团队成员应有合理的学历和学缘结构，实现高水准专业背景和博采众长的开放型学术环境。团队应由教学水平高、学术造诣深的教授作为带头人，以充分发挥其优势和影响力。团队成员应有共同的建设目标和各自的工作职责，具有有效沟通与合作机制，有合理配置教学资源的手段和途径，能经常性地组织教学内容、教学方法、教学改革的研究、交流和学术合作，实现优势互补与共同发展。

（2）教学团队的目标与责任

根据高校发展建设的任务，教学团队以提高教育教学质量和效果、推进教学改革为主要任务。教学团队不同于学术团队，其最为根本的目标在于实现课程教学在人才培养中的作用最大化，提高教学质量，更新教学内容，创新教学方法，改革教学手段，注重实践教学，优化人才培养方案，改革人才培养模式，注重教学研讨和教学经验交流，形成教学建设与改革的标志性成果，发挥示范辐射作用。

（3）教学团队的建设要点

教学团队建设的组织管理模式一般以课程、专业、教研室等为单位。近年来，为适应高校教学改革发展的趋势需求，一种新形式的教学团队依托于教学任务的改革而出现，例如，以课程群、系列课程等为主的组织模式，有利于教学改革和教学目标的实现，有利于教学资源的优化整合，特别是教师在教学上跨学科、跨专业合作，加强了知识结构互补，克服了管理行政化的弊端。强调团队建设与课程建设、专业建设相结合的原则；教学与科研相结合的原则；突出创新能力培养的原则；注重师德建设的原则；资源整合的原则，并鼓励跨学科、跨校建设优秀教学团队，开展多种模式的教学改革实践，实现团队水平的整体提升。

高校教学团队建设是一项系统工程，不仅需要团队内部激励，而且需要外部资源投入、制度环境和文化氛围的支持。教学团队建设不只是形式上的组建，关键是要突破传统教学基层组织管理的体制性弊病，合理配置教学资源，建立有效的团队工作机制。

2.科技创新团队

高校是国家知识创新和科研创新的主力军，高校的科研水平与创新水平是国家科技水平的重要标志之一。大学教师只有把科研与教学相结合，才能不断提高自己的学术造诣和水平，在时代科技迅猛发展的竞争中，站在学术前沿，进行科技探索和创新，同时促进教育教学改革与建设，提高教学水平和质量。

近年来，国家和地方出台了一系列政策性文件，鼓励和扶持高校科研团队的建设与发展，如山东省教育厅"青创人才引育计划"，充分发挥高等学校科技创新作用，在高校建立高水平的科技创新队伍，培育一批具有影响力的学术带头人，推动人才资源的有效结合，在高校形成以学术带头人为核心的充满活力的科技创新群体，成为科技创新的突击队和排头兵。

（1）科技团队的构成和特点

科技团队指面向科学研究与技术开发，以进行科研项目为主要工作内容的团队。科技团队由具有一定科研背景经历的教师组成，团队成员构成具有主攻方向的一致性及必备学科知识的交叉性，使得团队成员具有互补性的明显优势。团队成员知识背景的多样化构成，拓宽了主攻研究项目所能涉及的学科专业领域，减少了专业技能的单一性，提高了科研工作的效率。团队成员通过知识互补，可以促进相互间的深入合作，形成默契的工作配合，增强团队活力与创造力，大大提高创造性目标的完成。

科技团队一般以学科梯队、研究室、学术研究中心、课题组等为基本组织形式，这样有利于资源共享和协调研发资源，形成长期稳定的基地和实现可持续发展；有利于形成团队成员间相互沟通、协同工作的环境与氛围，实现以团队为中心的高效协同机制，为实现团队工作目标而合力发展。

（2）科技团队的目标与责任

科技团队有明确的学术方向和科研定位，以科技研发项目为平台，以已取得的科技成果和知识积累更新为基础，以探究学术前沿和科技创新为目标，发挥团队的凝聚力和核心竞争力，持续不断地深入研究并开拓新的生长点，形成可持续发展的团体。科技团队的使命是提高科研水平，塑造学科特色，取得科研成果，产生社会效益。科技团队能够为学科建设集聚高层次人才，为学科的发展建设提供资源；科技团队给团队成员创造了发展的环境条件，使研究者勤奋研究、沟通信息、拓宽视野，与当代科技和学术前沿接轨，有助于团队成员的学术发展；科技团队建设尤其有利于青年教师的成长，促进其科研能力、教学水平和管理能力的提高，可造就青年拔尖人才；科技团队还能促进研究者将科研成果应用于教学，不断丰富教学资源，提高教育教学水平，推动专业课程建设，提升高校整体实力和办学效益。

（3）科技团队建设要点

科技团队建设首先要以高水平的学科带头人和学术带头人为核心，以高层次人才和青年科研骨干力量为主体，以坚实的科研背景为基础，以稳定的学科方向为主导，以可持续发展的研究项目为平台。

加强科技团队建设应注意构建和谐进取的团队文化，建立健全科技团队的管理制度和运行机制，形成人才的科学使用与培养机制，建立科学的团队绩效评价体系和监督体系。

（三）团队精神与教师修养

团队水平与战斗力取决于团队成员的素质。素质包括业务素质和思想素质，业务素质是教师能够完成教学科研工作的水平和能力，而思想素质和自身修养则是教师能否做好一切工作的重要因素，其中团队协作精神起着显著的作用。团队协作精神包括以下几个方面。

1.心有全局观念

全局观念是一切工作和活动的基本思想，也是团队协作的基础。全局观念适用于任何集体性、组织性活动，虽然事件或活动的时间、环境、人物、内容、性质等情况不同，但其思想意识和表现特征有同一性。

全局观念即看问题要识大体、顾大局，不从个人局部利益出发，少数服从多数，个人服从集体；要能认清大局，自觉服从大局，在任何情况下都能自发主动地维护大局利益，不以一己私利为追求，当个人利益与集体利益发生冲突时，应牺牲个人利益而维护集体利益。全局观念的培养，有利于发挥教师的主观能动性和提高团队的核心竞争力。

团队成员要有全局观念、集体意识，以高度的责任感和主人翁意识时刻考虑工作的整体需要，与他人加强协作配合，为集体的目标同心协力，关心团队的发展，提高个人的执行力。全局观念也是系统观念，教师要用系统思想正确处理部门和同事之间的关系，形成自觉的行动准则，在实际工作中多做奉献，推动全局发展。

2.勇于承担重任

承担精神是一个人是否具有责任感的体现。有责任感与使命感的人，具有承担精神和实干精神，遇到困难迎难而上，勇于承担、善于承担，以身作则、身体力行。有承担精神的人，面对新问题和新情况，敢于面对困难和干扰，不回避矛盾和问题，有战胜困难的信心，能积极务实地工作，以从容的应变能力和踏实的工作态度认真对待和迎接挑战。承担重任是对团队成员的职责要求，作为集体的一员，要有责任承担重任、克服困难、严于律己、多做贡献。

3.乐于互助分享

团队是一个集体，需建立家庭般的和谐互助氛围和情感维系。团队成员间要互相帮助、互相合作、互通有无、共同提高，这对于团队及成员个人的发展都非常重要。团队竞争力优势的形成，不仅在于每位成员的业务水平，更在于集体合力形成的巨大力量。这需要团队成员相互配合、默契合作，更需要团队成员相互学习和帮助，取他人之长补自己之短，逐渐把个人优势转变为集体优势，不断提高个人的工作水平和能力，从而提升整个团队的战斗力。

有互助就有分享，分享是一种互补和结果，分享需要真诚、信赖和包容。要实现团队成员间的资源共享，大家彼此分享教学科研信息、工作方法、工作经验，也同样分享工作成果及与此相关的思想和快乐。要乐于与人分享，愿意给予他人帮助，形成团队成员互相扶持、互相助长的接力成长。老教师和青年教师要发挥各自的优势，老教师有经验和实力，青年教师思想活跃、创造力强，通过老中青相结合实现互助分享，形成良性运行机制，将给团队的全面工作注入更大的原动力。

4.保持谦虚自律

谦虚是一种表现，体现了对自身的客观评价，也体现了对自身更高的追求，还体现了个人自律的修养。谦虚表现出个人思想的高度，不因成绩而骄傲，不因功劳而独大，能给自己设定更高的目标。谦虚表现出个人的务实精神，对成绩不夸张，对缺点不掩盖。表现谦虚的人，能得到别人发自内心的尊重。

谦虚是一种态度，表现了对他人的尊重。谦虚自律的人，能自觉放低个人的身段，给人以平易朴实的感觉，容易使人亲近；反之骄傲自大、自我吹嘘的人，很难得到他人的认可。所以，谦虚能使人易于交友，容易与大家打成一片，从而培养更强的团队精神。

谦虚自律的人具有正能量，因其既能知己不足又能正确把握自己，能心中有目标，眼中有他人。水平越高、素质越高的人，往往也越谦虚；反之修养不深、认识有限的人，容易妄自尊大、大吹大擂。谦虚使人进步，做人应保持谦和的姿态，客观认识和表达自己，保持自强自律，加强自我定力，自身就能得到不断提高，就能与同事成为更好的朋友，得到更多的理解和支持，成就更大的成功。

5.肯于担当包容

担当是一种正面态度，体现了敢于直面困难和挫折的勇气。持担当态度不仅是对工作、对错误负责，也是对自己、对他人、对集体负责。担当意味着责任感，有勇气担当就有意志完成，它表示担当者将不遗余力地去完成个人的诺言并承担事情带来的后果。敢于担当困难工作，是对工作、对集体的高度责任感和奉献精神；敢于担当责任，是一种磊落的客观态度，也是对工作、对集体有高度的责任感，体现了担当者的正直人格，并会将这种负责态度落实到工作中。敢于担当是一种正能量，能鞭策个人奋力完成任务、果断处理问题、勇敢面对挫折。团队成员都能做到敢于担当，团队的竞争力就会变强。

包容是团队合作的润滑剂。团队成员间的相互包容，是指容纳各自的差异性和独特性，以及适度包容对方的弱点，但不是无限制地纵容。团队成员间的包容，体现的是一种坚强和自信态度，是一种着眼大局、以退为进的团队战术，促使团队全盘工作的顺利开展，以及为每个人创造宽松的合作环境。团队成员应善于包容，做到心胸宽广、宽厚容忍，要会换位思考、将心比心，要善于倾听别人的意见和感受，反思自己的态度和方法，以便能及时消除分歧，做到互相尊重、关照，营造和谐快乐的工作环境。

6.善于开展批评

团队的健康发展，需要成员之间相互信任、善于沟通，能够开展批评和自我批评。批评和自我批评是一种方式，也是一种态度，体现着对他人、对工作的责任。批评是一剂防病治病的良药，它可使当事人及时发现、纠偏和改正问题。对问题不管不问，虽然表面保持一团和气，但最终只会影响工作，贻误个人。批评也是一种沟通，它可使双方通过交流在新的起点上达成一致，开创步伐协调的工作局面。

批评要有恰当的方式和态度，面对面的沟通是最好的沟通方式，它可以在最大程度上实现彼此的感情交流并允许对方做出合适的回应。批评要善意诚恳，要心平气和地提出问题和意见，耐心帮助对方认识分析问题。批评要有理有据，要尽可能让对方心服口服，不要采取生硬的方式，居高临下、言辞武断地批评可能会加深双方的隔阂和矛盾，最后导致事与愿违，产生不良效果。有益的批评和自我批评能给团队管理注入活力，产生激励作用，使大家统一认识，建立信任，加强团结，齐心协力。所以，团队要善于运用这个"武器"。

（四）团队建设的标准与要点

团队建设的过程，是达到目标一致、价值认同、行动同步、协调配合的过程，其中团队精神是团队建设的灵魂。为使团队建设能沿着健康的道路发展，应注意做到以下几个主要方面。

1.团队有明确的主导思想和建设目标

团队应有明确的指导思想和建设目标，其中主导思想是团队学术定位、任务范畴、发展远景、运行模式等宏观规划，建设目标是团队在不同时期内应完成的任务指标和达到的水平。远景规划与阶段目标相结合，能使团队成员统一思想，明确方向，激发动力，脚踏实地地为实现目标贡献力量，于是团队工作才能获得原动力。

目标是团队工作的动力，没有目标团队就不可能运转，目标的高低决定了团队的效益和未来的高度。团队既要有较高的远景目标规划，又要有切实的近期阶段性目标，远景目标是大方向的引领，近期目标是团队高效工作、良性运转的保证。

目标规划要对团队工作提出具体可测的评价标准，也为团队工作提供清晰的发展轨迹，同时也为团队成员的职业发展指明努力方向。目标是团队建设的基石，成功的团队首先在于每位成员对团队的目标明确、使命感强。如，教学团队是以提高教学质量和效果、推进教学改革、提升人才培养质量为主要目标；科研团队主要以提高学科建设水平、研发科技成果、提升团队科研能力为主要目标；

课程教学团队以某门或某系列课程的建设和改革为中心目标；等等。不同的团队建设目标需由具有不同特质的建设成员来参与完成。

除了团队的共同目标，团队成员还应有个人目标，共同目标要通过个人目标的汇集来实现。团队整体目标规划也应包含团队成员个人的规划发展，个人与整体的规划协调一致，才能使成员有归属感和自豪感，从而增强团队的凝聚力。团队成员在明确的目标牵引下，会更加激发工作热情，挖掘自身潜能，产生更大的工作效益。

2.团队有以身作则和身体力行的带头人

团队带头人是团队的核心和组织者。团队带头人规划团队的建设目标，明确团队的发展方向，设计协调团队成员的行动，统领团队向既定目标迈进。团队带头人对团队负全责，上对学校部门、下对团队成员负责，其能力和水平对团队建设起着至关重要的作用。

团队带头人对团队的重要作用体现在综合领导力和影响力上。领导力是一种以群体为依托、以各种资源为基础、以带头人的才干和领导素质为主导、以领导决策和激励为主要方式而形成的合力。它集中表现为领导能力和领导水平，是带头人领导和推动一个团队的核心力量。

优秀的团队带头人是团队成功的首要条件。优秀的团队带头人要德才兼备，具有较高的学术造诣、较突出的工作业绩、较强的奉献精神和管理能力。团队带头人应高瞻远瞩，战略性地把握团队的建设方向和整体发展，对具体工作要身体力行、真抓实干，解决主要问题，对团队管理要善于团结鼓励队员，调动工作热情，对困难问题要敢于负责担当。团队带头人以其威望和影响力带动团队成员，营造团队氛围，促进团队健康发展。

团队组成要特别重视带头人的选拔，教学团队的带头人应是教学水平高、学术造诣深的教授，在学术造诣、教学能力、德行修养、管理能力等方面表现优秀。科研团队的带头人应是学科或学术带头人，具有学术水平高、科研能力强、素质修养高、组织能力强的特点。团队带头人应不断增强自身的学术能力和人格魅力，在团队中起到核心作用，也有责任带领和尊重团队成员，为团队成员的个人发展提供空间和平台，调动成员的积极性，营造良好的团队文化氛围，形成正能量的团队价值观，使团队建设健康发展。

3.团队成员各自有专业技巧和明确分工

团队是实体工作组织，有着特定的使命和建设目标，高校中的教学团队和科研团队都有明确的建设目标和既定任务，其工作具有专业的交叉性、任务的责任性和工作的效率性要求。团队成员必须各有所长、分工明确、协作配合，在团队工作中各自扮演特定的角色。

专业的交叉性取决于团队的工作使命要求，团队工作要创新，教学团队不仅要提高教育教学质量，更要解放思想进行改革，从更高更广的学科专业视野审视教育规律、教学体系和内容。科研团队要紧跟科技发展现状，不断关注当代科技发展的热点。现代科技进入了多学科交叉融合的信息时代，科学研究的视角和范围已极大超越了传统的独立状态。所以，团队要具有学术高度和研发实力，不仅要成为主攻方向的帅才，也要成为具有一定专业差异性背景和技能的人才。

任务的责任性取决于团队的实体性工作要求。教学、科研工作不仅是具有复杂性、研究性和系统性的工作，还是覆盖了多方面、多层次、不同知识面和技能的工作，需要兵团作战，责任分工、各个击破。所以，要建立团队成员的分工合作机制，以科学细致的任务管理，促进团队目标的实现。

工作的效率性决定着团队的成功与否。效率对成败有重要作用，信息社会更凸显效率，仅有思想计划而实施成果落后于他人，则成果可能事与愿违，两军对垒实力相当，则动作神速、出手精准方能获胜。团队要具有高效的工作机制，首先需要人员配备合理、分工明确、各司其职，其次应制定科学的运转程序、计划、制度和标准，才能使整个系统健康有序地运转，实现工作的高效性。

4.团队成员有协作精神并资源共享

团队协作精神是团队的主要属性，团队成员的相互协作是团队精神的具体体现。只有彼此协作，才能形成团队合力，更高效地开展工作。教师间团结协作不仅是教育特殊性和科研工作特殊性的要求，也是教师自身成长的需要。教育教学和科学研究的特殊性决定了工作要靠集体的智慧，教师无论是为做好教学和科研工作，还是想尽快得到自身的发展提高，除了自身努力，必须与其他教师互相配合、相互沟通、团结协作、甘愿付出，必要时甘为人梯。

团队成员资源共享是协作的条件保证。共享资源的范围比较广泛，不仅包括文件、资源备份、数据和应用程序的共享，也包括信息渠道和设备的共享。提高团队的资源共享度可以使资源的使用效率大幅增加，使团队建设高效快速地发展。

团结协作可以转化成生产力，协作配合、优势互补产生的工作效率远高于单枪匹马。团队协作得到的不仅仅是一般意义上的齐心协力，而是能融合所有成员个性和能力差异，实现优势互补，发挥积极协同效应，产生综合性优势，得到超过预期的效果。

5.团队有科学的管理机制

制度是法，是保护目标实现的手段，是控制实体运行的轨道，是规范行为人行动的制约，也是激励行为人活动的导向。科学的管理机制是团队高效运行的重要保障。在团队运行中，首先要有明确的责任制，带头人是团队的领导者和责任人，带头人负责制定团队工作的各项制度和全盘规划，吸收团队成员，整合教学科研资源，建造发展平台，为团队目标的实现提供条件保证。带头人可以分解下达任务、委托骨干成员分管工作、各负其责，调动多个积极性，同时应尽量扩大团队成员在团队管理过程中的自主权，以保护更多的积极性。

团队要制订科学性、操作性强的管理制度和工作计划，使每个团队成员明确自己的职责和工作标准，形成自觉有序的工作局面，提升团队整体的良性运转。

团队实行资源共享首先要制定资源共享配套制度，为资源共享中的行为提供政策保障，其中责、权、利明确的配套措施是关键。科学的管理措施是实施资源共享的保证。

团队要有科学有效的绩效考评机制，团队和团队成员的绩效考评、奖励机制和评价体系是调动团队成员积极性、检验其建设成果、提升团队核心竞争力的有效途径。合理的激励措施有利于调动成员的积极性，不同的激励因素和激励水平，对团队成员产生的吸引力不同。团队能否持续为其成员提供其所期望的激励，将对团队的凝聚力产生重要影响。团队激励体系包括考核、评价、奖励、惩罚等环节，每个环节可以运用不同的手段和方法。团队要将物质激励和精神激励相结合，营造既讲目标贡献，又看贡献大小的健康风尚。团队要尽可能给成员提供学习提高的机会，通过培训和学习交流提高团队成员的个人能力，实现个人与团队的共同进步发展，提升整体战斗力；团队成员的提高即汇成团队整体的提高，其中个体自身提高的意愿会更加成为团队成长的原动力。

参考文献

［1］谭雅雯，王科瑛.新时代高职大学语文课程思政教学改革研究［J］.湖南邮电职业技术学院学报，2023，22（02）：108-111.

［2］梁丹，王利荣，张涵之.高职院校大学语文课程培养学生文化自信的问题及对策研究［J］.科学咨询（科技·管理），2023，（06）：56-58.

［3］江婕.高职院校大学语文课程思政建设探析［J］.湖北成人教育学院学报，2023，29（03）：71-76.

［4］姚君.五年制高职语文课程专题教学模式研究［J］.现代职业教育，2023，（14）：139-142.

［5］史欣博.中华优秀传统文化融入高职语文课程的路径探究［J］.现代农村科技，2023，（04）：117-119.

［6］韦益.高职院校大学语文课程培育文化自信的路径研究［D］.南宁师范大学，2021.

［7］李婷.高职大学语文在通识教育中的定位及教学实践［D］.华中师范大学，2021.

［8］李培培，陈蕊，王佳玮.高职大学语文服务性学习基础理论研究［J］.湖北开放职业学院学报，2023，36（07）：188-190.

［9］刘麟.基于现代信息技术的高职语文课程与教学改革研究［J］.湖北开放职业学院学报，2023，36（06）：152-153+156.

［10］王利荣，梁丹，仇京龙等.立德树人视域下高职语文课程思政教学实施路径研究［J］.才智，2023，（09）：149-152.

［11］齐晓琪.美育视域下高职院校"大学语文"教学策略探究［J］.江西电力职业技术学院学报，2023，36（02）：34-37.

［12］王玲玉.自媒体视域下高职大学语文课程思政探究［J］.传媒论坛，2022，5（24）：118-120.

［13］程炳武，陈磊，贾浩静等.高职院校语文课程定位及"三教"改革实践探索［J］.广东职业技术教育与研究，2022，（05）：122-125.

[14] 王燕 . 高职高专院校大学语文课程教学改革探索 [J]. 开封文化艺术职业学院学报，2022，42（10）：68-70.

[15] 王俊 . 现代大学语文教育的文化传承与创新 [J]. 文化学刊，2023，（06）：165-168.

[16] 王叙雅 . 高职语文课程渗透传统文化教学探赜 [J]. 成才之路，2022，（25）：49-52.

[17] 付丹丹 . 高职语文教学中存在的问题及对策 [J]. 新课程研究，2022，（24）：27-29.

[18] 黄新垚 . 高职语文师范生技能培养现状与策略 [J]. 文学教育（下），2022，（08）：168-170.

[19] 张月华 . 基于地域文化的高职语文古诗文的微课程设计与研发 [J]. 山西青年，2022，（16）：58-60.

[20] 王敏锐 . 高职语文课程整合与教学改革研究 [J]. 才智，2020，（13）：79.

[21] 薛姗 . 高职语文信息技术与语文教学的有机整合 [J]. 教育现代化，2019，6（38）：122-123.

[22] 袁红兰 . 高职语文 [M]. 北京：北京理工大学出版社，2021.

[23] 周薇 . 高职语文素养 [M]. 武汉：华中科技大学出版社，2018.

[24] 马洪波，杜晨阳 . 高职语文素养 [M]. 北京：北京理工大学出版社，2017.

[25] 郭明俊 . 高职院校语文课程教育研究 [M]. 天津：天津科学技术出版社，2018.

[26] 谢东华，王华英 . 互联网 + 环境喜爱高职语文教学模式改革研究 [M]. 长春：吉林人民出版社，2017.

[27] 邓钗 . 互联网时代大学语文教学策略创新研究 [M]. 北京：九州出版社，2021.

[28] 赵慧平 . 新世纪语文教师职业发展研究 [M]. 沈阳：辽宁人民出版社，2020.

[29] 毛华中 . 大学语文教学实践的多视角研究 [M]. 长春：吉林人民出版社，2022.

[30] 毛丽 . 大学语文教学与传统文化研究 [M]. 北京：北京工业大学出版社，2021.

[31] 文智辉 . 大学语文教育与教学研究 [M]. 长沙：湖南大学出版社，2019.

[32] 张冰洋 . 大学语文教学理论与实践 [M]. 延吉：延边大学出版社，2023.